欧洲语言文化研究

Chinese Journal of European Languages and Cultures

第 8 辑

Volume VIII

北京外国语大学欧洲语言文化学院　编

时 事 出 版 社

图书在版编目（CIP）数据

欧洲语言文化研究．第8辑/北京外国语大学欧洲语言文化学院编．—北京：时事出版社，2016.1
ISBN 978-7-80232-895-2

Ⅰ.①欧…　Ⅱ.①北…　Ⅲ.①文化语言学—研究—欧洲
Ⅳ.①H0-05

中国版本图书馆CIP数据核字（2015）第265423号

出版发行：时事出版社
地　　址：北京市海淀区万寿寺甲2号
邮　　编：100081
发行热线：（010）88547590　88547591
读者服务部：（010）88547595
传　　真：（010）88547592
电子邮箱：shishichubanshe@sina.com
网　　址：www.shishishe.com
印　　刷：北京昌平百善印刷厂

开本：787×1092　1/16　印张：20　字数：320千字
2016年1月第1版　2016年1月第1次印刷
定价：88.00元

本书的出版得到教育部区域和国别研究培育基地
“中东欧研究中心”及北京市支持中央在京高校
共建项目经费的资助

编辑委员会

Chinese Journal of European Languages and Cultures

School of European Languages & Cultures,

Beijing Foreign Studies University

Mailing Address: Editorial Office of *the Chinese Journal of European Languages and Cultures*, School of European Languages & Cultures, Beijing Foreign Studies University, 2 North Xisanhuan Avenue, 100089, Beijing, PRC

Email Address: ozyywhyj@ bfsu. edu. cn

目　录

·“纪念薄伽丘诞辰700周年国际研讨会”特辑·

·语言与语言政策·

·关注欧洲文坛·

CONTENTS

Commemoration for the 700th Anniversary of the Birth of Boccaccio

Linguistics & Language Policy

European Literature Studies

Historical, Cultural & Social Studies

China and Europe

“纪念薄伽丘诞辰 700 周年国际研讨会”特辑

Commenoration for the 700th Anniversary of the Birth of Boccaccio

今日的薄伽丘

［意］罗伯特·安托内利
（罗马大学）

提　要：乔万尼·薄伽丘的《十日谈》树立了一种文学体例，它不仅关注语言价值，而且富含社会生活中的各种认识价值观。为更好地理解薄伽丘的伟大之处，有两个因素十分重要：一是对于文学创作及欣赏作为认知性享受的再度探索，从这个角度出发，由于他将各式各样的故事和人物设定在了一个大的叙述框架中，这样将这些短篇故事紧密组织在一本书里就显得很关键了，同时把每个故事从整体中分离出来单独阅读也很重要。二是通过短篇故事对个体的人进行了探索并给予重视，这些短篇都关注于一些很重要的主题。作为个体的人不再只是指男性：薄伽丘明确指出他写作是为了女性，也是关于女性的。也正是这些自由自主的个体成为许多短篇故事的叙述主体。基于薄伽丘对现实有着自由而清醒的观察与认识，他成功地在上述两个问题间建立了紧密联系，并借鉴传统文学对其进行润色，使其与人文世界相适应。在此联系中，“我”接近于一个内心自主自立且有主见有创见的主体。

关键词：《十日谈》；感受欲；爱；文体；教规

Boccaccio Today

Roberto ANTONELLI
(Sapienza University of Rome)

Abstract: The extraordinary success of *The Decameron* in the world is also due to its attention to love and sensuality. Sensuality, style and literary depth however form a unitary and complex system and are not separable. Reading the statements of the same Boccaccio in the Proemio and in the Introduction to the IV giornata, the attempt is to identify those connections as well as to show its competitive relations to Dante and Petrarca.

Keywords: *Decameron*; sensuality; love; literary; style; canon

引言

乔万尼·薄伽丘的《十日谈》至今仍是世界上最受喜爱的意大利作品之一。它一直以来就是评论、翻译及电视电影改编的焦点，其中值得一提的是皮埃尔·保罗·帕索里尼的作品。那么，是什么样的原因造就了《十日谈》如此大的成功呢？

最简单或许也是最真实的原因就是，这部作品明确提及爱与性，这两个话题总是能够使作品快速获得成功。但是，在评论领域，会把《十日谈》贬低到色情书籍的层次么？它只是为更快捷地得到成功而用极其放荡的故事来吸引读者的么？当然不是。《十日谈》不仅不是一本内容放荡的书，而且可以让其作者从艺术的角度为所有文学作品树立典范。它的艺术不仅关注语言的运用，同时也富有现世社会所必需的情感和认知价值。因此这种艺术是有价值、有意义的。但也正是其对语言及风格的极端关注，使作品的句法结构过于繁复，而产生了理解方面的局限性。

为了更进一步了解薄伽丘的伟大之处，就要知道发挥着重要作用的两个问题：

（1）对于文学创作及欣赏作为认知性享受的再度探索。这种从世俗角度对自身及世界的探索是不同于以但丁的《神曲》和彼特拉克的《歌集》为代表的革命性巨作的。因此这种“艺术”是有价值的，更重要的是它能沁人心脾。从这个角度出发，由于他将各式各样的故事和人物设定在了一个大的叙述框架中，这样将这些短篇故事紧密组织在一本书里就显得很关键了，同时把每个故事从整体中分离出来单独阅读也很重要。

（2）通过短篇故事对个体的人进行了探索并给予重视，这些短篇都关注一些很重要的主题，如爱（被认为是对封建和神权桎梏的突破）、冒险、恶作剧、语言的艺术及自由。就像我们看到的，这里个体的人已不再只是指男性。

我们来进一步深化第一点——将文学作为一种享受的再度探索。

正如作品的题目告诉我们的那样："《十日谈》一书（又称《加列奥托王子》）由此开始，共收故事 100 篇，由七位女士和三位先生分十天讲述。"《十日谈》有硬套圣·安布罗吉奥（S. Ambrogio，教廷最主要的教士之一）的《六日谈》（Examerон）题目的意味，同时副标题《加列奥托王子》也从大框架上确定了反讽的基调。关于《加列奥托王子》，但丁在讲述弗朗西斯卡·达·里米尼和保罗由爱产生罪孽时，即在《地狱篇》第五歌第 137—138 行也明确提到，"这本书的作者就是加列奥托：那一天，我们再也读不下去了。"这也为薄伽丘在书中描写刻画女性形象提供了借鉴，甚至可以说起到了牵线搭桥的作用。

事实上，在序言中，薄伽丘也表明这部作品的问世是为了安抚那些曾为爱牵肠挂肚的人们，同时他自己也经历了一段难以承受的痛苦时期。他得到了某位朋友的开导和安慰，让他感到心情愉悦，使得他能够从死亡线上挣脱回来，直到忧虑消除，只剩下欢愉（"时间的推移使它逐渐淡漠了，在我心灵里留下的仅有欢愉的回忆。对那些在茫茫情海中航行又不愿冒过多危险的人，爱神赏赐的礼物往往就是这种愉快的回忆"）。因此，他想回馈他所得到的恩惠。在这些叙述背后，我们看到他所处的位置和他的前辈们，特别是和他的偶像但丁，是完全不同的。在受爱情折磨时，他进行了能让他愉悦的思虑过程，而不是像但丁式或彼特拉克式（参见《歌集》第一首十四行诗及序言中"我徒劳地哭泣，思绪缠绵"）的那样令人悲怜，催人泪下。相反，从他用大篇幅的意大利语抒情和叙述中，我们看出这样的思虑给予他愉悦，同时也抚平了他生活中的不快，阻止了"我"为情所困而欲离开人世。

爱情并不像但丁的《神曲》及彼特拉克的《歌集》中的那样被视为一种要为之感到羞愧并要为之受责罚的罪孽。还记得，但丁《地狱篇》第 116—117 行写道："佛兰切斯卡，你的不幸遭遇令我伤心怜惜，泪流如注"，以及贝阿特丽切（Beatrice）斥责但丁自己因爱而产生的罪孽时，说道："走上一条不正的道路，追逐着。"《炼狱篇》第三十歌第 131 行及第 91—108 行，第三十一歌第 19—20 行"我就在这重大的罪状下爆裂，像山洪一样向外喷涌出热泪和哀叹"，再往后一些，第 34 行"我一边泪如雨下一边说道……"，还有第 43—46 行等。关于彼特拉克，参见他的第一首诗第 8 行以及第 11—12 行"我希望得到理解，而不是仅仅为我惋惜。……在心灵深处我为自己感到羞愧难言，徒劳的追求得到的只是难堪，它使我悔恨，也使我清醒地意识到世俗的欲念之乐只是稍纵即逝的梦魇"。

薄伽丘为爱饱受煎熬，但他没有背弃爱情，也没有为之感到羞愧：那份爱，尽管会让人痛苦，但它仍能带给人欢愉以及甜蜜的回忆，让他觉得他是“自由”的：经历之后，他不再为之烦恼，而是凭回忆把它写下来，给那些需要的人带去慰藉，因此它是有存在价值的——“只有这样，本书才会显得有益、可贵”。

薄伽丘并没有像但丁那样，把自己看成预言诗人，而是更为谦卑地流露出自己内心的怜悯之情。他的文学作品并不曲高和寡，而更倾向于提出“有益”而实用的建议。他非常尊重且钦佩但丁，但他同时又说，他和他的作品所选择的是另一条新的道路，他要找到文学作品的新“职能”，即让其更开放，更亲近大众。同时薄伽丘也很欣赏彼特拉克，彼特拉克既是诗人又是公认的道德哲学家，对薄伽丘来讲更是一位导师。但他自认为是文学家及诗人，所以他担负着不同于彼特拉克的特殊责任：愉快地教授“什么事情应当避免，什么事情可以尝试”。因此他不是说教者，不是大诗人，也不是哲学家，他要真真切切地告诉我们不经历痛苦折磨是不可能的（“我不相信恋爱会没有痛苦”），但同时他也要让我们体验到讲述和阅读的快乐。

这也是继奥维德（《女杰传》）或许还有但丁（《新生》）之后，第一次将女性作为参照物和切入点（此外，当时的现实情况就是这样）。他用女性的形象代替男性，或者是让他们并驾齐驱，把女性形象作为活跃的人物角色置于大“框架”和大部分的短篇故事中。文学不再只是以男性为中心：“谁能够否认，这本书更适合献给那些情丝绵绵的女人而不是男人？女人们胆怯、害羞，将爱情的火焰隐藏在自己那娇柔的胸怀之中。这隐藏着的情火比那公开表示出来的爱情更加强烈，过来的人和处于热恋中的人都知道这一点。另外，女人们还受到种种限制，诸如父母、兄长和丈夫的意愿、情趣或训导。她们大部分时间是待在闺房那块小小天地里，呆坐着无所事事，自觉不自觉地要胡思乱想，脑海里涌现出来的不可能都是一些令人愉快的事情。假如这其中也有情思，闹得她们愁眉不展，就需要有新的排遣，否则情思的忧愁是无法消除的。”

相反，男人是可以享受许多空闲时间的，因此也就远离了薄伽丘的兴趣和品味范围，也远离了他的文学作品：“即使心里忧愁或思想沉闷，他有许多办法去排解。只要他愿意，可以出去走走，供他听听看看的东西很多；他可以去打鸟、打猎、钓鱼、骑马，也可以去赌博或经商。这些事不论哪一件，都能使他得到消遣，使他部分或全部摆脱愁闷，至少能使他暂时摆脱愁闷，然后再以这种或那种方式寻求安慰或减少痛苦。”

薄伽丘并没有将男性定义为粗鲁的人，而是更注重女性净化心灵、缓解压抑及治愈伤痛的能力，通过这样的故事及事实，他对自己的经历也看开了，用更为理智且人性化的方式将自己解脱了出来。然而男性，他们幸好可以或者说恰巧可以按自己的意愿支配空闲时间，所以他们可聊以自慰，但仅仅是潜意识而并非理智性的思维活动：这种慰藉让他们重新回归灵魂深处，但都归功于他们对搅扰他们的事物所产生的无意识的摒弃。因此这是不全面且很低级的，因为这只能归功于心理上的一种排压能力（专业术语“un termine sorprendentemente anticipatorio”，现在被用来定义弗洛伊德理论中的一个基本类别），或者说是一种习惯性行为，并非一个“理性思虑”的过程。

因此他选中了女性这个群体，作为他写作和献书的对象。他赋予她们以可获得真正自由的潜在能力，这种能力也正是作者自身所具备的，以致他能够从爱以及现世生活带给他的痛苦中理性地解脱（爱在文学作品中是一种象征，爱带来的痛苦也就象征着现实生活带来的所有痛苦）。正如那群讲述者所做的，通过讲述，他们理性地从瘟疫所带来的苦痛中超脱出来。注意这种获得自由的能力并不是所有女人都具备的，而是仅限于那些因不必为家庭家人奔波劳作，而可享受无尽闲逸的女人。这种情况和安德烈·卡贝拉诺（Andrea Cappellano）的作品《爱》（De Amore）的叙述有异曲同工之处。安德烈·卡贝拉诺是薄伽丘的一位密友，他将农民和工人从由爱所带来的文明进程中剔除出去，带有歧视意味。

从另一个角度讲，《十日谈》尽管带有一些令人不悦的阶级主义色彩，但是现在看来，它还是有着巨大的现实意义。尤其是在这样一个匆忙而又浮躁的社会背景下，留给阅读的只有零碎细微的时间。而空闲时间和文学本该是有机结合的一个整体，它能够把人们从痛苦带向精神自由，使其不再羞愧、内疚。从文学自身角度来讲，作为自主时间和空间的结合体，它是不允许受到审查和指摘的。当第一批短篇故事出版后，它们因偏爱女性而受到指责（“贤惠的女士们，有人读了这些故事，说我不该太喜爱你们了，说我如此心甘情愿地安慰你们，讨你们欢心，实在不成体统；有人说得更糟，责怪我不该如此赞美你们。另有一些人装得心平气和的样子，指责我这把年纪了，不该纵谈风月之事，迎合妇人家的心思。”），薄伽丘从一个讲述者的角度用他自己的方式作出了回应，就是在第四天唯一一次以第一人称讲述了精彩的小母鹅的故事，强有力地重申自己的选择，同时提出无法抑制的本能的巨大作用力：“年轻的小姐们，他们指责我不该想方设法讨你们喜欢，指责我不该过分喜欢你们。我坦率地承认，他们说得对，我喜欢你们，也讨你们喜欢。我倒要反问他们，这有什么值得大惊小怪的呢？温柔的小姐们，且不说那甜蜜的亲吻、热情的拥抱和令人销魂的交合，仅仅看到你们那优雅的举止、美丽的容貌、绰约的姿态，亦即你们冰清玉洁的骨风，谁能不产生爱慕之情呢？”

若薄伽丘没有设定一个大的叙述“框架”，并把他令人愉悦的思辨以一种脱俗的方式，像但丁和彼特拉克那样阐述出来，其作品在当时看来可能不会有什么好的前景可言。

事实上，与彼特拉克相同，薄伽丘很显然也研究了但丁的伟大著作《神曲》，其最主要意义在于但丁将自身与写作的个人经历也融入了这部结构协调的作品。但是薄伽丘的写作目的，与伟大先驱者但丁以及同时代的典范、友人彼特拉克的写作意图完全不同。薄伽丘深知自己所选文风所包含的价值与象征意义，这从其结构上就能看出，在序言中，薄伽丘通过隐喻的方式（100则故事对应《神曲》的100首诗；在闲适别墅中进行的人间旅行对应但丁在炼狱与地狱的旅行）多次对但丁与彼特拉克的作品进行暗指与引用（如V. 布兰卡所解读，R. 梅尔库里也做出过分析性更强的阐释），旨在阐明自己的立场，并提出一个迥然不同的、有时截然相反的视角观点。

《神曲》是一部连贯紧凑的作品，讲述了主人公在死后世界以及在人类历史中进行的一次忏悔之旅，目的在于使作者——主人公——洗清自己的罪过，尤其是作为爱情诗人的罪过，以便能够以凯旋者的姿态重返佛罗伦萨这个将他流放的地方。

彼特拉克的《歌集》也讲述了一次忏悔之旅，然而地点是在主人公也即歌唱并书写下抒情诗歌的“我”的内心世界。彼特拉克描述对劳拉这位女性的爱，仅仅是为了将“我”的故事作为可信事例，并借由书中对人生经历与诗歌创作的完整描述表现出来。

《十日谈》也是一部统一连贯的作品，它以一连串“小说，或者童话，或者寓言，或是史实”（或是截至当时所创作出的所有现代叙事抒情诗的集合）的形式记述了一次范例性的经历，而不再是单个独立的故事。因此，联系各个故事的“框架”在理解《十日谈》与薄伽丘中就起着关键作用，即使从世界文学的角度，《十日谈》的一位中文译者方平在一篇文学评论中①也支

---

① 该文学评论写于1982年（后经多次修改，收录在论文集《三个从家庭出走的妇女》中，《外国文学》，1987年，第328—336页）。

持此种观点，他准确地提出，在众多不同的结构形式中，“框架”与中国小说的传统结构有着本质区别，这种“框架”结构孕育着一些现代小说结构形式的雏形。此外，我想补充的是，《十日谈》实际上也可算是一种“教育小说”（romanzo di formazione）：通过自给自足的生活准则，以及对他们所讲述的故事或者是所有代表了或反映了当时社会的事件进行讨论所积累的知识，完成对这七位女性与三位年轻男子（以及所有读者）的教育。这个框架表现出了同时代的文化危机（对黑死病的描述），并提出文学应该成为传播文明的途径。

与但丁相同，框架的主人公——叙述者——也完成了一次旅行，但并不是在死后的世界，而是在环境宜人的地方，他们用生命与文学，与1348年在欧洲与佛罗伦萨蔓延的黑死病的死亡威胁做斗争。他们的生活可以被称作文学人生，因为是由主人公以及他们的作者薄伽丘所讲述的故事所构成，并与从古代到中世纪文学中最关键、最典型的地点紧密联系：别墅、花园、活水、鲜花，总之是许多古典诗歌与抒情歌曲经常采用为背景并以之为开端的“宜人之境”（locus amoenus）。在《神曲》旁——正是薄伽丘第一次将“神圣”一词加在了但丁原为《喜剧》的作品名中——并列了一部“人曲”：之所以也称为喜剧，是因为《十日谈》与《神曲》相同，也在开端充满痛苦与悲伤，但最后则以愉悦、饱含希望与快乐结尾，因而与《神曲》一样具有益处，但不同的是，《十日谈》关注读者，特别是与女性读者相联系。

《十日谈》整本书或许只能为极为认真并具备极高文化适应度的读者所赏识，但是，如所有的文学名著一样，《十日谈》受到了最广泛读者群的阅读与好评，这是由于它可以以选段的方式一则则故事单独阅读，事实上，在其他文化中，《十日谈》的接收与翻译工作就是这样展开的，比如在中国，对《十日谈》的翻译最早就是从单个的故事开始的，之后才完成了文集的完整翻译。因此，我们可以在两种层面阅读与“利用”《十日谈》：一种是高层次文化层面的，对整本书及其结构与集合性的阅读；另一种则是以阅读独立故事为乐，这也是《十日谈》故事篇幅长短差异（从500字到逾8000字）的原因，目的在于满足不同审美、不同时代、不同读者的阅读需求——特别是商人阶层，此外最近研究表明，读者群体也包括贵族与“平民”阶级。①

① 该研究对《中世纪的薄伽丘》以及《十日谈》是专为商人阶级所作并只受到了商人的欢迎这两种理论重新做出评估。

三种不同的大众类型，无论男女，都在作品中得到表现，这绝非偶然：这三种不同类型又具有共同的好与坏，这表现在由于经济发展与新的社会关系所引发的新问题上，在这种新的社会关系中，拥有并能够运用才智、思想的高境界而非依靠暴力的能力（因而也是个体、是“我”的另一种美德，而并非某一个阶层），特别是表达自己、运用话语的能力，这也代表了一种脱离了形而上与神学控制的新的人性的开端。但这些能力——薄伽丘在介绍中告诉我们——只有叙述、只有文学才能够识别它们、代表它们并且将它们表现出来。

薄伽丘成功地在两大问题之间建立了紧密的联系，这来源于他对现实自由而实际的观察，但同时也包括薄伽丘对文学传统（例如对 1348 年黑死病的描述）的借鉴与修改，使其符合人文世界的描绘；在这个人文世界中，“我”成为了自我辩护的独立主体，具有观察与主动行动的能力。因此，主人公的才智与作者的才能（如上文所述，薄伽丘也将此视作自己的生活方式）成为理解与代表同时代新阶层人群的关键。因而薄伽丘并非“中世纪的人”（如一位伟大的薄伽丘学者维托雷·布兰卡所说），也非“文艺复兴的人”（如伟大的浪漫派文学史学家弗朗切斯科·德·桑提斯所述），而是一位深知自己身份的文学家，他明白作为独立个体、作为充分融入自己时代的“我”的重要性，他与同时代的杰出作家但丁和彼特拉克极为接近，但薄伽丘以完全新颖独创的方式充分领会并发展了二者在文学创作上的理念，与两位前辈相比更加现代。

议中国对薄伽丘的解读

——纪念薄伽丘诞辰700周年

王　军

（北京外国语大学欧洲语言文化学院）

提　要：中世纪晚期，西欧社会发生了巨变，然而，天主教会仍然严格地控制着意识形态，传统的社会道德规范及其理论基础——天主教教理——仍然是神圣不可侵犯的，薄伽丘没有、亦不可能对教会和抽象的教理提出疑问，更不可能对其批判和鞭挞，而只是以嬉笑、戏谑的手法把发生巨变的社会现实真实地记录了下来。《十日谈》生动地描绘了人的现世生活，因而被后人称为“人曲”。薄伽丘紧紧地抓住了人与其他被造物之间的根本差别，即人具有其他被造物所不具备的“情感”和“理性”，着力展示了最能体现人类情感的“爱情”和最能体现人类理性的“智慧”。

关键词：薄伽丘；《十日谈》；教会；人文主义；爱情；智慧

Interpretation of *The Decameron* by Boccaccio in China

WANG Jun

(School of European Languages & Cultures, Beijing Foreign Studies University)

Abstract: In the late Middle Ages, in spite of the huge social changes in Western Europe, the Catholic church maintained its strict control over ideology, traditional ethics and its theoretical basis—Catholicism—remained inviolable. It was impossible for Boccaccio to question the Church and the abstract Catholic theory, even less to criticize them. What he did was to record the social realities in a sarcastic tone. *The Decameron* describes vividly the real life of this world, thus known as a "human comedy". Boccaccio described in his masterpiece the two most important things of human being— "love" and "wisdom".

Keywords: Boccaccio; *The Decameron*; church; humanism; love; wisdom

2013年是意大利著名作家薄伽丘诞辰700周年，意大利和其他许多国家都在积极筹办各类学术活动，纪念这位对欧洲乃至整个世界文学发展产生过巨大影响的小说家和诗人。

但丁凭借着不朽巨著《神曲》，全面总结了中世纪文化，宣告了一个时代的终结，奠定了他中世纪最后一位伟大诗人的历史地位；内心充满矛盾冲突的彼特拉克，以优美的抒情诗歌，反映了社会的剧烈变革，揭示了处于变革中的人们焦躁不安的精神世界，因而被视为连接中世纪和新时代的桥梁；薄伽丘则以惊世骇俗的小说《十日谈》宣告了一种崭新的人生观的诞生，他把目光完全投向现世生活，以玩世不恭的态度对待中世纪的道德规范，以戏谑的语言和幽默的文风展示社会现实，调侃跟不上社会价值观念变化的各色人物，堪称第一位勇敢地迈入近现代社会的文化巨人。

一、对中国某些薄伽丘评论的分析

薄伽丘的作品在中国的译介始于五四运动之后，其代表作《十日谈》的第一个译本出版于1930年，后来又陆续出版了六个译本，其中五个译本出版于新中国成立后，只有最后两个译本直接译自意大利语。对薄伽丘和《十日谈》的评论文章基本撰写于新中国成立后，尤其是改革开放后。

在各类评论中，有一种评论把薄伽丘看作"意大利文艺复兴最早的代表人物之一"①，认为"批判教会的腐败堕落，是意大利文艺复兴时期人文主义作家的一个共同的特点"②，"薄伽丘在许多故事里把抨击的锋芒指向天主教会和宗教神学"③，以"犀利无比的笔锋，辛辣地讽刺了教会的腐败堕落"④，

① 吕同六：《外国名作家传》（关于薄伽丘的章节），北京：中国社会科学出版社，1979年版，第163页。

② 吕同六：《十日谈〈序言〉》（肖天佑译本），广州：花城出版社，2001年版，第10页。

③ 吕同六：《十日谈〈序言〉》（肖天佑译本），广州：花城出版社，2001年版，第10页。

④ 吕同六：《十日谈〈序言〉》（肖天佑译本），广州：花城出版社，2001年版，第10页。

"特别尖锐地抨击僧侣的奸诈和虚伪"①，"在薄伽丘的犀利的笔锋下，'神圣的'封建教会显现了它的原形"②。这种十分强调薄伽丘对中世纪天主教会的批判精神的评论影响极大，它引导着我国许多读者沿着它的评论轨迹去解读《十日谈》和薄伽丘的其他作品。

那么，我们应该如何认识上述对薄伽丘及其作品的评论呢？这种对薄伽丘的解读是否准确呢？若要弄清楚这一点，就必须对薄伽丘生活的时代有一个更清晰的了解。薄伽丘生活在一个社会发生重大变革的时代，封闭性的封建农业经济开始解体，以城市为中心的市场经济逐步兴起，资产阶级迅速发展，其影响力日益增大；意大利的北部和中部出现了许多商业资产阶级统治的具有公社性质的城邦共和国。资产阶级不是以高贵的出身而是以经济实力登上历史舞台的，它是一个以获得金钱利益和现世快乐为生活准则的新兴阶级。受其影响，社会生活发生了巨大变化，人们越来越渴望现世享受；控制教会的教士们也同样过着极其腐败的世俗化生活，主教和教皇成为伤风败俗的带头人，从而更进一步地促进了教会的世俗化和人们对现世享乐的追求。

然而，在此时的意大利和欧洲，传统的伦理道德观念与社会现实之间的矛盾凸显，它们之间形成了无法符合的"两层皮"：一方面，人们开始疯狂地追求现世的财富、荣耀和享乐，对中世纪的"清规戒律"虽然仍有忌惮，但已远不如从前；另一方面，传统的主流价值观仍然承认建立在中世纪天主教教理基础上的伦理道德的权威性，人们还不可能把批判的矛头直接指向教会所制定的教理教义。因而，人们在尽情享乐的同时还要打起上帝和圣母玛利亚的旗号，以证明自己是虔诚的教徒。开创意大利现代文学评论先河的著名学者德·桑蒂斯曾经写道："就这样，同时存在着两个不同的社会，它们相互间并没有很大的干扰。思想自由被否定，禁止对抽象的教理提出疑问；然而实际生活却是另一回事，人们以上帝和圣母玛利亚的名义去追求享乐，而且人们也可以以上帝和圣母玛利亚的名义去追求享乐。"③ 德·桑蒂斯的这段话准确地说明了薄伽丘所生活的时代的社会特征。

---

① 吕同六：《外国名作家传》（关于薄伽丘的章节），北京：中国社会科学出版社，1979年版，第165页。

② 方平：《十日谈》的序言《幸福在人间》（方平、王科一译本），上海：上海译文出版社，1987年版，第8页。

③ Franceso De Sanctis, *Storia della letteratura italiana*, Copyright C 1958 Giulio Einaudi editore s. p. a., Torino, primo volume, pp. 369.

正是因为传统的主流价值观与现实生活之间存在着严重的矛盾，晚年病魔缠身的薄伽丘，在听到卡尔特修会一位修道士的警告后，差一点没把包括《十日谈》在内的几乎凝聚了他全部智慧的文学作品付之一炬；也正是因为这一矛盾，与他同时代的著名诗人彼特拉克一生受尽内心冲突的煎熬，情感促使他投向现世快乐的怀抱，而理性却极力地要将他拉回到中世纪道德规范的轨道上来；与薄伽丘和彼特拉克相比，但丁更具有大无畏的批判精神，然而他的批判矛头并未指向天主教的教理教义和建立在这些教理教义基础上的道德规范，而指向了社会变革所带来的腐败现象和包括以教皇为首的神职人员在内的腐败人物，他抨击教皇和教会的目的恰恰在于维护受到社会变革冲击的传统的价值观念和天主教的教理教义。

只有明确了这一点，我们才能更准确地解读《十日谈》中的每一段故事，才能更深刻地理解《十日谈》的历史意义。

《十日谈》第一天第一个故事讲道："恰泼莱托在临终时编造了一篇忏悔，把神父骗得深信不疑，虽然他生前无恶不作，死后却给人当做圣徒，被尊为'圣恰泼莱托'。"① 我国的一些外国文学评论把恰泼莱托看作教会用来欺骗民众的工具："教会捧出这么个偶像来——不管他生前是'圣徒'也罢，歹徒也罢，对于它，反正是一回事，只要归根结底，能达到这一个目的：欺骗广大的人民，能在群众中间煽动起一阵狂热的迷信活动，这就够了。"② 然而当我们在品读故事时，尤其是认真品读意大利语原文时，便会被作者播撒在字里行间的幽默所感染，不难发现作者的初衷并非抨击十恶不赦的骗子，鞭挞制造圣人骗局的教会，而是赞颂恰泼莱托所具有的变不利为有利的智慧和能力，取笑迂腐的神父和无知的民众。正像德·桑蒂斯所说的那样："……薄伽丘以嬉笑玩耍的态度对待这篇故事，与其说是他在有意地激起你对伪善人的愤怒，还不如说是他在引导你去耻笑那位听伪善人忏悔的憨痴的神父以及轻信他人的教士和民众。"③

《十日谈》第六天第十个故事讲道："契波拉教士答应乡下人，要让他们

① 薄伽丘著，方平、王科一译：《十日谈》，上海：上海译文出版社，1987 年版，第 29 页。

② 方平：《十日谈》的序言《幸福在人间》（方平、王科一译本），上海：上海译文出版社，1987 年版，第 10 页。

③ Franceso De Sanctis, *Storia della letteratura italiana*, Copyright C 1958 Giulio Einaudi editore s. p. a. , Torino, pp. 314.

见识报喜天使的羽毛，临到打开盒子，却并没有什么羽毛，只有木炭①，幸亏他临机应变，胡扯一通，这才骗过了那些乡下人。”② 我国的某些外国文学评论把这篇故事看作揭露教会买卖圣物、欺骗民众的作品，认为“实际上，这是作者的现身说法，让‘圣物’连同它的‘奇迹’，在人们眼里变成了不值一钱、不值一笑的烂东西”③。但是，当读者仔细阅读作品的时候就会发现，作者并没有批判虚伪的教士买卖圣物的行为和欺骗民众的手段，而是在颂扬契波拉修士的聪明才干和临机应变的能力。意大利著名的文学评论家萨佩尼奥教授说：“就这样，人们认为，契波拉修士的故事也是用来鞭挞圣物兜售行为的；然而，谁要是用心阅读，就会发现，薄伽丘的全部人性和诗意都不是用来同情切塔尔多贫苦农民的，而是用来同情修士的，这位修士具有令人击节赞叹的演说天赋，深谙愚民之道，知道如何将农民投入美妙的辞藻和充满幻想的奇异事物的海洋之中，并善于利用极其幽默的艺术手法处理这些辞藻和事物。”④《十日谈》中还有许多此类例子，这里就不一一赘述了。

此外，在《十日谈》以男女性爱为主题的作品中，还有十余篇描写神父和修女与人通奸的故事，如第一天的第四个故事，第三天的第一、四、八、十个故事，第四天的第二个故事，第七天的第三个故事，第八天的第二、四个故事，第九天的第二个故事等。薄伽丘并无意宣扬淫乱行为，也没有像我国某些评论所说的那样，写这些故事主要是为了“……对僧侣们的恶行劣迹加以嘲讽，……着力抨击他们的虚伪和奸诈”⑤，指责“僧侣们道貌岸然，满口仁义道德，骨子里却男盗女娼，是十足的伪君子”⑥，揭露教会的腐败，展示“作者和腐败的天主教会作斗争的另一个方面”；而是通过故事中的现实主义描写，客观地向人们表明被中世纪禁欲主义掩盖了上千年的真理：人是

---

① 有两位爱搞恶作剧的青年想戏弄契波拉教士，把羽毛偷偷地换成了木炭。

② 薄伽丘著，方平、王科一译：《十日谈》，上海：上海译文出版社，1987 年版，第 576 页。

③ 方平：《十日谈》的序言《幸福在人间》（方平、王科一译本），上海：上海译文出版社，1987 年版，第 12 页。

④ Natalino Sapegno, *Compendio di storia della letteratura italiana*, Nuova edizione riveduta e aggiornata, quindicesima ristampa: aprile 1980, primo volume, p. 207.

⑤ 吕同六：《十日谈〈序言〉》（肖天佑译本），广州：花城出版社，2001 年版，第 10 页。

⑥ 吕同六：《十日谈〈序言〉》（肖天佑译本），广州：花城出版社，2001 年版，第 10 页。

有血有肉的，他们既有灵魂的需要，也有肉体的需要，即便是上帝在人间的代表——神父和修女，也无法摆脱人的自然规律，只要他们是人，就必然由肉体和灵魂两个部分组成，也必然会寻求这两个方面的满足，掩盖是无济于事的。

综上所述，在《十日谈》中薄伽丘并没有以批判的精神对待传统的社会道德规范及其理论基础——天主教教理，而是欣然接受了被社会默认的现实生活，并以嬉笑、戏谑的手法将其真实地记录了下来。他笔下所记录的是“现代人”的形象，在现实生活中，这些人已经不十分顾忌中世纪教会所宣扬的追求来世利益的伦理准则，他们从容地展示着自己的自然本性，愉快地用自己的力量、智慧和世俗美德为自己建设世俗的王国。

二、对薄伽丘和《十日谈》的另一种解读

那么，我们应该如何解读薄伽丘和《十日谈》呢？面对发生巨大变革的社会现实，薄伽丘没有像但丁那样，自觉肩负着救世的使命，抨击社会的堕落，“以过去谴责现今，又以现今的堕落作为反衬，赞美过去”①；也没有像彼特拉克那样，情感与理性之间发生激烈的冲突，深深地陷入痛苦之中不能自拔，因而只能通过抒情诗句发出“心中的叹息之声”②；而是以一位社会观察家的敏锐视角观察社会、体验社会、描写社会。在理论层面上他虽然对中世纪的道德规范仍有顾忌，而在现实生活中他却欣然地接受了资产阶级的生活方式，并在文学作品中愉快地展示着被中世纪禁欲主义压制了近千年的人性，热情地歌颂人类崇高的智慧。

在描写人的现世生活时，薄伽丘紧紧地抓住了人与其他被造物③之间的根本差别，即人具有其他被造物所不具备的“情感”和“理性”，他的代表作《十日谈》着力于最能体现人类情感的“爱情”和最能展示人类理性的“智慧”。这部集中体现薄伽丘的人文主义思想的世界名著包含 100 个精彩的短篇故事，它们取材广泛，内容多样，形式丰富多彩，但都集中展示了人的

---

① Franceso De Sanctis, *Storia della letteratura italiana*, Copyright C 1958 Giulio Einaudi editore s. p. a. , Torino, primo volume, p. 272.

② Angelo Gianni, Mario Balestreri, Angelo Pasquali, *Antologia della letteratura italiana I*, Casa editrice G. D'Anna Messina-Firenze, 1960, p. 442.

③ 基督教认为上帝是造物者，世间一切为上帝所造，均被称作“被造物”。

现世生活，因而被后人称为“人间喜剧”（与但丁的《神曲》相对应，可以翻译成“人曲”[①]）。

（一）爱情的颂歌

薄伽丘在《十日谈》中大肆宣扬爱情，他描写纯洁如水的爱情，也描写男女之间的私通，从贵族到平民，从虔诚的天主教徒到修道院的教士和修女，无不成为其爱情故事中的主角。

薄伽丘所宣扬的爱情，没有社会阶层和贫富之间的差别，它是一种发自人内心的不可抗拒的情感，就像他自己所说的那样，“尽管爱神心甘情愿地居住于高贵人的家里，但也绝不拒绝贫穷家庭的挽留，甚至有些时候，在穷人的家里，它也会如同在最富有的人家那样，像一个威力无比的主宰展示它的力量”[②]。这是因为薄伽丘所强调的爱情是人的灵魂和肉体的自然需要，它存在于社会的每个角落，任何人，无论高贵还是卑贱，富有还是贫穷，只要是人，就一定要受到它所体现出的自然力量的左右。

在薄伽丘的笔下，为了爱情，罗西里奥内夫人毅然坠楼自尽[③]，表现出女中豪杰的气概；利萨贝塔在痛苦中沉默[④]，以死抗拒兄长们打碎她爱情之梦的暴虐行为，没有了爱情她就无法继续生存，便自然地在绝望中丧失了生命。在纳斯塔基奥的故事中，薄伽丘赋予了“地狱之猎”[⑤] 焕然一新的思想内容，彻底颠覆了中世纪的道德标准，他明确表示，人们对爱情应报以热烈欢迎的态度，爱情是人的自然感情，接受它是天经地义的事，拒绝它则要受到严厉的惩罚。薄伽丘所描写的爱情完全是对自然规律的遵从，是人的自然情感和肉体的强烈需要，它既焚烧着人的灵魂，也焚烧着人的肉体，它建立在炙热的情欲之上，其基础是不可否认的人的本能。在《十日谈》第四天故事会的引言中，薄伽丘讲述了一个“小母鹅”的故事，该故事与我国清代著名作家袁枚在《子不语·沙弥思老虎》中讲述的“女人是虎”的故事十分相

---

① Franceso De Sanctis, *Storia della letteratura italiana*, Copyright C 1958 Giulio Einaudi editore s. p. a., Torino, primo volume, p. 367.

② Giovanni Boccaccio, *Decameròn*, Istituto romano di Arti Grafiche di Tumminelli, Roma－1964, primo volume, p. 268.

③ 薄伽丘著，肖天佑译：《十日谈》，广州：花城出版社，2001 年版，第 314 页。

④ 薄伽丘著，肖天佑译：《十日谈》，广州：花城出版社，2001 年版，第 294 页。

⑤ 薄伽丘著，肖天佑译：《十日谈》，广州：花城出版社，2001 年版，第 377 页。

似；故事中，他明确地指出，女人“比……画上的天使更美丽”①，这就是说，现实的生活比抽象的宗教信条更美丽。尽管薄伽丘尚未总结出一套赞美人性的哲学理论，还不可能用这种人文主义的理论指导自己的文学创作，但是，在上天重于人间、来世重于今生、灵魂重于肉体的神秘主义理论统治的中世纪文化背景下，敢于发表如此大胆的追求现世生活的言论，显然是人类思想的一次巨大飞跃。

（二）智慧的颂歌

《十日谈》的另一个重要的思想内容是赞美人的智慧。薄伽丘把人的智慧视为一种美德，他认为这种美德就在于能够使人变得更加精明强干，从而想方设法地变不利为有利，最后达到自己的目的。

薄伽丘对智慧的赞颂和对爱情的赞颂并无二致，亦不分社会等级和贫富差异，他认为智慧是人的天赋，是人与其他被造物最本质的区别，有了它，人可以在一定程度上改变自己的命运。按照中世纪教会所宣扬的理论，人不能质疑上帝，只能盲目地相信上帝，“信则明”是每个天主教徒必须遵循的信条。千百年来，教会一直用这种神秘主义束缚人的思想，压制人的智慧；因此赞扬人的智慧具有极其重要的社会意义，它代表了人们争取思想解放的要求。

薄伽丘在赞颂“智慧”的时候，并不在意“智慧”将被用来达到何种目的，因此，《十日谈》中不乏描写狡猾、欺骗和戏弄他人的内容：智慧使注定要下地狱的恶棍恰泼莱托摇身一变，成为一位深受众人尊崇的“圣人”；使身陷窘境的契波拉教士欺骗了民众，挽回了面子；使乳臭未干、毫无处事经验的小伙子安德雷乌乔“在很短的时间内，从受骗者到骗子，从被盗者到盗窃者，从买马的商人到拥有珍宝的贼……”，他“逐步磨练了自己的才智，最后，成功地摆脱了困境”②，带着价值连城的红宝石返回了家乡③。在《十日谈》中，无论是善良的人还是狡诈的人，只要他聪明（或狡猾）就备受赞扬，只要他愚笨，就会遭到作者的取笑。无论如何使用“智慧”，只要他拥有“智慧”，就能在一定程度上改变自己的命运，从而屹立于天地之间，成为宇宙的主人。

在薄伽丘反映现世生活的作品中，中世纪的天命已经不能支配一切，人

---

① 肖天佑译，薄伽丘著：《十日谈》，广州：花城出版社，2001 年版，第 258 页。

② Angelo Gianni, Mario Balestreri, Angelo Pasquali, *Antologia della letteratura italiana I*, Casa editrice G. D'Anna Messina – Firenze, 1960, p. 594.

③ 薄伽丘著，肖天佑译：《十日谈》，广州：花城出版社，2001 年版，第 87—99 页。

开始成为自己的主人和宇宙的主宰。在天主教会和封建主贵族已经无法一统天下、资产阶级开始登上历史舞台的时代，薄伽丘的作品恰恰道出了这个新兴阶级的心声，反映了这个新兴阶级的意识形态和生活方式。虽然薄伽丘的作品很少直接触及政治问题和中世纪道德规范的基础——天主教的教理教义，但是，他对社会生活的现实主义的文学描写，在客观上却动摇了中世纪天主教会所宣扬的价值观，从而在一定程度上动摇了它对欧洲文化的统治，加速了中世纪的结束，宣告了欧洲文化开始进入一个崭新的、人的、现世生活的时代。在这个时代里，人文主义者的世界观将逐步占据主导地位，人们将谱写出更新、更美的诗篇；因而，意大利著名文学评论家德·桑蒂斯称薄伽丘为“14 世纪的伏尔泰”①。

参考文献

1. *Decameròn* di Giovanni Boccaccio, Istituto roamno di Arti Grafiche di Tumminelli, Roma – 1964.

2. *Storia della letteratura italiana* di Franceso De sanctis, Copyright C 1958 GiulioEinaudi editore s. p. a. , Torino.

3. *Compendio di storia della letteratura italiana* di Natalino Sapegno, Nuovaedizione riveduta e aggiornata, quindicesima ristampa: aprile 1980.

4. *Antologia della letteratura italiana I* di Angelo Gianni, Mario Balestreri, Angelo Pasquali, Casa editrice G. D'Anna Messina – Firenze, 1960.

5. *Storie e leggende napoletane* di Benedetto Croce, Bari, 1911.

6. *Letture critichedel Decameron* di Luigi Russo, Bari, 1956.

7. 薄伽丘著，方平、王科一译:《十日谈》，上海：上海译文出版社，1987 年版。

8. 薄伽丘著，肖天佑译:《十日谈》，广州：花城出版社，2001 年版。

9. 吕洞六:《外国名作家传》（关于薄伽丘的章节），北京：中国社会科学出版社，1979 年版。

10. 方平:《十日谈》的序言《幸福在人间》（方平、王科一译本），上海：上海译文出版社，1987 年版。

11. 吕洞六:《十日谈〈序言〉》（肖天佑译本），广州：花城出版社，2001 年版。

① Franceso De Sanctis, *Storia della letteratura italiana*, Copyright C 1958 Giulio Einaudieditore s. p. a. , Torino, p. 315.

薄伽丘与帕索里尼的《十日谈》对比

[意] 卡尔洛·维切
(那波利东方大学)

提　要：在乔万尼·薄伽丘的人生与作品当中，那不勒斯担任了重要角色。薄伽丘与那不勒斯的这种亲密关系在当代文化中被皮埃尔·保罗·帕索里尼以一部《十日谈》电影版（1971 年）重新寻回。实际上，帕索里尼在语言与文化上进行了真正的改变，但也保留了薄伽丘名作中的一些原始情节，一些对其年轻成长阶段具有代表性的片段：反映大众生活，以及对生命与爱情的自然诠释。与薄伽丘相同，帕索里尼也掌握了“中庸风格”，成功地表达了生活的所有方面，在人与人之间挖掘了真实而深刻的“交流”这一主题，这种交流应包含各种形式的语言（话语、图像、躯体、手势、性别），如今这些沟通形式已经受到了消费与娱乐社会的污染。

关键词：薄伽丘；帕索里尼；《十日谈》；电影；变化

The Decameron Between Boccaccio and Pasolini

Carlo VECCE
(University of Naples “L’Orientale”)

Abstract: In 1971, Italian director Pier Paolo Pasolini achieved the film *Decameron*, originated from the masterpiece of Giovanni Boccaccio. In order to understand the genesis of Pasolini’s work, it is necessary to consider the whole processes of composition, from the verbal language (the original novels by Boccaccio, the scenario and the screenplay) to the language of images (the movie). In fact, the film is also an important document of reading and interpretation of Boccaccio's work in the culture of XX Century. In his effort to rediscover the popular background of Boccaccio's *Decameron*, he makes a first selection of novels set in Naples (Andreuccio, Peronella and so on), plus other novels moved and relocated to Naples. The "transfer" is also linguistic, as Pasolini translates the dialogues into Neapolitan dialect. Another relevant change, compared to Boccaccio, is the elimination of the narrative frame of *Decameron* (the ten young people telling stories in a villa near Florence in 1348), replaced by two story-frames (Ciappelletto and Giotto). In the movie, Giotto becomes a new character, a pupil of Giotto, played by Pasolini himself. At the end, Pasolini (at the same time director of the movie, and painter of the frescoes as Giotto) says the last phrase that is also a splendid statement of poetics: "Why to achieve a work, if it is so good only to dream it?"

Keywords: Boccaccio; Pasolini; *The Decameron*; cinema; variation

皮埃尔·保罗·帕索里尼的《十日谈》（1971 年）是其所谓“生命三部曲”的首部曲，继薄伽丘的作品之后，帕索里尼将另外两部中世纪叙事杰作《坎特伯雷故事集》（1972 年）和《一千零一夜》（1974 年）也搬上了大银幕。

事实上，帕索里尼在筹划并拍摄《十日谈》的时候，还没有“三部曲”的计划。

电影《十日谈》原本只是想进行一次真实的、意想不到的探索，一次独立创造，仅仅是之后才需要有“续篇”，需要向其他世界扩展（从语言与文化的角度，从英国到非洲以及亚洲）。

这是一部动态电影，为了真正理解这部作品，必须从情节发展的不同阶段对其进行独立自主的解读，从前期纲要与剧本的口语语言，到电影的图像语言。

帕索里尼第一次想要制作《十日谈》电影的想法仿佛是突然闪现的，在 1969 年夏天，他在土耳其拍摄《美狄亚》期间：

“我当时在飞机上，正在拍摄《美狄亚》。突然，我脑海中浮现出一部电影，也是关于民众的世界，但没有这么野蛮与悲壮，而是生动活泼的、欢乐的，充满了生活与恋爱的喜悦。我立刻想到了薄伽丘。”

帕索里尼由此结束了他电影生涯第二个辉煌时期，这一时期中占据主导地位的主题包括意识形态上的思索（《定理》《猪圈》），以及对宗教、神话与古代悲剧（《马太福音》《俄狄浦斯王》《美狄亚》）等伟大作品典范的致敬，帕索里尼仿佛重新回到了拍摄电影第一时期，重拾大众背景题材，将环境设定在罗马郊区流氓无产阶级的世界（《寄生虫》《罗马妈妈》《软乳酪》）。

这一时期也是帕索里尼的风格转变的重要时期，帕索里尼叙事与电影的诗意达到了一种成熟的境界：

“并不是我选择了《十日谈》，而是《十日谈》选中了我。……我的风格在过去总是显得过激，它找到了使其变得中庸的途径。”

帕索里尼为了表明自己通过拍摄《十日谈》所达到的风格水准，引用了薄伽丘在《菲洛柯洛》结尾所创作的名句：“你必须低空飞行，但希望这种低微能使你保持在中间位置。”这是一种“中庸（中间）”的风格，避免了毫无克制的过高或者过低。

事实上，帕索里尼重返“大众”世界是个决定性的选择：不再着眼现在，而是重回遥远的过去（薄伽丘所在的14世纪），以表明自己脱离60年代末已然迷失的现实，帕索里尼感受到新资本主义与消费社会已被现实所镇压与同化。

帕索里尼“选择”薄伽丘并非出于偶然。二战之后，掀起了重新评论（从彼拉诺维奇与布兰卡到塞格雷）与恢复语史学的热潮，这也为颂扬薄伽丘这位出身切尔塔尔多的作家的充满人文精神的杰作提供了适宜环境。

《十日谈》的文本是由维托雷·布兰卡在柏林的汉密尔顿手抄本基础上修订的1951年出版的版本，随后在此基础上，1955年辛格尔顿整理出拉泰尔扎意大利作家文集版本，此外帕索里尼使用的是BUR出版社出版的简装版。

帕索里尼的电影并不仅是电影界的名作（以及帕索里尼最好的作品之一），也是20世纪文化界学习与解读薄伽丘作品的一份绝佳资料。

帕索里尼的“解读”其实与在意大利文学评论界占主导地位的解释（尤以布兰卡为代表，将《十日谈》解读为称颂商人以及托斯卡纳新兴的资产阶级与商人阶级的赞歌）并不相同，他将重点放在前工业化、前现代化社会的“大众”解读上，在中世纪文明末期，薄伽丘将这种社会生活描绘成“发现快乐”的开端时期，这也是该社会的首要作用。

以这一独特视角为出发点，帕索里尼还提出了薄伽丘人生与作品中的另一个主要元素，即薄伽丘这位托斯卡纳作家早年成长时期在那不勒斯的经历在以后对其成熟作品长期产生的巨大影响。

帕索里尼认识到了薄伽丘与那不勒斯之间的深厚联系，于是便开始挑选《十日谈》中包含“那不勒斯”以及意大利南部特色的故事（如他写给佛朗哥·罗塞利尼的信中所说）：我本想制作一部电影短篇，仅以“三个、四个或者五个以那不勒斯为背景的故事”为脚本（我们能够联想到安德罗乔、佩罗妮拉、杰玛塔、兰多尔弗·鲁弗洛、理查·米奴托罗……）。

在该信中，帕索里尼也表明了其想法随后发生的改变，不再进行主观的缩减改编，而是选择“尽可能多数量的故事（第一版中有15个故事），以客观完整地展现出《十日谈》的面貌”。

电影的核心仍是“那不勒斯故事”（大众市井的那不勒斯仍旧是整部电影的“结缔组织”），但视角却更加开阔，跨越地区，更加国际化与地中海化。

在这一点上我们可以看出，帕索里尼的《十日谈》并非对现实的逃避，而是从过去持续到现在的一种污染的产物，同时电影也从意识形态角度强烈反对占主导地位的语言与文化（在意大利统一之后，语言与文化皆以佛罗伦萨为范本，从而有损方言与地区语言变体的发展）。

然而，当时（甚至时至今日）的意大利并未给帕索里尼留出由那不勒斯与那不勒斯人所构建的人类学空间，以“抵抗”文化、经济与社会的同化（在那些年，帕索里尼因与托托、德·菲利波等伟大的艺术家与作家合作，而被那不勒斯所吸引）。

帕索里尼所展现的那不勒斯（撇开达尼洛·杜纳蒂设计的中世纪服装以及丹提·费瑞提的电影布景）是真实的那不勒斯，这种真实感因为数量庞大的群众角色以及直接从那不勒斯大街小巷中所挑选出的非职业演员（他们甚至担当了主要角色）的参演而更加突出。

在帕索里尼看来，在阶级斗争之前，那不勒斯民众心中就怀有“对理想人民的怀念”，这仿佛是反对工业文明与资本主义在那不勒斯这一真正意义上的“历史的口袋”持续发展：

“在《十日谈》中我摄制了我所喜欢的现实，但这在历史中早已不复存在。我为《十日谈》选择了那不勒斯作为背景，因为那不勒斯是历史的口袋：那不勒斯人决定停留在过去，并且自生自灭。”

因此，这部影片中最杰出的想法便诞生了：将故事背景从薄伽丘原著中的托斯卡纳搬到了意大利南方的那不勒斯。

这就是要把故事的地点、人物和语言进行整体的“转译”。

这种转变是在多个层面上进行的，包括从14世纪的佛罗伦萨方言和薄伽丘本人的语言转变成同时期的那不勒斯方言；口语和手势动作的转变；故事背景从上流社会变为城市流氓无产阶级；从叙事小说变成了电影。

原著故事中的对话被完全翻译成那不勒斯方言，并配有肢体语言。从中可以看出帕索里尼有意识地运用语法。

原来的佛罗伦萨公证员切帕雷洛变成了从那不勒斯被派往一个德国小镇（拍摄于波尔查诺）收取高利贷的、残暴的卡莫拉组织成员。

园丁马塞托不再是托斯卡纳大区兰波雷基奥人，而是阿马尔菲海岸地区居民。伦巴底的修道院也被帕索里尼改在了拉韦洛（另一个薄伽丘式的重要城市，该市拥有一座纪念兰多福·鲁福洛的别墅，名为鲁福洛别墅）。

莉莎贝塔的故事也并非发生在梅西纳，而是在索伦托市梅塔镇的乡村和柠檬树林中。里恰尔多和卡泰琳娜的故事则从罗马涅搬到了劳罗谷（那不勒斯一个多山的小镇）；原本是锡耶纳人的廷戈乔和梅乌乔也变成了那不勒斯集市上的两个菜农。

乔托和福雷塞的对话不是发生在穆杰洛，而是在那不勒斯的乡下。他们要去给圣齐亚拉教堂画壁画（这个细节是帕索里尼新加入的，以延续薄伽丘的叙述。这个故事取材于历史上乔托在那不勒斯的停留，当时他被罗伯特·丹乔国王从那不勒斯派往圣齐亚拉教堂和卡斯特诺沃绘制壁画）。

安德烈乌乔和佩罗内拉的故事在薄伽丘的原著中就是发生在那不勒斯。然而，帕索里尼别出心裁，在选景时并没有采用老卡塞塔这种那不勒斯城镇，而是选择了位于拉齐奥内皮的教堂和弗撒诺瓦修道院。

在那不勒斯的取景很少、很短，只具有象征性：比如，圣齐亚拉宏伟的哥特式教堂（与薄伽丘同时代）、佩内宫的前脸（15世纪早期混合风格的代表建筑）以及塞迪莱·迪·波匀托路的小巷（出现于安德烈乌乔故事的夜晚画面中）。

帕索里尼在塑造属于“他”自己的（和薄伽丘的）那不勒斯时，想避免与近现代那不勒斯相雷同的、平庸的民俗形象。

他所保留下来的全都是关于人性和大众的内容，包括方言、肢体语言和背景音乐。所用乐曲均来自那不勒斯或坎帕尼亚大区传统古典音乐（《泽扎狂欢舞曲》《蒙泰马拉诺的塔兰台拉舞曲》《沃梅罗洗衣女工之歌》《曾经闪闪发亮的窗》《围裙》等等）。

最根本的调整则是在结构上和叙述形式上，原著的表达方式被运用到电影中，以一个个故事片段的形式展现出来。

在最早的手稿中，帕索里尼选择了27个故事，把它们分成了三个部分（分别对应切帕雷洛、基基比奥和乔托这三条主线）。

很显然，有很多故事后来消失了：有些是发生在那不勒斯或者坎帕尼亚的（里恰尔多·米努托洛、吉斯蒙达、萨雷诺医生的妻子、老查理国王），其他的故事中比较著名的有费龙多、大天使加百列、彼得罗·德·温乔洛、契波拉教士，等等。

在影片第一本计划书的脚本里，帕索里尼把故事的数量从27个减少到了15个。

导演把电影“讲述”给制片人和合作方，其中用了大量薄伽丘原著的文字内容。影片长度定为三个小时，分为三段。

除了薄伽丘原著之外，最惹眼的新闻就是电影取消了《十日谈》的背景（黑死病和年轻人的逃亡），而是把其中的三个故事进行放大，使之变成了电影的脉络，将一个个故事连接起来。第一条主线是切帕雷洛的故事（其中还包括马特利诺的故事、安德烈乌乔的故事、阿拉蒂耶尔的故事和马塞托的故事）；第二条主线是基基比奥的故事（其中还包括阿吉鲁尔福国王和马夫的故事、阿莉贝克的故事、杰尔比诺的故事、莉莎贝塔的故事以及卡泰琳娜的故事）；第三条主线是乔托和福雷塞的故事（其中还包括佩洛内拉的故事、纳坦和密特里达内的故事以及杰玛塔的故事）。

只有安德烈乌乔和佩洛内拉的故事是原本就发生在那不勒斯的。切帕雷洛、马塞托、基基比奥、乔托、密特里达内和纳坦的故事则被“那不勒斯化”（即把故事和人物移到那不勒斯或意大利南方）。

阿拉蒂耶尔和阿莉贝克的故事背景选择了奇幻的东方（纳坦和密特里达内的故事甚至被放在了中国）；杰尔比诺和莉莎贝塔的故事则选择了西西里和地中海。

起主线作用的故事其实并不是真正的主线（无论是从薄伽丘的角度还是从东方的叙事角度来看），因为其中的人物并不讲述故事。故事之间的切换带有“场景串联”的特点（例如，在前面的故事中会出现之后故事中的人物）。

帕索里尼使用这种方法，意在从肉体、思想和社会的角度，消除故事讲述者（薄伽丘作品中的人物都住在佛罗伦萨外的别墅里）和故事场景之间的距离感。

所以，影片中没有中间者，也没有人讲述故事，有的只是那些直接诠释故事的各种人物。

片中具有比喻作用的则只有乔托，这位艺术家象征着中世纪的画家和现代的导演，他将捕捉到的现实通过视觉、艺术和影片的方式表现出来。

剧本把电影分成了三个部分，即三个主线故事（切帕雷洛、基基比奥和乔托），其中的语言都是对话形式。薄伽丘原著中的对话均被翻译成近代标准意大利语，剧本中的一条注意事项写道："本剧本内的所有对话均为临时性和提纲性的，还需要把它们翻译或改编成那不勒斯方言（或者那不勒斯式的意大利语）。"此外，剧本中还有些场景说明，而故事的数量被削减到了 12 个，其中有些被更换了。

第一部分中马特利诺和阿拉蒂耶尔的故事被去掉了。第二部分中阿吉鲁尔福和杰尔比诺的故事被一则那不勒斯化的新故事所代替，即吉罗拉莫和萨尔韦斯特拉的故事。第三部分中纳坦和密特里达内的故事被换成了另一对更加具有喜剧性、更加摇摆不定的人物，他们是来自锡耶纳、同样被那不勒斯化了的廷戈乔和梅乌乔。

值得注意的是，剧本也在不断地更改。在帕索里尼工作的不同时期，影片的剧本也有所不同，所以就有了不同的版本。

目前 Meridiani 出版公司出版的剧本只是中期的一个版本，其中的内容仍是临时性的，对话还没有被翻译。最后阶段的内容，也就是在电影开拍前最终确定的影片流程、翻译成那不勒斯方言的对话，只会出现在剧本的终稿中。

在最后的筹备阶段，影片的故事削减到了九个，分在两个部分讲述，并由切帕雷洛的故事和乔托的故事作为影片的主线故事。前者的主线中包括了安德烈乌乔、马塞托、佩洛内拉等人的故事，而后者的主线中包括了卡泰琳娜、莉莎贝塔以及杰玛塔的故事。

基基比奥的这条故事主线被全部删掉了，其中保留的几则故事被放到了乔托的学生这一部分里。

帕索里尼拍摄并剪辑了吉罗拉莫、萨尔韦斯特拉的故事和阿莉贝克的故事，但最终还是决定剪掉它们。

阿莉贝克的故事减幅最大。这则故事如同一首视觉的美妙诗歌，于 1970 年 10 月在维苏威火山和也门的萨那拍摄。几天的拍摄成就了纪录片《萨那之墙》，并放到了三部曲最后一部影片《一千零一夜》当中。

电影最终完成了计划书和剧本所规划的，将《十日谈》的语言和人文背景向意大利南方和那不勒斯转变。

结构平衡似乎被打破了，因为电影的第一部分有四个故事而第二部分却有五个——与《十日谈》原著的结构，即十个故事相比，还差了一个故事。

实际上，在第一部分中还有一个故事，也就是在广场上一位老者讲述的故事，这也和切帕雷洛的故事联系起来。切帕雷洛趁着人们聚精会神地听着故事，干着薄伽丘在作品开头时列举的种种恶行——盗窃，诱骗青年，等等。

这是帕索里尼唯一一个不符合主线故事的情况，也是影片中出现的唯一一个真正讲故事的人（就像薄伽丘原著中那样）。

在那不勒斯的一个小巷里，这位老者在讲述另一则故事：女修道院院长乌辛巴尔达匆忙跑去捉修女莉莎贝塔的奸。和神父躺在床上的丽莎贝塔惊慌失措地把神父的短裤盖在头上，这个故事很好地引入了以修道院作为背景的马塞托的故事。

口头讲述可以立即得到反馈信息。讲故事的老者立刻注意到听众们（均为那不勒斯人、平民并操方言）不能理解“托斯卡纳”方言，他们因为听不懂而走神并笑了起来，而非被故事逗笑。

于是，他改变了自己的发音，直接向听众讲那不勒斯话，把信息准确地传递给了大家。

影片中别出心裁的地方在于乔托这个人物的改变：由乔托变成了乔托的学生。在绘制两幅壁画的乔托，画的是他的学生的作品。这个人是阿西西教堂的绘画大师。

这是个十分重要的改变，因为自己饰演那个角色是帕索里尼的一个即兴的决定（也是因为他对之前的演员桑德罗·佩纳和保罗·沃尔坡尼所扮演的乔托不太满意）。

就这样，帕索里尼作为演员和第二部分主线故事的主人公进入了电影。他的出现给整部作品带来了强烈的比喻色彩。

乔托的学生捕捉到了生活的画面（也试图把它在画作里表现出来），正如导演拍摄电影然后进行剪辑一样。

帕索里尼就这样把他心目中《十日谈》里最重要的一面突出出来了：并非男女之事、自由或者欢乐，而是人与人之间真实的交流、深度的“对话”，这些通过不同的表达形式（如文字、视觉、肢体语言、性）来实现。如今它们已经被这个物欲横流和浮躁的社会所污染。

通过乔托的学生的诠释（以及他自己的诠释），他想要把注意力集中在人和故事上，把它们转换成视觉的语言。

在整个影片中，他画壁画的工作一直在进行中。

在完成时，帕索里尼说出了最后一句话，同时也是富有诗意的一句话：“哎！我不明白……为什么在完成作品之后才发现，唯有梦中的作品才是最美的。”

翻译薄伽丘《十日谈》点滴*

肖天佑

我翻译《十日谈》自 1997 年开始，至 1999 年完成，历时三年，到现在已经过去十五六年了。现在让我来谈翻译该书时的体会，实在是不大回忆得起来了，只能从在翻译过程中遵循的基本原则来谈谈自己的点滴体会。下面我以《十日谈》第一天第三个故事为例，谈一谈自己是如何翻译这本巨著的。

薄伽丘的《十日谈》创作于 1348—1351 年，就是说《十日谈》的语言是 14 世纪意大利佛罗伦萨方言，与今天的现代意大利语有很大差别。我翻译时依照的版本是 Newton Compton editori s. r. l. 1995 年出版的 Giovanni Boccaccio, *Decameron* (Edizione integrale) a cura di Romualdo Marrone。

虽然 1990 年 Rizzoli 出版社曾出版了由 Aldo Busi 先生用现代意大利语改写的 *Decameron*，但我翻译这本书时却没有得到它。幸运的是，2005 年我在佩鲁贾开会时遇到了 M. Antonietta Morettini 女士，她送了我一本她自己编写的书 Dieci novella dal *Decameron* di Giovanni Boccaccio - tradotte e commentate con testo originale a fronte, Claudio Bura e M. Antonietta Morettini, Guerra, Perugia, 1997。该书正好收录了《十日谈》第一天的第三个故事，下面我摘录其中的一段对照，进一步向大家展示一下，15 世纪《十日谈》中的佛罗伦萨方言与现代意大利语之间的差异：

【薄伽丘原文】

Il Saladino, il valore del qual fu tanto, che non solamente di piccolo uomo il fé di Babillonia Soldano, ma ancora molte vittorie sopra li re saracini e cristiani gli fece

---

* 本文根据中国著名意大利语文学翻译家、《十日谈》的中文译者肖天佑先生在“纪念薄伽丘诞辰 700 周年国际研讨会”上的发言稿整理。在编辑过程中做了必要的删节——编者注。

avere, avendo in diverse guerre e in grandissime sue magnificenze speso tutto il suo tesoro e per alcuno accidente sopravvenutogli bisognandogli una buona quantità di denari, né veggendo donde così prestamente come gli bisognavano avergli potesse, gli venne a memoria un ricco giudeo, il cui nome era Melchisedech, il quale prestava a usura in Alessandria. E pensossi costui avere da poterlo servire, quando volesse, ma sì era avaro che di sua volontà non l'avrebbe mai fatto, e forza non gli volevafare; per che, stringendolo il bisogno, rivoltosi tutto a dover trovar modo come il giudeo il servisse, s'avisvò di fargli una forza da alcuna ragion colorata.

E fattolsi chiamare e familiarmente ricevutolo, seco il fece sedere e appresso gli disse: Valente uomo, io ho da più persone inteso che tu se' savissimo e nelle cose di Dio senti molto avanti; e per ciò io saprei volentieri da te quale delle tre Leggi tu reputi la verace, o la giudaica o la saracina o la cristiana.

Il giudeo, il quale veramente era savio uomo, s'avvisò troppo bene che il Saladino guardava di pigliarlo nelle parole per dovergli muovere alcuna quistione, e pensò non potere alcuna di queste tre più l'una che l'altra lodare, che il Saladino non avesse la sua intenzione; per che, come colui il qual pareva d'aver bisogno di risposta per la quale preso non potesse essere, aguzzato lo ' ngegno, gli venne prestamente avanti quello che dir dovesse; e disse…

【现代意大利语】

Il Saladino era un uomo di grande valore e, sebbene di umili origini, divenne sultano d'Egitto e riportò molte vittorie sopra i re musulmani e cristiani. Avendo però consumato tutto il suo Tesoro e per le guerre e per le sue magnificenze ed avendo all'improvviso necessità di una grande somma di denaro, non sapeva dove poterlo trovare. Gli venne in mente un ricco giudeo di nome Melchisedech che ad Alessandria prestava il denaro a forte interesse e pensò che questi, se avesse volute, avrebbe potuto aiutarlo. L'uomo però era molto avaro e non gli avrebbe mai offerto il denaro spontaneamente; il Saladino d'altra parte non voleva usare la forza ma, spinto dal bisogno, pensò di costringere l'ebreo con una violenza ammantata di giustizia.

Per questo lo convocò a corte, lo ricevette con cordialità e, dopo averlo fatto accomodare, gli pose questo problema: Ho saputo da molte persone che tu sei un uomo veramente saggio ed esparto di cose religiose, per questo mi piacerebbe sapere quale per te è la vera religione: l'ebraica, la mussulmana o la cristiana.

L'ebreo, che era veramente un uomo savio, capì subito che il Saladino cercava di coglierlo in fallo nella risposta per aver modo di contraddirlo e pensò che non poteva esaltare una delle tre religioni senza che il Saladino ottenesse ciò che si era proposto. Per questo, alla ricerca di una risposta che non lo facesse cadere in trappola, aguzzato l'ingegno, gli venne subito in mente quello che doveva dire…

上面的对比非常清楚地告诉我们，15 世纪的佛罗伦萨方言与现代意大利语之间存在的差异多么巨大，既有词法方面的，也有句法方面的。词法方面的还好理解，句法方面的差异给我们带来的困难更多、更大。《十日谈》一共是 100 篇故事，全书的语言都是这样。我翻译这本书共用了三年时间，可以说那三年里天天都要和这样的语言打交道，困难之大不言而喻。好在这个版本中有很多注释，能帮助我理解原文；但光靠这些注释也不够，还要靠我在大学期间学的拉丁语和意大利语语言史的相关知识。当然，有可能的时候还得请教意大利朋友。下面我举个例子，说明我是怎么理解原文的：

"Il Saladino, il valore del qual fu tanto, che non solamente di piccolo uomo il fé di Babillonia Soldano, ma ancora molte vittorie sopra li re saracini e cristiani gli fece avere…"

我把它理解成：

"Il Saladino, il valore del quale era tale che lo fecenon solo di piccolo uomo il Sultano di Babilonia, ma gli permise anche di riportare molte vittorie sopra i re saracini e cristiani."

按照这一理解，再根据汉语的表达习惯，将这句话拆分组合，最后翻译成：

"萨拉丁的才干，不仅帮他由一个无名小卒变成巴比伦苏丹，而且帮他多次战胜伊斯兰教和基督教国家的国王。"

关于萨拉丁（Saladino）的翻译，我还想多说两句，因为他涉及一个译者如何添加注释的问题。萨拉丁是世界历史上的著名人物，不仅要正确翻译，而且要恰当加注：有个版本采用音译法把它翻译成"萨拉丁诺"，这样做是不恰当的，因为中国的读者，尤其是那些不大熟悉世界历史的读者，绝不会知道"萨拉丁诺"是谁，也无法从中文百科全书中查找到"萨拉丁诺"这个人的任何信息；中文百科全书中只有"萨拉丁"，而不会有"萨拉丁诺"。

翻译中，凡是专有名词，主要是人名、地名，中文如果已经有了约定俗成的译法，我们就必须采纳，不能自行其是：例如，Milano 只能译成“米兰”；Torino 只能译成“都灵”；古罗马皇帝 Cesare 翻译成什么呢？当然是“凯撒”；而南非城市 Città del Capo 只能译成“开普敦”。后两个译名均来自英文，即“Caesar”和“Cape Town”，它们已经是约定俗成的了，不能随意翻译。

意大利语原版中关于萨拉丁的注释是：“Il Saladino：il sultano d'Egitto dal 1137 al 1193”，对一个意大利读者来说这也许足够了，但对一个中国读者来说，我觉得还嫌不够。我在这里加的注释是：“萨拉丁（1137—1193），中世纪埃及、叙利亚、也门和巴勒斯坦等地的苏丹，阿尤布王国的开国君主。这一带原属古巴比伦王国，故下面称他为巴比伦苏丹。”我们查看一下《简明不列颠百科全书》中关于萨拉丁的注释是这样的：“萨拉丁（1137/1138～1193. 3. 4），中世纪埃及、叙利亚、也门和巴勒斯坦等地的苏丹，阿尤布王国的开国君主……”后来萨拉丁确实在埃及开罗称王，但他的王国却地跨埃及、叙利亚、也门和巴勒斯坦等地，而在古代这一带曾属古巴比伦王国。薄伽丘不是历史学家，把萨拉丁误称为巴比伦苏丹，我看是完全可以理解的。不能简单地说他是埃及苏丹或开罗苏丹。

为什么改写这个注呢？这里涉及翻译必须注意的另一个问题：你的读者是谁？意语版面对的是意大利读者，汉语版面对的却是中国读者。你的读者既然是中国人，你就应该时时、事事为中国读者着想。从这个角度出发，我加了个与别的译本乃至与我那个意大利语版本都不尽相同的注。

翻译的原则和标准就是：“信”“达”“雅”，要力求做到与原文对等。具体来说，第一步就是要做到正确理解，在正确理解的基础上力求把原文的含义表达出来；当然表达不是机械的，应该从你的读者出发，翻译成你的读者能够顺畅理解的译语，而且要尽量让你的读者形成犹如读了原文那样的个人体验。关于“雅”，文学作品的文字应该“雅”些，这完全是译者个人的选择。不过也不能太“离谱”。修辞问题确实很灵活，但绝不能脱离原文，随意发挥。

我在翻译薄伽丘的《十日谈》时，就是本着这种精神去做的，或者说就是力求这样去做的。至于我的译著是否达到了这一目的，或者说在多大程度上达到了这一目的，希望大家批评指正。但愿我的发言以及我的译文对同学们，尤其是高年级的同学们有所帮助。

《十日谈》中的父与女

［意］埃尔米尼亚·阿尔迪西诺
（都灵大学）

提　要：本文以《十日谈》第四天第一则故事和第五天第四则故事的对称关系为基础，讨论薄伽丘如何通过讲述生活中的愁苦，来展现其《序》中所说的写作目的。父女关系、做生活的主人、选择爱情的权利，这些人类与生俱来的天性成就了作品中100个故事中的所有人物。在前一则故事中以悲剧的形式呈现出来，而在后一则故事中作者改用了喜剧的形式，但是两个故事在叙述中相互呼应。薄伽丘运用对立的文学手法，展现了因管束女性而产生痛苦和主导这十天的天性所带来的快乐之间的矛盾。

关键词：薄伽丘；《十日谈》；中世纪；爱；女性

Daughters and Fathers in *The Decameron*

Erminia ARDISSINO
(University of Turin)

Abstract: By considering the symmetries between two tales of *The Decameron*, the story of Trancredi and Ghismunda, the first novella of the fourth day, and the story of the nightingale in the fourth novella of the fifth day, this essay discusses some of the main issues in Boccaccio's masterpiece that reflect the new communal Italian society. The relationships between daughters and fathers, and the idea of women's right to self-determination and personal choice in love are the object of both stories. The former novella develops these motifs in a tragic way, while the latter is characterized by a comic style and has a happy ending.

With antithetical literary tools (tragedy and comedy), Boccaccio shows the inconsistency of control over women, which generates grief, and the convenience of the laws stated by the ten young people who escape the plague in Florence. For ten days, they create a small, ideal society mirroring real life, which is depicted in one hundred stories where the main characters act, inspired by their same principles.

Keywords: Boccaccio; *Decameron*; Middle Ages; love; women

从《十日谈》的写作策略上来看，为了反击那些认为作者过于关注女性的声音，作者加入了两天相互呼应的话题，即第四天讲述悲惨的爱情故事，第五天则讲述欢喜的爱情故事。故事之间话题的对应表明了作者在写作时，还注重构建作品的内部联系并引导读者寻找作品里其他的不同关系。① 事实上，在讲述爱情故事的这几天里，可以清晰地看见，每一个故事都与另一个故事在问题、情节和人物上十分相似。

我们所关注的是第四天第一则故事和第五天第四则故事。这两则故事都围绕着两个年轻女性试图摆脱父亲的管束，来实现各自爱情的话题。看似作者在用不同的事例把问题重复了一遍，但实际上，第一个故事的结构、风格和结局是悲剧的，而第二个故事在情节、风格上属于喜剧，故事结局也是欢乐美满的。

第四天，国王菲洛斯特拉托决定让大家讲述悲惨的故事。他本人坠入爱河，在爱情中煎熬着，所以想借与自己相似的例子给自己一些安慰。而将讲述第一个故事的人则觉得这个决定有些奇怪，因为它与之前的那些喜剧收场的故事格格不入。② 不过，菲亚梅塔没有逃避这个任务，讲述了一则她想象出来的、发生在萨莱诺的故事。坦克雷迪亲王的女儿名叫吉斯蒙达，年轻守寡。她一直在等着父亲再把她嫁出去，但是十分疼爱女儿的亲王并没有这方面的打算。后来，吉斯蒙达爱上了一个叫圭斯卡多的宫廷侍从。他虽然出身卑微，但其高尚的人品博得了吉斯蒙达的芳心。于是，两个年轻人便开始秘密地享受着爱情，不料被父亲发现了。尽管吉斯蒙达竭力地解释缘由，父亲

① 路伊吉·苏尔迪克：《薄伽丘》，博洛尼亚：Mulino 出版社，2005 年版，第 64—80 页。

② 菲亚梅塔开始讲述故事时首先说道："国王今天的题目真叫我们为难。"

还是决意杀死女儿的情人，然后把圭斯卡多的心挖了出来放在黄金酒杯里，送到了女儿面前。吉斯蒙达将毒汁倒在杯中的心上，喝下毒汁，离开了人世。

学者们从多个角度解读了这个故事。俄尔巴赫借助它表明《十日谈》中关于生活缺少更为新式的观点：这是失败的人文主义的佐证[①]；杰托着重指出父亲这个形象脆弱的性格特点[②]；巴拉托认为它处于揭露真相时刻的核心[③]；马佐塔揭示了故事戳穿这个拥有权力的男人的方式：因为无法掌控最看重的事情，他意识到了自己的脆弱[④]；福尔尼对做解释的机会进行重组之后，强调暗示真情实感的描写如何在故事中占据优势，这种手法为读者留下广阔的想象空间，然而坦克雷迪最终还是选择冷却女儿的过度热情[⑤]；皮科内则强调它与之前的文学类型的联系，尤其是与叙事短诗的对比，他将这个故事视为作者对于宫廷叙事文学中一些传统题材的再创作[⑥]。此外，在《十日谈》众多故事之中，它独享了极大的成功，对后世文学和同类作品影响颇

---

① E. 俄尔巴赫：《论模仿：西方文学中的现实主义》，都灵：Einaudi 出版社，1956 年版，第 233—236 页。

② G. 杰托：《〈十日谈〉中的生活与形态》，都灵：Petrini 出版社，1972 年版，第 95—139 页。

③ M. 巴拉托：《〈十日谈〉中的现实与风格》，罗马：Riuniti 出版社，1984 年版，第 184—185 页。

④ G. 马佐塔：《爱之心：薄伽丘〈十日谈〉中的戏剧世界》，普林斯顿：普林斯顿大学出版社，1986 年版，第 131—158 页。

⑤ P. M. 福尔尼：《坦克雷迪的觉悟：〈十日谈〉中的复杂形式》，佛罗伦萨：Olschki 出版社，1992 年版，第 121—146 页。

⑥ M. 皮科内：《从叙事短诗到悲剧短篇小说：吉斯蒙达（第四天第一则故事）》，收录在 N. 柯德瑞、C. 简斯温、R. 皮托尔诺合编的《薄伽丘与故事编纂——解读〈十日谈〉》中，拉文纳：Longo 出版社，2004 年版，第 185—198 页。亦可参阅 M. 皮科内：《多情之血：第四天》，收录在 M. 皮科内、M. 梅尔西卡合编的《〈十日谈〉介绍》中，佛罗伦萨：Franco Cesati 出版社，2004 年版，第 115—139 页；M. J. 马尔库斯：《侵犯的悲剧——坦克雷迪与吉斯蒙达的故事（第四天第一则故事）》，收录在录《〈十日谈〉中表现自我意识的文学形式的讽喻》，萨拉托加：Amna Libri 出版社，1979 年版，第 115—139 页；R. 费迪：《菲洛斯特拉托的王国——〈十日谈〉第四天的性质与结构》，第 39—54 页；G. 阿尔曼西：《薄伽丘式的三种解读——坦克雷迪与吉斯蒙达》，收录在《淫秽中的美学》，都灵：Einaudi 出版社，1980 年版，第 161—182 页；《解读坦克雷迪与吉斯蒙达的故事》，收录在《威利》第 27 期，1986 年，第 23—35 页；G. 冈特：《三种前提与一种爱情表现——〈十日谈〉导读》，摩德纳：Mucchi 出版社，1997 年版，第 141—171 页；A. 莫拉维亚：《男人的结局以及其他随笔》，米兰：Bompiani 出版社，1964 年版，第 135—158 页。

深，在列奥纳多・布鲁尼①的拉丁语译著出现之前，人们似乎找不到这样的先例（就像保罗・迪阿克诺在《伦哥巴度历史》叙述的那样，只有死亡之杯让人联想到父亲的头颅，吉斯蒙达受到胜利者父亲的逼迫，自己用金杯饮下毒液）。

相恋的年轻情侣并非这个爱情故事的核心，而这对父女才是重点。实际上，最开始的两段就着重介绍了这两个人物：他仁慈和善，她美丽聪颖。相较之下，圭斯卡多的戏份薄弱了许多：他出身卑微，在故事中最晚出场，又最早离场，始终扮演着边缘化的次要角色。他品德高尚，根据新快乐主义风格的准则，以这样的品格他足够配得上亲王的女儿了，但他一直处于被动状态，并未采取行动。他诚恳地回应了吉斯蒙达的感情，吉斯蒙达也将保他周全，因为他虽然穷苦，品行却十分崇高，即“不因贫穷而丧失美德”。在这两个社会地位迥异的年轻人之间产生了坚定炽烈的爱情，就像文中反复出现吉斯蒙达表达爱情的言语，“我爱过圭斯卡多，现在依然爱着他，尽管生命短暂，但只要我还活着，就会永远爱他；假如死后还能有爱的话，那我依然会一直爱着他”，现在、过去与将来融入无边的爱情之中。仅仅这一句宣言就足以表明吉斯蒙达早已大幅度超越了安德烈亚・卡佩拉诺关于典雅爱情的标准，带有与新快乐主义风格相符的准则，这种准则上升到了社会层面，它因意大利公社时期多变的社会作用以及当时强调个体和情感优势的诗歌创作背景而成熟起来。

故事中另一段与之抗衡的感情则是父女之情：父亲确实宠爱她，然而这样的感情过于深厚，据说女儿“被父亲非常温柔地疼爱着”，由于这种“温柔的疼爱”，她被困在家里，没有婚姻，父亲几乎不想让她出嫁。父亲的柔情超越自然限制，超出了合理的限度，变成了一种压迫。他不仅能够进入女儿的卧室，而且还在那里睡觉，于是就发现了这对情侣的秘密关系。故事中这一细节的描写方式似乎为人物内心暗藏的乱伦冲动做了掩饰。但如果薄伽丘确实想暗示这一点，文中还是存在很大保留的。

父亲对生活相当没有把握，缺乏掌控大事的能力。他不懂生活的艺术，因此深受生活的折磨。女儿有多懂得为自己的生活作出决定，父亲就有多不接受她的多种表现。这个男人并未意识到自己对女儿的过度依恋实际上意味

① 《“吉斯蒙达”（第四天第一则故事）在人文主义运动与文艺复兴期间的文学成就与象征意义》，收录在《薄伽丘研究》第 32 期，2004 年，第 101—143 页，包括大量文献目录。

着渴望占有，故事中他无时无刻不在施加这种极端的温情。当女儿捍卫自己的选择时，他甚至大哭起来，“就像挨了打的孩子一样哭得那么猛烈”。当然，到了故事的结尾，当他看到女儿自杀的时候，“他又一次痛苦地大哭起来”。他的反应更像是一种温和的自我怜悯，而非面对女儿时真实的情感流露。吉斯蒙达是坚定而自信的女人，父亲却容易遭受难以控制的激动与热情的折磨，二人的性格截然相反。“明智”的吉斯蒙达按照自己的意愿采取行动，谨慎地选择接下来要走的路，这在她选择圭斯卡多的方面以及捍卫自己的选择时都体现了出来。她不像“许多女性所做的那样”，而是“面无表情”，带着“高贵的灵魂、非凡的力量”，“坦率地”进行了组织性很强的演说，从而充分说明了自己的理由，她运用优美而伤感的语言，将自己的想法与决心一同表达出来。她的眼泪饱含着爱与痛苦，唯独留给了圭斯卡多，这并非脆弱或自怜的表现。

通过这段叙述，最高兴的人非菲洛斯特拉托莫属，他将在第五天讲述利奇奥·达·瓦尔伯纳和他的女儿的故事，而第五天故事里的爱情是充满幸福的。这个故事相当短小，不过讲它是为了逗大家笑，并对前一天强加于人的残酷评判表示歉意。相较于吉斯蒙达的悲剧，评论家对这个故事的兴趣减弱了许多，在它之前我们似乎也找不到值得赞赏的先例。① 故事的主角同样是一对父女，父亲利奇奥·达·瓦尔伯纳先生是罗马涅的骑士，富有涵养；女儿卡泰丽娜已经成熟，父母都非常爱她、呵护她（母亲虽然作为次要角色而存在，但她的出现调节了家庭成员间的感情平衡，这一点是坦克雷迪所缺乏的）。卡泰丽娜美丽动人，她被父母宠爱，有些任性，这个年轻的姑娘爱上了常到她家做客的里恰尔多·马伊纳尔迪。这里的小伙子虽然勇敢大胆，但并

---

① 即使在这种情况下，夜莺的意向还突出地依附在叙事短诗上，但叙事短诗包含的悲剧色彩难以和喜剧特点相匹配。夜莺从隐喻的价值来看发挥了相当重要的作用，除非薄伽丘真的不想颠覆叙事短诗的模式。然而隐喻的价值并不占优势，也没有持续下去，就像巴拉托写的那样，这似乎只是在强调青年时期的力量和本能的享乐（254 节）。参阅福尔尼的《复杂形式》，第 97—99 页。关于小说：J. 斯马尔：《〈十日谈〉中的对称与平衡》，收录在《中世纪》，1976 年 2 月，第 159—187 页；马尔库斯：《形式的寓意》，cit.，第 57—58 页；M. 扎卡雷洛：《作为结构秩序的“好结局”：第五天》，收录在 M. 皮科内、M. 梅西尔卡合编的《〈十日谈〉介绍》中，佛罗伦萨：Cesati 出版社，2004 年版，第 141—161 页；R. 阿曼多拉拉：《〈十日谈〉第五天第四则故事中的结构与谦恭》，新发现出版社，2002 年版，第 117—141 页；M. 谢尔贝格：《友谊的统治——〈十日谈〉中的法则与性别》，哥伦布：俄亥俄州立大学出版社，2011 年版，第 45—46、138—139 页。

非首要角色，不过他慢慢在向这个层面靠拢。里恰尔多非常大胆地向姑娘表达了爱意，他还提出夜晚时分在阳台与她约会。这项冒险性的计划并未让卡泰丽娜退缩，爱人的愿望与勇敢鼓舞了她，于是她接受了事件的风险，努力使这次约会成为现实。她以天气炎热为由说服父母为她在露天阳台上搭了一张床，这样一来，里恰尔多晚上就能过来找她了。清晨，父母发现了他们的私情，并催促他们弥补过错。二人成婚的结局令人欣喜，这对所有人都是一件极其幸福的事。

故事一开始就表明父亲忙于为女儿寻找一位“如意郎君”，他明白肉体接触不可缺少，只不过要将它安放在可独立实现且足够具体的计划之中，因此他满足了女儿的愿望，并以决断者的身份迅速而明智地介入了这件事，防止了悲剧的发生。这个父亲同样宠爱自己的女儿，“她的父母只有这一个独生女，他们非常疼爱她、呵护她，对她的照顾细致入微”。而小伙子为了爱情甘愿冒生命危险，当卡泰丽娜的父母发现被他们欺骗时，他惊慌失措，哭了起来。但是明智的父亲在自然本能与社会习俗之间找到了调和的解决办法。他的父爱没有超越理应付出的限度，对年轻人也给予尊重，甚至还为缺乏经验的孩子寻求弥补方法。整个故事带有戏剧性，作为隐喻手法的炎热和夜莺歌声贯穿始终，它的结局与前一天的悲剧故事形成鲜明对比。这个故事让人笑得“不能自已”。

很明显，两个故事中的父母截然不同。如果这属于首要的对比，那么次要的对比则在叙事结构上发挥了重要作用，即情节发生的地方不同：一方来自萨莱诺的贵族宫廷，另一方来自罗马涅的资产阶级家庭。或许还要考虑地理和历史的问题，一方属于萨莱诺的诺曼贵族，另一方属于法恩扎公社。但最突出的一点在于社会地位，它作为两个故事的背景因素，推动着他们做出不同的回应。前一个故事的父亲是一位亲王，他坚信自己拥有绝对的权力去支配生活、决定臣民的死亡，如同掌控他的家人那样。当他发现女儿逃离了他的束缚，他并未从人性的角度进行反省，反而坚持革新自己的控制力。后一个故事的父亲了解自身的限制，也懂得他人拥有广泛的需求。

人物的命名方式加强了阅读性，尽管它似乎涉及社会学性质并且已经过时。第一个故事里的人名是诺曼贵族的传统名字，第二个故事里的两个名字出自但丁的诗句。《炼狱篇》第 14 首中，圭多 · 德尔 · 杜卡谴责罗马涅人的堕落，他问道：“好人故利奇奥和阿里戈 · 马伊纳尔迪在何处？”（第 14 首，97 行）对于但丁来说，他们是美好的古老时代的人物，薄伽丘自然也是这样认为，在那个时期爱情和义气十分盛行："妇人与骑士，辛劳之人与悠闲之人/都能让人感受到爱情和义气"，除此之外并未展开其他内容。所以，薄伽丘就从但丁的诗歌以及他设定的历史背景中汲取信息，不必再自己创造。这意味着他眼中的世界是理想化的世界。利奇奥慷慨大方、尊重爱情，里恰尔多·马伊纳尔迪尊重利奇奥充满责任感的抉择，这样他心爱的卡泰丽娜也将过得更幸福。因此在两个故事里，封建世界与资产阶级社会也变成了对峙因素，封建社会不允许完全实现的爱情，而资产阶级社会中爱情却很容易成为现实，社会公约只是将大自然早已建立的内容加以完成。①

这里想强调的最后一项对比正是"自然"，故事中的"自然"是从空间环境显现出来的，不涉及地理环境。虽然两个故事都有秘密约会地点，但它们的区别很大。圭斯卡多去吉斯蒙达的住所需要通过一个满是荆棘杂草的洞穴，他先下到漆黑的山洞，然后再爬上直通宫殿房间的梯子，他们的幽会场所在室内。吉斯蒙达房间附近有一个花园，她常在那里和同伴们嬉戏，但是花园无法成为他们隐秘的幽会地点。另一个故事中，两个年轻人选在露天阳台约会，小伙子冒着很大危险才能爬上去，但鉴于在户外幽会，他们可以藏在帷幔中睡觉、娱乐。卡泰丽娜曾多次要求搬到户外的环境，似乎体现了她对新鲜快乐的事物的渴望，这与王宫生活的封闭状态截然相反。

如果我们把这种对立与《十日谈》中确立整部作品叙述基调的序言部分进行对比，就会发现对立手法的重大意义。作品旨在"对悲苦的人表达同情"，而在所有的悲痛者当中，妇女是最需要安慰的人群，因为她们被迫保守秘密、忍受孤独，既受到外界的支配，又要懂得自我控制。封闭的世界在许多方面都压迫着她们：

（1）"她们胆怯而害羞，只好把爱情之火隐藏在脆弱的内心"；

（2）"她们的意愿受到限制，还不得不服从父亲、母亲、兄弟和丈夫的命令"；

（3）"她们大多数时间都待在卧室这个封闭的空间内"；

（4）她们缺乏男人享有的众多"放松或消遣"的方式，譬如"四处走走，能够听听看看的事物也非常多，捕鸟、狩猎、钓鱼、骑马、赌博或经

---

① 关于中世纪人与自然的关系，特别是在《十日谈》中的表现，参见 A. S. 斯卡廖内：《道德作为自然与社会之间的调节者》，收录在《中世纪晚期的爱与自然》中，伯克利：加利福尼亚大学出版社，1963 年版，第 83、100 页；G. B. 斯通：《中世纪自然伦理——薄伽丘的诗歌哲学》，纽约：圣马丁出版社，1998 年版。

商”。

此外，女人“不像男人拥有强大的力量来承受”苦难。前四种原因在女性角色的结局中非常典型，薄伽丘在《菲亚梅塔的挽歌》里已经很好地展现了悲剧性。

为了打破这种封闭性，七个年轻的姑娘实行了最初的弥补方式，她们在瘟疫爆发期间聚在新圣母大殿，提议离开城市、暂避乡下，这样就能避免社会与家庭关系的破裂。父母不再关心她们，也没兴趣继续控制她们，因此她们可以为自己做主。起初，她们还因缺少男性的管控而感到恐惧，到后来却能为统治政府做好准备。潘丕娜将会成为第一位女王，并完美地统治她的子民。

在乡下的时候，这些年轻人并非处于毫无组织性的分散状态，而是构建了一个管制合理、功能完备的小型社会，确定了规章制度、时刻表以及各自的职责。总之，这证明女人在不受父母和家庭压迫的情况下也能掌管自己和他人的生活。不过，大自然尤其在乡村占据了主导地位，带给人们利益与享受：

> “在这里可以听到鸟儿的歌声，看到山丘和平原的勃勃生机，看到田地里种满五谷，庄稼就像海浪一样起伏，看到许许多多品种的树木，还看到更为广阔的天空，无法掩盖它那永恒的美丽，比起在城市光秃秃的城墙处观赏到的还要壮观许多。除此之外，这里还有非常清新的空气和在这段时间内满足生活所需的大量物品，讨厌的事物也少了很多。”（第23节）

自然让男人更接近女人，同样也让女人更接近男人。反对这种法则是不可能、不合乎常理的，薄伽丘正是通过父亲的角色证实了这一点，这个人物出现在介绍第四天爱情故事的引言中。菲利波·巴尔杜奇因失去妻子而悲痛欲绝，他让儿子去过隐修生活，认为这样儿子就能免遭同样的痛苦，于是他不得不亲身体验自然相比于人类的才能是何等的强大。卡泰丽娜直观地了解了这一点，她借助大自然惊人的力量实施自己的计划：例如阳台的凉爽、夜莺的歌唱。

无论如何，幸运掌控着包括自然关系在内的所有关系。如阿拉提埃（第二天第七则故事）的父亲那样精明的人，他为了满足加波国王给与的无上条件，立刻将女儿指婚给他，然而这一行为却将她推向了遥远得令人难以置信的灾难之路。我们再以圭多托·达·克雷莫纳的故事（第五天第五则故事）为例，他临终时将女儿托付给一个朋友，却由此衍生了无尽的问题。然而这两个故事还是以完满的结局而告终，或许因为幸运最终还是认可了这两位处事谨慎的父亲。

事实上，在薄伽丘的眼中，明智的父亲应该懂得什么是对女儿有利的事情，他在《菲索拉诺的仙女》中就表达了这一观点，那时他的叙事手法还略显稚嫩。这部作品虽然是诗歌形式，但从此以后，薄伽丘笔下的题材就从神话故事过渡到了爱情和家庭轶事。叛逆的女儿曼索拉不顾父亲的暗示，直到最后才了解到她所失去的亲情的价值：

我梦想和母亲一起纺线，
然后成为新娘，
现在我却离父亲很远，
而他爱我胜过一切……（第291节）

尽管第一次遭到了拒绝，但曼索拉之后将体验母爱，如果这对她来说不算太晚，她就不会饱含母爱地孕育出新生命，新生命的出现甚至标志着历史的转折点，因为她的儿子将会参与到菲耶索莱的转型事业中，让这个原始地发展成为佛罗伦萨文化的起源地。薄伽丘发现了讲述父女关系故事的力量，因此他首次在《十日谈》中展现了这个要素。

故事中社会的幸福与个人的幸福紧密地联系在一起。有意思的是，我们注意到包含托马斯·阿奎那评论的《尼各马可伦理学》的抄本在这些年很常见，与安布罗图书馆中编码为“Ms. Lat. A 204 Inf. ”的手抄本一致，这个版本是由薄伽丘整理的，他对作者很感兴趣，因为作品让他重新思考幸福，他不再以神话寓言的形式反映这个主题，而是把它折射到社会、世俗的领域当中，这对于叙事文学是极大的发展。①

① 抄本上有 A. M. CESARI 的字样，亚里士多德的《伦理学》在安布罗图书馆的编码为 A 204 Inf.：薄伽丘的亲笔手稿，“伦巴第历史档案”，第93—96页，1966—1967年，第69—100页；S. 巴尔塞拉，薄伽丘关于亚里士多德《尼各马可伦理学》的札记（米兰，安布罗图书馆 A 204 Inf.），收录在《薄伽丘在美国》中，作者 E. 菲洛萨、M. 帕皮奥，拉文纳：Longo 出版社，2012年版，第143—155页。

中世纪的思想危机

李玉成

我是一个退休的外交官，在意大利工作多年，我翻译过几本有关意大利文艺复兴的著作。在这个“纪念薄伽丘诞辰700周年国际研讨会”上，我想简单介绍一下我翻译的这些书中的某些观点，供大家参考，以便更好地理解薄伽丘所处的时代。这些观点涉及中世纪的思想危机、文艺复兴的贡献和人文主义教育等。我翻译的这几本书是：丹尼斯·哈伊的《意大利文艺复兴的历史背景》、欧金尼奥·加林的《意大利人文主义》、欧金尼奥·加林主编的《文艺复兴时期的人》和他的《中世纪与文艺复兴》。前三本已由三联书店出版，最后一本已由商务印书馆出版。最后一本的第一章是“中世纪的思想危机”，这里我就把它作为我发言的题目。

中世纪的含义

按照意大利百科全书 Garzanti 的解释，中世纪包括从公元476年（西罗马帝国灭亡）到1492年（哥伦布发现美洲）这段历史时期。其中，从5世纪到10世纪为中世纪早期，11世纪到15世纪为中世纪晚期。

信仰的纱幕

布克哈特说，在中世纪，人类意识一直在一层共同的纱幕之下，处于睡眠或半睡眠状态。这层纱幕是由信仰、幻想和幼稚的偏见织成的，通过它向外看，世界和历史都罩上了一层奇怪的色彩。①

中世纪是“黑暗的”吗？

① 雅各布·布克哈特著，何新译：《意大利文艺复兴时期的文化》，北京：商务印书馆，1981年版，第125页。

但是，哈伊认为，这种观点常常遭到批评，有时是极其尖锐的批评。特别是近百年来，很多历史学家并不认同把中世纪作为野蛮的时期看待，最好的证明就是中世纪的哥特式基督教建筑和装饰的原创和优美。①

环境发生了变化

对于欧金尼奥·加林教授来说，既不能说文艺复兴是中世纪的延续，也不能说这两个时期之间存在断裂。如果说在“黑暗的”中世纪并未中断同古典传统文化的接触是真的，那么同样为真的是，发源于欧洲最重要中心佛罗伦萨的文艺复兴的伟大繁荣，也只有在欧洲社会和市民的条件发生变化时，才能发生。②

禁欲主义的束缚

哈伊说，在古代人和现代人——14 世纪的现代人——之间形成的尖锐对立，首先表现在反对在天主教教育中推行禁欲主义的原则上。天主教的教义是：“不要爱这个世界和世界上的事物”；“我的国不在这个世界上”；“这个世界上的知识在上帝看来就是愚蠢”；“血肉之躯不能进入上帝的国”。③ 在中世纪这些天主教教义笼罩着尘世生活，引导人们走向荒野，寺院林立，僧侣成群。它们已成为君主、农民、商人、士兵甚至不少僧侣本身的赘疣。④

人只能接受命运安排

在中世纪，人的现实形象在阶梯式结构中被僵化，被置于无称谓的不动中已十分完善，人在自己必经之路上除了纯粹的观察，接受事先的安排，还有什么意义呢？⑤

人生无所作为

---

① 丹尼斯·哈伊：《意大利文艺复兴的历史背景》，上海：三联书店，1988 年版，第 31 页。

② 欧金尼奥·加林：《中世纪与文艺复兴》，北京：商务印书馆，2012 年版，封底。

③ 《意大利文艺复兴的历史背景》，第 90 页，注释［41］：《新约圣经》，约翰一书第二章 15 节；约翰福音第十八章 36 节；科林多前书第三章 19 节，第十五章 50 节。

④ 同上，第 89 页。

⑤ 欧金尼奥·加林：《中世纪与文艺复兴》，北京：商务印书馆，2012 年版，第 26 页。

路德和加尔文特别强调人与神之间的距离和上帝的不可企及性，以及人生的虚无。哲学和信仰之间是无法调和的：如像天和地无法弥合那样，人在神的面前，除了感谢上帝，点燃信仰之火以外，在思想和行动方面都令人失望地不会有任何建树。①

异教徒的众神

《圣经》和一切歌颂上帝的诗，反映的是存在的深刻理念，它们才是真正的缪斯，而不是诱人的美人鱼。……世俗人士歌唱的内容是世俗的：其他的众神反对真实的上帝。那是异教徒的众神，邪恶的异教神话。这种贯穿中世纪，在神和邪恶之间把人撕裂开来的紧张状态，在诗人的观点中得到表现。②

亚里士多德和柏拉图

德·沃尔夫几乎形象地概括了中世纪的思想：在比萨的圣卡特里纳教堂里，被作为中世纪思想象征的圣托马斯，位于把《蒂迈欧篇》给他的柏拉图和把《尼各马可伦理学》给他的亚里士多德之间，位于自然界的正义或创造的世界与确定人的等级制度的不可改变的法则之间，这不仅是一个和解的概括，它给我们提供了一个中世纪激烈争论的关键词。③

对人的重视

彼得拉克说："有的人对野兽飞禽和鱼类的事情知道得很多，对狮子头上有多少鬃毛，鹞子尾上有多少羽翎，水螅下沉时要打多少个漩涡，了如指掌；……还知道凤凰如何被芳香的火烧死之后又会复活；刺猬能够阻止航船行驶，但一见水之后就丧失了力量，如此等等。所有这一切或大部分都是无稽之谈。但是，即使这些说法都是真的，对我们寻找幸福生活又有何用？我自问：知道飞禽、走兽、鱼类的特性，而对人的本性无知，不知道我们从何处来，到何处去，以及为什么生活，这到底有什么好处？"④

---

① 欧金尼奥·加林：《意大利人文主义》，上海：三联书店，1988年版，第125页。

② 欧金尼奥·加林：《中世纪与文艺复兴》，北京：商务印书馆，2012年版，第58、61页。

③ 同上，第26页。

④ 欧金尼奥·加林：《意大利人文主义》，上海：三联书店，1988年版，第22页。

人和上帝有相似之处

人文主义者经常表现出对柏拉图的偏爱。认为他指出一个从开放、间断和充满矛盾的角度去认识世界的方向，不怕任何表面的不一致，直至能充分地反映出事物无限的多样性。……而亚里士多德的世界是一个压抑的、封闭的和等级森严的世界。在理智和信仰无法调和时，“柏拉图给人以信心，证明人和上帝有相似之处，指出上帝给我们的礼物就是爱”。①

人已不局限于沉思

14 世纪末，科卢乔·萨卢塔蒂说，应当到诗歌里去寻找真理，诗歌是人的充分的活动，……他一方面赋予诗歌以更广泛的含义，另一方面颂扬把知识积极用于改变事物的巫术，这样，思想便朝着一个新的方向发展，人不局限于孤独地沉思，越来越想冒险去改变世界和人自身。从这里产生了新的哲学。②

人可以改变一切

新的哲学对人类的现实作出新的理解，即从自由、意志和活动方面进行理解：世界不再是一成不变的，并非所有的环节都是固定的，历史并非事先完全设计好的，而是通过劳动可以“奇迹般地”改变一切，这里既要冒险，总之，又要有道德。③

薄伽丘对世俗诗的赞扬

薄伽丘在《神谱》中说，诗人并非模仿哲学家，而是模仿大自然，“诗人力图用庄严的诗句描述大自然，可以看到：万物的千姿百态、风俗习惯、言论、各种生物的行为、天空的运行、星星、雷声、风的咆哮、火焰的劈啪声、高高的山、充满绿荫的树林、河水的奔流，这一切都存在于诗句中。说诗人是大自然的猴子，也不过分，因为我认为用艺术来表现大自然完成的事情，是非常值得的”。④

---

① 欧金尼奥·加林：《意大利人文主义》，上海：三联书店，1988 年版，第 10、126 页。

② 欧金尼奥·加林：《中世纪与文艺复兴》，北京：商务印书馆，2012 年版，第 35 页。

③ 同上，第 36 页。

④ 欧金尼奥·加林：《中世纪与文艺复兴》，北京：商务印书馆，2012 年版，第 74 页。

世俗诗表现另一种人生观

要寻找没有哲学和神学“思想”的诗歌，就可能排除掉最优秀的中世纪诗歌。关于“诗”的一场大辩论爆发在薄伽丘时代，持续整个 15 世纪，并非偶然。那场辩论是与“异教徒的众神”相联系的。那并不是一场诗歌反对神学的战争，而是神学反对神学的战争；是用诗歌表现的一种不同的人生观，反对另一种用诗歌表现的人生观，例如一方面是但丁的《神曲》，另一方面是彼得拉克的诗。①

地理新发现带来冲击

僵化的世界观已无可挽回地走向衰落。由于地理的新发现，传统的地球形象被打破；宇宙过去的概念在伽利略之前就已发生动摇，托勒密体系造成的“心理”前提，经过多年的批判之后已不复存在，从而由此产生不容忽视的影响：宇宙是无限的，其他星球上也可能有人居住，地球并不享有特殊地位。不用说，这样的思想和观察会对神学带来冲击。②

禁欲主义的瓦解

阿尔伯蒂说：“人的欢乐不在于过闲散和无所事事的生活，而在于进行工作和活动。”1433 年，布鲁尼写道：“最伟大的哲学家总不如最伟大的统帅。”达费尔特雷引用西塞罗的话说：“人的全部光荣在于活动。”由于这些理论，上千年来束缚人们思想的禁欲主义逐渐瓦解了。到了 15 世纪中期，世俗群众、法官和士兵终于抬起了头来。僧侣不再是道德的垄断者。③

对财富的赞扬

阿尔伯蒂说：“不要藐视财富，而要防止贪婪。”人应当从贫穷中摆脱出来，因为贫穷不能满足肉体生存的需要，并且会压抑精神的发展。布鲁尼说：“对外部物质财富的占有，提供了实施德行的机会。”帕尔米耶里认为：“只

---

① 欧金尼奥 · 加林：《中世纪与文艺复兴》，北京：商务印书馆，2012 年版，第 63 页。

② 同上，第 101 页。

③ 丹尼斯 · 哈伊：《意大利文艺复兴的历史背景》，上海：三联书店，1988 年版，第 129 页。

要不损害别人，凭熟练的技艺增加自己财富的人是值得称赞的。”①

对劳动的赞扬

阿尔伯蒂认为，人的尊严寓于劳动中，而且仅仅寓于劳动中。“有的人不愿勤学技艺，不愿努力工作，不愿在完成艰巨的任务中汗流浃背，那他又怎么可能赢得别人的尊重呢？……人生下来不是为躺着让自己腐烂，而是为了从事宏伟壮丽的事业。”②

对爱国的赞扬

人们真正道德的行为是旨在为公众谋利益的行为。帕尔米耶里说：“除了为使家乡更幸福、共和国更昌盛的行为之外，再没有任何别的行为是伟大和崇高的了。……人类最值得称颂的事情不外乎为了国家的富强、城市的优美和公众的利益而进行的活动。”③

对婚姻的赞扬

瓦拉在《论欢乐》中认为，欢乐是同符合于人类的有血有肉的道德观念紧密结合在一起的。肉体和精神不可能截然分开，更不可能处于对立的状态。……而禁欲主义的善则徒有虚名，并从根本上违反自然发展的规律。……在性感享受中所得到的与美丽、爱情和受孕相关系的欢乐，是为了保持人种的延续，如果禁欲主义所倡导的童贞至上得以成功的话，人类将遭遇多么大的灾难！在15世纪的论文中，反对寺院生活和颂扬婚姻是两个共同的论题。④

对人的教育

对人的教育就是使人认识人的价值，人文学科可以唤醒和加强这种价值。……文学是“人性之学”，它可以打开人们的心扉，唤醒沉睡的精神，使我们的人性变得更加完整。……西戈尼奥说，没有历史学家的佐证，伦理学家的格言就将成为空洞和可笑的教条，并将随风四散。历史中的典型可以

---

① 欧金尼奥·加林：《意大利人文主义》，上海：三联书店，1988年版，第64、66页。
② 同上，第62页。
③ 同上，第65页。
④ 同上，第50页。

成为我们庄严的向导和生活的指南。①

对道德和良好风尚的赞扬

皮科洛米尼认为："人们通过相互支持、帮助和取长补短也就使科学和道德日臻完善。而科学和道德完善的程度如何，决定着人类的最高利益和幸福。"② "自然科学过于重视人的身体，而轻视人的内在品德。" "热心学习的人往往只从物理、数学和形而上学方面获得知识，而扔下了对我们来说最重要的学科，即我们借以掌握生活的艺术——掌握通向德行和良好风尚之路的学科，而只有这样的学科才会把我们引向快乐和幸福。"③

① 欧金尼奥·加林：《意大利人文主义》，上海：三联书店，1988年版，第72、175页。
② 同上，第166页。
③ 同上，第167页。

或庄或谐，有译有评

——浅析《十日谈》的几个早期中译本

李婧敬
（北京外国语大学欧洲语言文化学院）

提　要：20世纪20年代，《十日谈》首次被译介至中国，至今已有十数个译本。就规模而言，既有选译本，也有全译本；就文风而言，各个译本或庄或谐、各有千秋；就形式而言，既有纯粹的译著，也有添加译者观点的评注作品。本文选取了最早的四个名家译本，就上述几个方面进行比对，分析比较其间的异同，并以此为基础尝试挖掘在不同的历史时期和社会环境中国读者对该作品的不同解读。

关键词：《十日谈》；中译本；翻译；对比

Serious or Humorous, Translations and Comments

—On Early Chinese Translations of *The Decameron*

LI Jingjing
(School of European Languages & Cultures, Beijing Foreign Studies University)

Abstract: Since its first Chinese edition came out in 1920s, the *Decameron* has more than ten versions now. In terms of scale, some are selective translation, some are full translation; in terms of language, some are serious, some are humorous; in terms of style, some are pure translation, some are with translator's comments. By analyzing the similarities and differences of four famous Chinese editions in the early days, this essay tries to illustrate different interpretations of Chinese readers in different historical periods and social contexts.

Keywords: *Decameron*; Chinese edition; translation; comparison

一、引言:《十日谈》走入中国读者视野的过程

在中国,《十日谈》是知名度最高的意大利文学作品之一,然而它最初被介绍到中国,却只是20世纪20年代的事情。

1919年,一批受过西方新式教育的学者发起了“反传统、反儒教、反文言”的思想文化革新运动,主张抛弃中国旧有的、僵化的儒家说教,学习西方(主要指欧洲)的先进文化,以西方国家为榜样,寻求强国富民的道路。在这样的新文化运动的大背景之下,一大批西方经典文学作品被介绍到中国,薄伽丘的《十日谈》也正是于这一时期开始见诸中国的报端。1928年,罗凯岚选译了其中的两个故事《住持捉奸》(第九天第二个故事)和《女人的机智》(第七天第六个故事),发表于当年《文学旬刊》的第336和338期。①

同年,《国文周报》第34期刊登了题为《丈夫和桶的故事》(第七天第二个故事),而《大众文艺》第四期则刊载了《二邻人》(第八天第八个故事)。②

1929年,上海唯爱丛书社出版了《恋爱与生活的故事》一书,该书作者署名为T. T. 女士,其中选译了《十日谈》里的三个故事。③

关于上述几篇译文的内容和译者信息,如今我们已经知之甚少,但有一点可以确信:《十日谈》此时已逐渐走入中国读者的视野。

二、第一个中文全译本——《全译十日谈》

1930年,上海开明书店出版了黄石和胡簪云译的《全译十日谈》。全书共920页,有作者像一幅和插图十幅,装帧精美,堪称20世纪30年代出版物的精品。

---

① 查明建、谢天振:《中国20世纪外国文学翻译史》,武汉:湖北教育出版社,2007年版,第276页。

② Monica Piccioni. *Boccaccio e la Cina*. *Mondo cinese*, 1995, N. 89.

③ 查明建、谢天振:《中国20世纪外国文学翻译史》,武汉:湖北教育出版社,2007年版,第276页。

就标题而言，译者在原文“十日”的基础上增加了“谈”字，表明该作品的体裁属于小说故事集。此外，译者还强调了“全译”二字，这是针对此前的零星译文而言的。

该译本是以英国人多马斯·莱特（Thomas Wright）的英译本为基础转译的，结构上忠于原著，涵盖了原著中的所有故事，每一则故事的开篇也都保留了作者的引子。

在正文之前，黄石还撰写了长达八页的《译者序话》，对《十日谈》的文学价值和社会价值进行评论；在译文之后，又对薄伽丘的生平、创作和学术成就加以详实的介绍和点评。凡此种种，无一不体现出译者对该作品的赞赏、重视以及希望该作品在国内广泛流传的愿望。从这个角度来看，该译本的确是当之无愧的全译本。

遗憾的是，该译本的忠实度并不十分令人满意。在此，笔者仅以《女修道院的哑巴园丁》（第三天第一个故事）为例，说明该版译文与原内容的几处差异。

例1 在原作中，该篇故事的引文如下：

Masetto da Lamporecchio si fa mutolo e diviene ortolano di uno monistero di donne, le quali tutte concorrono a giacersi con lui. ①

译文则为：

马色都假扮哑巴受雇于某女修道院为园丁，因而闹出乱子。②

显然，译文有意将后半句“所有的修女争着要与他同睡”模糊地表述为“闹出乱子”。

例2 在原作中，作者不仅有声有色地描绘了两名修女与马色都寻欢作乐的细节，还详细地介绍其他修女以及修道院院长如何发现此事并欣然加入，直至马色都厌倦男女之事，最终开口说话，请求离开修道院的过程，篇幅长达一页有余。

针对这一过程，该版译文仅简单地概括为以下100余字：“她们的计划顺利进行，两人轮流享乐不尽。后来终于被别的修女发觉了，但她们也自动加入进来。最后那院长也为好奇心所驱使，叫他迁到她的寝室里去住，一连和

① Giovanni Boccaccio. *Decameron A cura di Romualdo Marrone Edizione integrale.* Roma, Biblioteca Economia, 1995: 137.

② 黄石、胡簪云：《全译十日谈》，上海：开明书店，1930年版，第196页。

他同居了数天。现在他的欲望已经得到了满足，便想离开这里。因此有一晚他不再缄默，突然开口对院长说想回家去。”①

不难看出，该译本在原文的基础上进行了不少删改。对此，我们不能一味地责怪译者。由于译者不懂意大利文，只能选择从英译本进行转译。由于宗教方面的因素，《十日谈》的英译本虽数量不少，但在许多版本中，大量涉及情色主题的描述均遭到删减或者保留原文不译。

对此，黄石也在《译者序话》中坦言：“我们所据的是私家印行的多马斯·莱特的英译本。我们的英国朋友素来以蕴藉著称，无论如何终不失绅士的本色，所以原著有些‘其言不雅驯’的地方，他便婉转地改好了，以符合‘绅士’的态度。”② 同时，他表示之所以选择这位译者的版本，也不乏对于中国当时现状的考虑：“后来觉得斯书是给一般青年男女看的，在今日的中国，还是审慎些好，于是便依样译出了。”③

简言之，从译文的忠实度来看，该译本仅仅保留了原作的叙述骨架，却删去了许多有血有肉的描述，原作的语言风格和艺术价值也就难免打了折扣。因此，它实际是一个保留了所有篇目的“节译本”。

三、第一个情色主题选译本——施蛰存《十日谈选》

1935 年，上海大光书局出版了施蛰存（署名“柳安”）翻译的《十日谈选》。施蛰存是 20 世纪我国著名的现代派作家、文学翻译家和学者，早年主要进行文学编辑和小说创作，后从事外国文学翻译工作，翻译了 200 多万字的作品，包括《匈牙利短篇小说集》（1936 年）、《波兰短篇小说集》（1936 年）、《劫后英雄》（1939 年）、《丈夫与情人》（1945 年）、《妇心三部曲》（1947 年）、《荣誉》（1952 年）、《轭下》（1952 年）、《征服者贝莱》（1957 年、1958 年）、《恋爱三昧》（1994）、《外国文人日记抄》（1995 年）等。④

施蛰存推崇现代意识的文学创作，重视文学作品在人物主观意识和心理感情变化的描写，在 20 世纪 30 年代引起广泛的反响。这一点不仅体现在他

① 黄石、胡簪云：《全译十日谈》，上海：开明书店，1930 年版，第 260 页。
② 黄石、胡簪云：《全译十日谈》，上海：开明书店，1930 年版，第 9—10 页。
③ 黄石、胡簪云：《全译十日谈》，上海：开明书店，1930 年版，第 9—10 页。
④ 施蛰存，百度百科：http：//baike. baidu. com/view/33866. htm。

的小说创作中，也体现在其《十日谈选》的译文之中。

该译本选择了八个故事：《女尼的秘密》（第三天第一个故事）、《夜莺》（第五天第四个故事）、《李那尔陀被盗后的艳遇》（第一天第二个故事）、《阿辣氏哀的爱情历险》（第二天第七个故事）、《僧人与女人》（第一天第四个故事）、《牝马装尾巴》（第九天第十个故事）、《魔鬼进地狱》（第三天第十个故事）和《龙巴第尼庵故事》（第九天第二个故事）。

从篇目的选择上看，该译本虽为对《十日谈》的选译，在内容上却十分大胆，八篇故事全都以"男女之欢"为主题，且其中的主人公有相当一部分都是本应"将爱奉献给上帝"的修士和修女。尤其是第三天第十个故事《魔鬼进地狱》——通常，人们都从该故事的译文是否完整来判定整个译本是不是真正意义上的全译本——译者也将其选入。从这个意义上说，该译本比较有重点地突出了《十日谈》中最具有调侃和讽刺意味的部分，强调了人性解放这一主题。

从译文来看，该译本较之此前黄石的译本也直白露骨得多。译者甚至表明他刻意选择了一个由私人发行的鲜为人知的英文全译本，将原文中的种种细节，包括一些"大胆的，被伪善者认为是秽亵的话"[①] 照直译出，以解往昔"面对不识之文字而长叹"之苦。例如，上文提到过的《女尼的秘密》（第三天第一个故事）中，女尼色诱哑巴园丁的段落就被较为完整地保留了下来，且并不刻意加以"温文尔雅"的掩饰。

例3 黄石版译文：

她们的计划顺利进行，两人轮流享乐不尽。[②]

柳安版译文：

于是到晚上，那两个女尼准备停当了关于那件从没有在什么地方看见过的可以使她们心意满足的那回事，那起先倡议的女尼便来到马塞多那里要他起来，他便遍身充满了欲念起身，女尼诱惑似的拽着他到了那间草屋。那时他嗤笑着如一个兽子一般，在那草屋里也用不了多少勾引，他便如了她的心愿。她正如一个知己朋友似的，完了自己的心愿以后，她便将他让给了她的朋友。马塞多依旧装着头脑简单的人般，替她们做了快乐的事件。在她们离去那地方之前，每一个女尼都要求再来一次以验证这哑子究竟如何能够骑着

① 柳安：《十日谈选》，上海：上海大光书局，1935年版，第2页。

② 黄石、胡簪云：《全译十日谈》，上海：开明书店，1930年版，第260页。

的呢，她们讨论了一会儿之后，她们都互相表示同意以为那回事真如她们听得说过的那样有趣味。哟！简直有趣味到甚于所有听到的那样。①

显然，较之黄石的译本来说，该版本的文字要生动活现得多，更能体现作者高超的叙事技巧和诙谐灵动的语言风格。当然，由于只是选译了《十日谈》中的少数几个故事，译者在译文结构上做了较大改动，略去了原文中每篇故事前的引子，并自行增添了标题。这样一来，读者很难了解到整部小说的框架结构，对于其创作主题和创作意义也只能了解部分，管中窥豹，难免以偏概全。因此，译者也在《题记》中表示："我还希望有一日能从原文译一个全译本给读者，因为我好奇地读意大利文。"②

四、第一个亦译亦批的中英文对照选译本——伍光建《十日谈选》

对《十日谈》充满兴趣的并非只有施蛰存一人。1936 年，商务印书馆发行了第二套《英汉对照名家小说选》丛书，其中就包括著名翻译家伍光建选译的《十日谈选》。

伍光建于 1881 年考入天津北洋水师学堂，在老师严复的影响下，对英文产生了浓厚的兴趣。1884 年赴英国伦敦大学就读，1891 年回国到母校任教。他在教学之余，喜欢读文学作品和写作，并尝试着用白话翻译西欧小说，译作包括大仲马的《隐侠记》（即《三个火枪手》），马基雅维利的《霸术》（即《君主论》），狄更斯的《劳苦世界》（《艰难时世》）、《二京记》（《双城记》），斯威夫特的《伽利华游记》（《格列佛游记》），夏落蒂的《孤女飘零记》（《简·爱》），雨果的《海上的劳工》，陀思妥耶夫斯基的《罪恶与惩罚》（《罪与罚》），塞万提斯的《疯侠》（《堂吉诃德》）等。

当时，白话文兴起的时间不长，许多人使用起来还十分蹩脚，但伍光建的译文却通俗流畅、明快轻盈而别具风趣，且节奏感强，给人以清新之感，很受读者的欢迎，也得到胡适、曾孟朴、徐志摩等大学者的好评，有"翻译界圣手"的美誉。

伍光建的《十日谈》选译本包括《作者原序》和五个故事：《三枚戒指》（第一天第三个故事）、《慕名的恋爱》（第四天第四个故事）、《犯奸律》（第

① 柳安：《十日谈选》，上海：上海大光书局，1935 年版，第 10—11 页。
② 柳安：《十日谈选》，上海：上海大光书局，1935 年版，第 3 页。

六天第七个故事）、《报施》（第十天第九个故事）和《善忍的吉利赛达》（第十天第十个故事）。虽为选译，但却很好地保留了原作的风格。在此，我们不妨以《犯奸律》中女主人公腓烈柏先被丈夫捉奸在床，后在法庭上慷慨陈词，最终获得法官谅解的段落为例，将黄石版和伍光建版的译文进行简要的比较。

例 4 原文

La donna, senza sbigottire punto, con voce assai piacevole rispose: -Messere, egli è vero che Rinaldoè mio marito, e che egli questa notte passata mi trovò nelle braccia di Lazzarino, nelle quali io sono, per buono e per perfetto amore che io gli porto, molte volte stata; né questo negherei mai; ma come io son certa che voi sapete, le leggi deono esser comuni e fatte con consentimento di coloro a cui toccano. Le quali cose di questa non avvengono, ché essa solamente le donne tapinelle costrigne, le quali molto meglio che gli uomini potrebbero a molti sodisfare; e oltre a questo, non che alcuna donna, quando fatta fu, ci prestasse consentimento, ma niuna ce ne fu mai chiamata; per le quali cose meritamente malvagia si può chiamare. ①

伍光建版对照英文部分

The lady, without showing the least concern, replied: "My lord, it is true; I will never deny it; but you must know, at the same time, that laws ought to be universal, and made with the consent of those persons whom they concern. Now in this law of yours, it was quite otherwise; for only we poor women are bound by it, and yet not one of us ever consented to, or even consulted about, the making of it. I call it then a most iniquitous law, and if you are disposed to take away my life for the breach of it, I have no way to do myself justice, but by protesting in the face of this court, and before the whole world, against the partiality of your proceedings." ②

黄石版译文：

妇人毫不介意地答道："大人这是真的，我绝不否认，但同时你要知道，

① Giovanni Boccaccio. *Decameron A cura di Romualdo Marrone Edizione integrale*. Roma, Biblioteca Economia, 1995: 297 – 298.

② 伍光建：《英汉对照名家小说选第二集：十日谈》，上海：商务印书馆，1936 年版，第 10 页。

法律是应该普遍的，并且需得到当事人的同意方能成立。你这条法律却不然；因为她只施于我们妇女，而立法的时候，不但未得到我们的同意，并且没有咨询过我们。所以我以为这是最不公正的法律；倘若你据此要取我的性命，我虽然无法替自己求公道，但可以在法庭当众及对全世界反对他的处决不公。”①

伍光建版译文：

那夫人毫不关心地答道：“长官，犯奸是实，我绝不肯不供认；但是同时你须晓得，法律应该平等。况且，当定法律的时候，必须要得到法律所施及的人们赞成。现在你这条法律很与此相反；因为这条法律只束缚我们可怜的妇女，我们却并无一人赞成过，定法律的时候，并不曾与我们商量过。所以我说这是最不公平的法律，你若因我犯了这条法律就想要我的命，我自己无法可以得公道，我只好当着法庭的人们面前，当着普天下的人们面前，对你抗议，反对你执法不公。”②

可以看出，黄石和伍光建所参考的英文译本内容基本相符，但该英译本相对于意大利语原著已有明显的删改，因此，两人的中文译本都与原文有一定距离。然而，若撇开这一因素不看，对比二人的译文，我们仍然不难发现伍光建的译本更为清晰易懂，对话部分的行文也更加富于节奏感，给人以铿锵有力、掷地有声的感觉。

这一版本还另有一明显特色，即通过“译者注”的形式来表达译者对于原作的评论。这一点在现代翻译界中并不常见。现代译者通常力求隐匿自己的观点与喜好，不在译文中掺杂任何带有个人色彩的成分，从而完整地把解读作品的权利交给读者。伍光建对此一直保留有自己的见解，他虽未与主流观点直接论战，却默默地坚持担当“第二叙事者”的身份，通过各种形式的译注与读者对话。

在该版《十日谈选》中，译注主要以夹注、尾注的形式出现，在此仅举两三例以作说明。

例 5　在《犯奸律》一文中，当女主人公谈及“法律通过之前必须获得

① 黄石、胡簪云：《全译十日谈》，上海：开明书店，1930 年版，第 260 页。

② 伍光建：《英汉对照名家小说选第二集：十日谈》，上海：商务印书馆，1936 年版，第 10 页。

所施及的人们的赞同”时，译者在夹注中补充道：“我国新定刑法二三九条，有夫之妇与人通奸者，处一年以下有期徒刑，女界出而反对，殆因这两句话而起。译者注。”① 通过这样的对比说明，即可引发读者对于我国类似情况的联想，从而激发其共鸣。

例 6 在同一篇译文的末尾，译者以尾注形式对译文的删改给予了说明：“另一译本载这位夫人所说的话略带秽亵，与此不同，译者注。”② 由此，译者表明了他在选择译本时的原则。

例 7 在《善忍的吉利赛达》一文中，当女主人公面对丈夫的步步相逼屡屡忍让，直至丈夫宣称要休妻另娶，甚至当众将新妻介绍给她，她才不失身份地表达自己的愤怒（“我的主，我极喜欢她；她的面貌是很美的了，她若能审慎，你就可以是世上最欢乐的人；但是我要极力求你切勿用你对待前妻的令人伤心的种种刻毒手段对待这位新夫人……”③）时，译者在夹注中直抒胸臆：“这简直是当面痛骂侯爵啦，译者注。”④

可以看出，伍光建版《十日谈》不但不求隐匿译者的观点，反而屡屡发言，从而达到与读者互动、解说、评价、揭秘和发表议论等多重目的，读者接受的内容也因此比原著更为丰富。

五、另一个劫后余生的全译本——《十日清谈》

本文要探讨的最后一个早期译本可谓劫后余生，鲜有人知。该译本题为《十日清谈》，由世界书局于 1941 年出版，译者署笔名“闽逸”，实为菲律宾华侨陈天放。据时任编辑的朱联保先生回忆：“由于当时上海的孤岛环境，白报纸昂贵，销路只限于孤岛小区域内，此书只印了五百部。是年 12 月 8 日太平洋战争爆发，上海租界和菲律宾都被日军侵占了，世界书局被日军封门查

① 伍光建：《英汉对照名家小说选第二集：十日谈》，上海：商务印书馆，1936 年版，第 10 页。

② 伍光建：《英汉对照名家小说选第二集：十日谈》，上海：商务印书馆，1936 年版，第 11 页。

③ 伍光建：《英汉对照名家小说选第二集：十日谈》，上海：商务印书馆，1936 年版，第 41 页。

④ 伍光建：《英汉对照名家小说选第二集：十日谈》，上海：商务印书馆，1936 年版，第 41 页。

抄，书局与译者通信断绝，故译者未知此译本之曾出版。此书除上海门市售出少数外，其余存书和原著译稿、清样纸型等，均被日军查抄时损失。”①

该译本共727页，有单色插图13幅，译文附地名中西对照表。通过封面信息，我们可以得知该译本是从阿亭顿（Richard Aldington）的英译本转译而成。如果说，前三个译本若非选译即是节译，那么该译本则可算是第一个真正意义上的《十日谈》全译本。朱联保先生回忆说：“当时的总经理陆高谊认为这书有外国《金瓶梅》之称，从前是禁书，现在可不受此束缚，赞其译文流畅，表示可以收印。”② 只可惜由于战乱，这本书的流传范围极其有限，就连译者本人也并不清楚此书的出版经过，加之1958年方平、王科一的译本出版后得到极大推崇，后续译本也层出不穷，真正赏读、评论过该译本的人就更加屈指可数了。直到1980年朱联保先生在北京三联书店出版的《读书》月刊第三期上刊发了一篇介绍此书的短文，这个被世人遗忘的译本才逐渐回到读者的视线之中，真可谓是劫后余生。

六、四位译者眼中的《十日谈》形象

从1930年至1941年的十余年间，四部《十日谈》译作陆续问世，它们或为选译；或为全译，译文或保守庄重，或大胆露骨，更有译者在翻译的同时进行批评，这体现了当时中国文化界对这部作品的关注。

作为这部巨著第一批中国读者的各位译者，通过翻译篇目的选择、译者序的撰写甚至是译者注等形式，或多或少、或隐或现地表达出对于原作（当然，全都是英文译本）的不同看法。读者们在阅读时自然也会在不同程度上受到译者观点的导向和影响。通过分析这四位译者对于《十日谈》的不同理解、诠释和评价，我们能够在一定程度上了解该作品在20世纪三四十年代中国读者眼中的形象。

黄石在他的《全译十日谈》中撰写了长达八页的《译者序话》，其中以“人气扑鼻”四字高度评价了《十日谈》的现实意义。黄石指出，西方文化

① 朱联保：《关于卜迦丘原著〈十日谈〉的全译本〈十日清谈〉》，见俞子林：《书的记忆》，上海：上海书店出版社，2008年版，第262—263页。

② 朱联保：《关于卜迦丘原著〈十日谈〉的全译本〈十日清谈〉》，见俞子林：《书的记忆》，上海：上海书店出版社，2008年版，第262—263页。

有两个重要的思想来源：出世的希伯来思想和入世的希腊思想，两者分别代表了人性之中灵与肉两方面的需求。以薄伽丘的《十日谈》为代表的文艺复兴和宗教改革虽然形式相异，但目的相同，都是要打击压抑人性、阻碍人类发展的“鬼”，因此，“再生运动”实质上是一场“打鬼运动”。在这场运动中，薄伽丘和马丁·路德是两位代表人物。薄伽丘对当时的腐败教会进行诙谐的讽刺，马丁·路德则对其进行严厉的纠责，这实际上是同一件事情的两个方面，同一篇文章的两种作法。语言的讽刺力量丝毫不亚于轰轰烈烈的纠责。

末尾，黄石道出了翻译《十日谈》在当时中国的意义：中国社会也被卫道士的所谓礼教和风化之说所笼罩，因此要用这本书中的内容激发中国的“打鬼运动”，推动中国社会走向文明开化的进程。

相对于黄石的郑重其事，施蛰存的态度就显得较为诙谐戏谑，对于所谓的“出版审查”也就更为不屑一顾，这一点从其选译的篇目就可见一斑。另外，译者刻意选择了一个私家银行出版的英文译本，将从前被删减的内容统统译出，这也体现出译者对于原著的态度：“在宗教约束很严重，出世思想很占势力的中世纪，濮加屈（薄伽丘）是想借他的故事来对于他的时代加以斥责的，所以这些故事充满着反抗宗教，反抗旧礼法，尊崇自然的热情，而压抑冷酷的理智的呼声。所以便有了许多大胆的，在伪善者看来以为是秽亵的话。”① 基于这种态度，译者对较为露骨的部分进行了完整的保留。当然，译者绝非要把《十日谈》包装成一本淫书，对于上述部分的译文，他也特别说明道：“译文中所有较为情炎的话，我是很忠实地转译过来，虽然没有恐防要有违碍而加以改削，但也决不敢有所增饰。这是我的小心之处，因为现在市上‘淫书’很多，恐怕增饰了要遭池鱼之殃。”②

随后出版的伍光建译本在正文之前的《作者传略》对《十日谈》的写作背景和大致内容作了交代：“当卜克吉奥在那不勒斯的时候，曾恋爱一位公主，公主也恋爱他，他所撰的最有名的《十日谈》有大部分是公主要他写的。这部著作里头什么都有，有极好笑的笑话，有极悲哀动人的故事；有几篇还是小品文章；有好几篇稍涉秽亵，不便刊登家庭杂志上，却有一个法庭

---

① 柳安：《十日谈选》，上海：上海大光书局，1935年版，第2页。
② 柳安：《十日谈选》，上海：上海大光书局，1935年版，第3页。

很巧妙的说过，那几篇故事不见得比莎士比亚和旧约的几篇更秽亵。”① 寥寥几句，我们已可以看出译者对于这部作品的娱乐性和技巧性是予以肯定的。此外，从选译的五篇故事来看，其主题为赞扬人的智慧，歌颂爱情的忠贞，支持妇女为获取平等权利而战，主张知恩图报，赞扬忍辱负重等多种美德。与施蛰存的选译本相比，伍光建回避了“偷情”主题，这恐怕是由于译者着意与之前的柳安译本形成差异，以免读者将《十日谈》误读为一部淫秽作品。

较之前三个译本，闽逸版《十日清谈》是真正意义上的全译本，但就译者的出发点而言，却少了几分郑重，多了几分休闲的味道。标题中的“清谈”一词起源于魏晋时期，是指学者们就一些玄学问题析理问难、反复辩论的文化现象。译者将其用在这里，似乎是要表明作品主人公进行的是一些充满智慧、富于思辨的谈话，为当时处于大瘟疫中的佛罗伦萨市民带去安慰。

在不足半页的《译者小引》中，译者介绍了自己翻译该书的动机：“笔者去年译成一本法律的书，海内书局，没有愿意印行的，费了许多心力，才把它出版。后来我明白了，世界是这样的纷乱，大规模的战争，正在地球的每个角落里展开着，在这个时期，介绍法律知识，真未免不合时宜，这是译者放胆翻译这本书的另一动机。或者生存在这个时代的人们，读了这本书，得到一点慰藉，亦说不定。”②

的确，《十日谈》成书的年代瘟疫肆虐，而闽逸译书的年代则战火纷飞。既然薄伽丘写书的目的之一就在于娱乐灾难中的女性，那么闽逸希望此书能为战乱中的人们带来一些慰藉也是再合理不过的了。只可惜由于日本人的查抄，该书的流传范围实在太过有限，译者的心思几乎落空。

对于文中的露骨描写，译者并未将其视作污秽之语，倒将其理解为勇敢表达人性需求的大胆词句，并特别说明如下：“译者介绍这本书，是要给青年男女们，在这个时代，得着灵魂的安慰，根本不想给伪君子或冬烘先生们读。但他们究竟长着和我们一样的血肉，生着和我们一样的人性，倘他们悄然买去，关起房门，或等到夜阑人静，拿来阅读，这是他们归真返朴，回到自然的怀抱，译者不敢居功，也不能任咎。”③

---

① 伍光建：《英汉对照名家小说选第二集：十日谈》，上海：商务印书馆，1936 年版，第 1—2 页。

② 闽逸：《十日清谈》，上海：世界书局，1941 年版，第 1 页。

③ 闽逸：《十日清谈》，上海：世界书局，1941 年版，第 1 页。

总而言之，尽管这四个译本各有侧重、各有千秋，但四位译者都不约而同地对《十日谈》表达了以下几点看法：

《十日谈》大胆表现人性，并且赞美人性，主张解放人性。在出世思想笼罩整个社会的背景下，作者鼓励人们追逐现世的利益，包括金钱和爱情。

《十日谈》中的嬉笑怒骂并没有亵渎天主教，作者反对的，只是借着宗教名义来压抑人性、搜刮民脂民膏的伪宗教和伪教徒。作品中对于偷情淫乱情节的描述既非调侃女性，也非讽刺“教会表面善良，暗地苟且”，而是表明世间男女，哪怕是宣称献身于上帝的修女和僧侣，也逃不过人之本性，与其压抑遮掩，不如大胆追求。

七、结语

《十日谈》之所以被称为“人曲”，是因为它如画卷一般，生动地展现了人间百态，不仅描绘了世间男女的各种脸谱，也描绘了他们的性格和内心。

回顾过往，我们看到这部巨著在不同的历史时期曾遭遇不同的命运：起初，它险些被作者本人烧毁，后来又在相当长的一段时期内被认为“污秽、下流、粗俗不堪”，在许多国家一度成为“禁书”，直到16、17世纪才走入寻常读者的视野。

20世纪二三十年代，《十日谈》被介绍到中国。由于当时中国的社会环境类似于《十日谈》创作之时的欧洲，因此该书在引入之初就得到了中国学者们的理解和推崇。新中国成立之后，又有方平、王科一、王永年、丘林、肖天佑、陈世丹、钱鸿嘉等诸多学者对其进行重译，评论者更是数不胜数，该作品的形象又发生了进一步的变化，薄伽丘的“战斗色彩”也愈发浓厚。

对于文学作品的解读本不存在唯一的客观标准。在不同的历史时期，在不同的社会背景之下，人们对于某一作品的接受和理解显然是有选择性的。《十日谈》是一部“读人”的极好素材，而通过分析不同年代中国读者对于其中众生百态的理解，我们可以洞察到中国相应时期的社会发展进程和中国民众的思想状态，笔者认为，这也可以算作《十日谈》何以被称为“人曲”的另一个原因吧。

参考文献

1. Giovanni Boccaccio. *Decameron A cura di Romualdo Marrone Edizione integrale.*

Roma, Biblioteca Economia, 1995.

2. Monica Piccioni. *Boccaccio e la Cina. Mondo cinese*, 1995, N. 89.

3. 查明建、谢天振：《中国 20 世纪外国文学翻译史》，武汉：湖北教育出版社，2007 年版。

4. 黄石、胡簪云：《全译十日谈》，上海：开明书店，1930 年版。

5. 柳安：《十日谈选》，上海：大光书局，1935 年版。

6. 施蛰存，百度百科：http：//baike. baidu. com/view/33866. htm。

7. 伍光建：《英汉对照名家小说选第二集：十日谈》，上海：商务印书馆，1936 年版。

8. 伍光建：《伍光建翻译遗稿》，北京：人民文学出版社，1980 年版。

9. 赖慈云：《亦译亦批：伍光建的译者批注与评点传统》，载《编译论丛》，第五卷第二期，2012 年。

10. 闻逸：《十日清谈》，上海：世界书局，1941 年版。

11. 朱联保：《关于卜迦丘原著〈十日谈〉的全译本〈十日清谈〉》，见俞子林：《书的记忆》，上海：上海书店出版社，2008 年版。

《十日谈》与《三言》中女性的智慧与勇气

杜 颖

（西安外国语大学西方语言文化学院）

提 要：《十日谈》与《三言》是两部颇受欢迎的作品，而且对它们的对比研究很大程度也集中在女性角色身上，因为它们都描绘了诸多新颖而个性丰满的女性形象。围绕这个主题，已经出现了很多深入的研究和探讨，尤其是在最近30年，随着中意两国越来越频繁、深入的文化交流，特别是1985年中国比较文学学会成立以后，研究外国文学的兴趣越来越浓烈，成果也越来越丰厚。不过对于女性角色的研究大多数都集中在自我感情的表达和对爱情的追求方面，在这里，本文旨在通过对其中一些女性角色的再次解读，重点探讨她们在家庭、社会生活各个方面体现出来的智慧和勇气，并希望这两部作品能够吸引更多的中意两国读者，增进对彼此文化的了解。

关键词：女性形象；自我意识；自立；智慧；勇气

Wisdom and Courage of Female Figures in *The Decameron* and *San Yan*

DU Ying

(Xi'an International Studies University)

Abstract: *The Decameron* of Giovanni Boccaccio is one of the most famous and most studied Italian works in China, and due to its historical context, structure, realistic and allegorical style, it is associated with *San Yan*, a Chinese works of the seventeenth century, which is a set of three volumes of short stories. The two works are well studied and both pay much attention to noticeable female figures.

Moreover there are more diversified and in-depth research and debates about this issue, especially in the last thirty years, with more frequent and deeper cultural exchanges between China and Italy. In most cases, a comparative study on *The Decameron* focuses on similarities between female figures from Boccaccio's novels and from *San Yan* of Feng Menglong. They examine often female figures in the two works, and draw interesting and useful ideas and conclusions. Based on the previous research, the present thesis intends to revisit these portraits of self-conscious women by male authors with the hope to discuss their wisdom and courage and help promote these two works to more readers.

Keywords: female figures; self-consciousness; self-independence; wisdom; courage

薄伽丘的《十日谈》是在中国最负盛名、研究最多的意大利文学作品之一，1958 年就已经出版了新中国成立以后的第一部全译本（从英译本翻译），而且立刻就吸引了众多中国文学家和文学批评家的关注，视之为西方文化革命的一面旗帜。半个多世纪以来，中国文学界从各个角度对《十日谈》的研究不断地在深度和广度上延伸。而这部作品的题材来源、情节架构、主题意旨以及思想观念诸方面都很容易让人联想到明末著名的短篇小说集《三言》。两部作品虽然成书时间相差 200 多年，但其诸多相似之处为我们的比较研究提供了多方面的素材和广阔的天地。尤其是 1985 年中国比较文学学会成立以来，随着中国对外国文学日益浓厚的兴趣和逐步深入的研究，围绕两部作品的结构、宗教思想、人文意识、社会风尚、婚姻爱情观等多个角度展开了丰富的探索，特别是对两部作品中女性形象的比较，也一直是大家津津乐道的话题，因为它们都塑造了大量前所未有的女性形象，并通过她们来传递作者追求社会进步、解放的心声。在对女性形象的比较研究中，多数都着眼于爱情、婚姻等家庭生活的范畴，分析她们在传统的家庭角色中传达出来的社会变迁与思想进步。但实际上，薄伽丘与冯梦龙都想要为我们构建一幅更加广阔的社会画卷，都意图让女性开始尝试社会生活，以她们的智慧和勇气，来表现在这一历史发生较大变革的时期，女性不只是被社会改变的客体，也是参与其中的主体。

我们先来看一下传统文学作品中的典型女性形象。

西方传统文化的起源之作——荷马的《伊利亚特》——是为大家所熟知的英雄颂歌，一个个鲜活的英雄人物流传千年。但是大家也都知道这持续十年的战争是如何引发的。美艳无双的海伦本是斯巴达的王后，见过她的人无不对她表示赞许和爱慕，直到特洛伊的王子帕里斯将她掳走，以及十年后特洛伊战败，她又回到梅内劳斯的身边。她是众神之神宙斯的女儿，她有倾国倾城之貌，但也只能沦为众女神嫉妒陷阱的牺牲品。在15000多行的巨型史诗当中，美丽的海伦却没有一句台词，没有一个表情，完全是一个没有思想、受制于任何一个强大男性的"花瓶"。在后来的文学作品中，女性的形象有了一定的进步，在"新温柔诗体"中成为正义的代表，激发男性高贵的爱情，甚至成为天堂的引路人；但仍然是一个抽象的概念，背负了太多的社会伦理的束缚，没有"人"的感情，只有神的微笑。

同样在中国的传统文学作品中，赋予女性的评价就是"红颜祸水""自古红颜多薄命"。与海伦类似的形象我们有沉鱼落雁、闭月羞花的"四大美女"，但无一例外，她们都是男性"伟大事业"的牺牲品，或是失败的"祸水"。西施被越王勾践献给吴王夫差，引得吴国走向亡国之路；貂蝉更是身负连环之计，周旋于董卓与吕布之间，最后两人双双身亡；昭君出塞，被迫远离故土，指婚于匈奴单于，再无回归故里之日；杨玉环更被视为"安史之乱"的罪魁祸首，使得泱泱帝国急转直下。她们在男性作家的笔下，或悲情，或伟大，但都没有自己的感情和诉求，没有表达自己的话语权。

而到了薄伽丘和冯梦龙的时代，随着资本主义的萌发，商业社会中商品的交流要求打破封建社会自给自足、封闭保守的樊笼，新兴的商业资产阶级有了建立新的思想体系、承认个人努力和智慧的诉求，两位作者正是顺应这种要求，接受更人性化的思想观念，本着"寓教于乐"的目的，整理、编纂、创作了《十日谈》和《三言》这两部作品，塑造了一批有血有肉、个性鲜明的女性形象。

我们先来说说智慧。智慧是自我认知的基础，是个性解放的前提，也是突破传统礼教的武器。智慧不仅仅是为达目的使出的小手段，也不是生活技巧方面的小聪明，而是有意识地学习和积累的成果。中国有句古话：女子无才便是德。因为大家都深知一个道理，有才智就会思考，会思考就不会任由别人控制，所以在男权的社会里，女子不该有才。但是在《十日谈》里，虽然薄伽丘没有刻意去塑造某个才女，但不难发现有些女子已经获得了相夫教子以外的其他知识。比如第三天第九个故事里的吉莱塔（Giletta di Nerbona）

就是一位出色的医生，治好了多少名医都治不好的顽疾；而在婚后丈夫离家的时候，她也能把领地里原本乱七八糟的事物整理得井井有条，得到所有人的尊敬和爱戴。她的成功靠的不再是美貌，而是实实在在的知识和技能。再如第二天第九个故事里的齐内弗拉（Ginevra），一开始她丈夫对她的赞赏就不是美貌或顺从，而是称赞她聪明伶俐、细心能干，甚至精通骑马、狩猎，能读会写，精于算术，比商人还厉害。而后来她女扮男装，先是做海员，再做苏丹的侍者，以自己的能力生存，并揭示事情的真相，与丈夫衣锦还乡，这些都是对她智慧和能力的证明。而冯梦龙更是描写了女扮男装入学堂学习的祝英台，以及一系列诗书俱佳的才女。其中比较有代表性的是《醒世恒言》第十一卷的苏小妹。苏小妹聪明颖悟，“因她兄父都是大才子。朝谈夕讲，无非子史经书；目见耳闻，不少诗词歌赋”。耳濡目染，学会了填词赋诗，十岁便能“不待思索”依韵续完父亲的诗，且所续“词义完美”。其父在赞赏之余不禁感叹道：“可惜是个女子！”偏偏就是这个女子让盛誉全国的才子苏东坡感叹道：“吾妹敏悟，吾所不及！若为男子，官位必远胜我也。”作者通过小妹与哥哥东坡、丈夫秦观的对比描写，塑造了一个胜于男子的女性形象，充分肯定了女子的才能和智慧。

薄伽丘和冯梦龙笔下女性的智慧除了知识和技能以外，还体现在对自己所处环境的认知，能够在两性的交往中把握主动权。比如《十日谈》中第一天第五个故事，蒙菲拉脱侯爵夫人（la marchesa del Monferrato）设母鸡宴招待法国国王，并用一句俏皮话就打消了国王的邪念。再如第九天的第一个故事，两位男士都追求寡妇弗兰切斯卡（Francesca），她却看不上他们，故意让他们一个装死人躺在墓穴里，让另一个去把墓穴里的死尸弄出来；结果他们谁也完不成任务，于是她就巧妙地摆脱了他们。还有第三天的第三个故事，一位夫人看上一个年轻人，以忏悔的名义骗过了神父，不但让神父相信了她的贞洁，还在不知不觉中为她和那个年轻人传递信息，成其美事。这些聪慧的女性形象，都能很好地认知自己所处的环境，并用自己的智慧引导事情向着自己渴望的方向发展。冯梦龙笔下也不乏这样的实例。《醒世恒言》第十四卷《闹樊楼多情周胜仙》中周胜仙与范二郎相遇的场景里，周胜仙为了向范二郎表达爱慕，故意买小贩的糖水并假意遭其暗算，借争吵来自报家门，特意强调“我是个不曾嫁的女儿”，以此表明自己有心于范二郎，从而达到自我介绍、与心上人相识的目的。而《醒世恒言》第十九卷《白玉娘忍苦成夫》中的白玉娘则被刻画成一个比丈夫更有见识、更有魄力的女性。两人同为家奴，但白玉娘却鼓励丈夫离开这个无法施展的空间，去成就自己的功名和抱负。其想法之大胆、谋略之深远，甚至让丈夫都有了“她是妇人女子，怎么有如此丈夫之见识?”“还是做下圈套来试我?”“自恨不才，有负贤妻”的疑惑和感慨，以丈夫之狭隘怯懦反衬白玉娘之胆识，以丈夫二十年后的功成名就来验证白玉娘之远见。

有了智慧，还需要有勇气，才有可能突破“妇人无处世”的传统观念。薄伽丘和冯梦龙笔下的女子不仅有思想和智慧，还有行动的勇气。而这勇气主要体现在以下三个方面：

第一，勇于表达自我。还是《十日谈》中第三天第九个故事里的吉莱塔，她在治好了国王的顽疾之后，提出了自己选择丈夫、请国王主婚的要求。她的勇敢为自己赢得了国王的尊重，为自己选择了满意的未来。类似的还有第二天第三个故事，英国国王的女儿因为不满父亲要把自己嫁给年迈的苏格兰国王而女扮男装去罗马觐见教皇，请求一个中意的夫君，在路上她却自己挑选了一个没落的贵族与之相爱，并带到教皇面前陈述自己的理由，获得教皇的允许并举办了婚礼。这是两个皆大欢喜的故事，两位女士的勇气都得到了回报，另外还有一个悲剧更直接地控诉了旧道德对人性的摧残和压抑。第四天第一个故事，萨莱诺亲王唐克雷迪杀死了女儿的情人，而他的女儿则饮毒自杀。其中最为著名的就是吉斯蒙达（Ghismonda）在得知自己的爱情泄露，情人被抓起来以后，与父亲的一段对话，堪称是对旧礼教、旧道德的直接控诉：“简单地说，我是你生的，是有血有肉的人，而且我还年轻，还没有享受够人生。……我年轻，我是女人，我要爱，我爱上了他。……说什么如果我选择了一个出身高贵，而不是一个出身低贱的人，那你也许就不会生气了。因此你指责的不是我的过失，而是命运的过失：命运往往把那些酒囊饭袋捧上高位，把精明强干的人才埋没起来。”同样有勇气的是《警世通言》第二十九卷中的李莺莺，她因痴心于张浩，就主动提起婚姻之事并索要定情信物。这里足可见莺莺的“非同一般”，她敢于表白自己的爱慕之情，有话直说，率真可爱，毫无闺阁小姐的扭捏做作。遇见所爱，封建道德观念也无法框住她的真情真性，她决定与张浩私定终身。可以说她是大胆无畏的，为了爱，她什么也不怕。当得知张浩被逼婚后，她开始了捍卫自己爱情的行动。她先将自己与张浩私定终身的事告知父母，并以死相威胁；而后，她又一纸诉状告上公堂，要求官家为她的爱情主持公道。这样的行为是“前无古人”的，她不但不觉得私定终身有辱门风、背叛纲常，而且还想要得到封建士大夫的支持。她就是这样一个风风火火、个性张扬的“女性”，面对她，官家也不能不为其惊天之举所折服，最后判她与张浩结为连理。

第二，敢于面对困境，并积极寻找出路。前面我们已经说过第二天第九个故事里的齐内弗拉，她的丈夫被坏人蒙骗，不但抛弃了她，甚至派家奴要杀了她，这对于那一时期的女性来说无异于整个世界的崩塌。但是她却选择了在困境中自力更生，以自己的能力和勇气为自己赢得拨云见日的未来，也赢得了男性世界的尊重。无独有偶，冯梦龙的《喻世明言》第二十八卷也描绘了这样一个聪明勇敢、独立自主的女性——黄善聪。她和父亲在外做生意，父亲突然去世，十四岁的她非但没有被击垮，反而在买棺盛殓父亲后，女扮男装，与人合伙经营，“经过几年勤苦经营，手中颇有活动，比以前不同”。黄善聪的故事说明女子不但能办理父亲的后事，而且也很有经商的头脑。更难能可贵的是，她与合作伙伴相交甚好，却从来没有过嫁给这个男子依靠他生活的想法，这里塑造的就是聪明颖悟，才干、谋略及胆识等都非同一般的独立女性。作者在这一卷也感慨道：“常言道，有智妇人，赛过男子。”

第三，能够维护自己的尊严。在那个女性地位仍然低下，没有多少自我表达空间的社会，维护自己的尊严通常是要付出生命的代价的，但正因如此，也更加表现出这些女子对自己尊严的重视，以及付之行动的勇气。《十日谈》第四天的主题就是讲述结局悲惨的爱情故事，其中第一和第四个故事就彰显了主人公的勇气。第一个故事就是那位勇敢的吉斯蒙达，她知道自己回父亲家守寡，却找了一位侍从做情人的后果，但是她遵从自己内心的情感呼唤，不仅在语言上提出了对以父亲为代表的男权社会的控诉，并以殉情的方式来表达自己的绝望、对真情的坚持，以及对独立个性的追求。第四个故事中的丽莎贝塔（Lisabetta）也是被三个哥哥一直锁在家里，指望着找到一个有钱人把妹妹嫁出去，好换来一笔丰厚的彩礼。妹妹伊莎贝塔却爱上了一个帮工，遭到兄长们的一致反对，并秘密杀害了这个年轻人。妹妹受梦的指引，找到了年轻人的尸骨，并把头骨带回家，埋在花盆里，日夜相伴。最后连花盆都被夺走，生无可恋，郁郁而终。伊莎贝塔虽然不像吉斯蒙达，没有什么反叛的宣言，但是她以自己的行动昭示着对自己选择的坚持和对兄长们无情的批判。而《三言》中《杜十娘怒沉百宝箱》（《警世通言》第三十二卷）的故事广为人知，身为娼妓的杜十娘深知自己为人所不齿的社会地位，所以积攒下价值连城的百宝箱，希望以此证明自己的价值和赢得一个好归宿。十娘“久有从良之志，又见李公子忠厚志诚，甚有心与他”。从十娘希望从良一事，可以看出她并非自甘堕落，而是想走出烟花柳巷，摆脱被人玩弄、被人役使的命运，过上正常人的生活。从这一点来讲，她是在追求人格的独立与完善。虽然烟花场中许多年，“不知历过多少公子王孙，一个个情迷意荡，破家荡产而不惜”，但杜十娘所向往和追求的，是她与男子在平等的基础上有着自己独立人格的真正爱情，正是这一点不切实际的幻想断送了她年轻的生命，最终上演了一幕“杜十娘怒沉百宝箱”的可歌可泣的悲剧故事。好容易逃离了妓院鸨母魔爪的她，满以为自己即将有一个美好的归宿，谁成想半路上自己倾心相爱、欲托付终身的李甲竟因一千两银子就把自己卖了，这种情感上的背叛彻底击碎了杜十娘对人生、对追求人格独立、实现自我价值的幻想，她彻底绝望了。带着对李甲、孙富及整个男权社会的愤恨与绝望，她选择了死，以此来向带给她痛苦的命运作出最后的搏击。她的悲剧是整个社会的悲剧，更是她个人追求个性独立的性格悲剧。

当然，这种女性对社会生活的参与只能算是她们初步的尝试，只是特定条件下才会产生的特例，是一种极致冲突下进行的抗争。这种抗争有令人欣喜的成功，但更多的是催人泪下的失败，由此也可以看出两位男性作者对女性解放的理解，他们在肯定、赞许女性的智慧与勇气的同时，对女性家庭以外的社会角色仍持有保守的态度。但是无论如何，薄伽丘与冯梦龙笔下这些个性丰满、形象生动、各具特色的女性形象充满了魅力，在女性文化长廊里占有很重要的地位，反映了一个时期特定阶层的独特文化风貌。

《十日谈》爱情故事中的衣装与美德

杨　琳
（四川外国语大学）

提　要：在《十日谈》三篇故事（Ⅱ9，Ⅲ9，Ⅹ10）中，三位女主人公的爱情具有相似点：三位女子无论是实际上还是表面上，都失去了丈夫的爱；最后她们都以自身的美德重获失去的爱情。还有一个共同点在于：衣装在故事发展中起了重要作用，她们命运的转折都借由衣装的变化来展现，衣装变化的同时也意味着人物身份和社会地位的变化。另外，衣装与人物的行为紧密联系，成为人物内在美的外在展现。寒酸的衣装掩盖不了她们心灵的光辉；另一方面，华丽的衣装又象征了美德的胜利。经历重重苦难、重获爱情后，三位女主人公的美德的胜利，又通过得体的衣装表现出来。

关键词：《十日谈》；爱情；衣装；美德；社会地位

Clothing and Virtue in Love Stories of *The Decameron*

YANG Lin
(Sichuan International Studies University)

Abstract: Zinevra, Giletta and Griselda, three heroines of three novellas in the *Decameron* (Ⅱ9, Ⅲ9, Ⅹ10), have similar experiences of love: All three of them, either truly or superficially, lose their husbands' love; at the end, with their virtue, the three women regain their lost love. Another similarity of Boccaccio's three novellas is that clothing plays an important role in the development of each story. A change of clothing means a change of destiny, identity and social status of the heroines. There are some episodes in which clothing closely reflects the women's behaviours, as if it was an exterior presentation of the characters' interior beauty, that is, their virtue. Their modest clothing does not hide the glory of their virtue while their glamous clothing manifests the victory of their virtue. When three heroines overcome difficulties and regain their love, their victory is again manifested by appropriate clothing.

Keywords: *The Decameron*; love; clothing; virtue; social status

《十日谈》的三则爱情故事与女主人公的美德紧密相连。这三则故事分别是第二天的第九则故事、第三天的第九则故事和第十天的第十则故事。三位女主人公齐内沃拉、吉莱塔和格里塞尔达通过美德的力量赢得或重新获得失去的爱情。另外，在这三则故事中，衣装元素在故事的发展过程中起了重要作用，成为人物内在美德的外在展现。摩可（Carlo Merkel）认为："讲故事的人在情节中注入细节，通过在人物行为中展现服饰使故事更加生动。"①

三位女主人公的爱情具有相似点：齐内沃拉的丈夫贝尔纳博以为妻子不忠，要杀害她，于是齐内沃拉被迫女扮男装远离家乡；吉莱塔在新婚之夜，丈夫贝特朗就离开她，之后吉莱塔乔装为朝圣者离家寻夫；格里赛尔达在丈夫瓜尔蒂埃里的种种考验下，忍受失子之痛，还被丈夫抛弃，回到娘家时只穿了一件贴身内衣。爱情的坎坷来自她们所爱的人。对于她们来说，爱人的弃绝是一个非常难克服的障碍，是需要她们付出更大的努力才能解决的困境。她们的行为触动到另一个人的内心世界，而最强有力的、最打动人心的方式是通过品德的力量。

在这些人物身上体现了西方基督教文化中的四种基本美德：谨慎、正义、坚强和节制。这四种美德又可以再细分，比如，坚强可以体现为坚韧、耐心；节制可以体现为谦逊、宽大。三位女主人公都具有坚韧和耐心的品质。齐内沃拉和吉莱塔懂得等待，冷静地面对难忍的考验，在合适的时机创造机会改变命运。齐内沃拉对丈夫的宽容、吉莱塔的勇敢、格里赛尔达的谦卑令人动容。

将衣装元素与美德联系起来，可以看到衣装具有象征意义。一方面，不适当的衣装表现了外在与内在的矛盾，然而寒酸的衣装不但掩盖不了她们心

① Merkel, Carlo. *Come vestivano gli uomini del 'Decameron'. Saggio di storia del costume.* Roma: Tipografia della R. Accademia dei lincei. 1898: 3.

灵的光辉，还反衬了她们内心的坚忍。另一方面，华丽的衣装象征了美德的胜利。当三位女主人公克服重重艰辛、重获爱情后，美德与爱情的胜利通过得体的衣装表现出来。

美丽的衣装对应着美德。在三篇故事的结尾，美丽的、适合女主人公身份的衣装还象征着故事发展重新获得平衡，人物关系也回归和谐。正如薇弗（Elissa Weaver）所说："衣装是大团圆结局叙事层次的一部分，常常象征顺境，与失去衣服时的逆境相对。在故事结尾，衣装常常成为珍宝的一部分，奖赏给幸运者。"①衣装元素也是身份变化的标志。薇弗指出："着装可以让一个人不被认出，在《十日谈》中女人乔装打扮，让她们隐瞒身份在世间行走。"②齐内沃拉乔装出行，而吉莱塔穿成朝圣者的样子。"鉴于服装可以代表人的身份，衣装的改变意味着人物个性或社会地位的变化。身份低微的格里赛尔达成为侯爵的新娘时，被当众脱去破旧的衣衫，穿上了贵族的衣装。"③在这里华丽的衣装象征着人物社会地位的提升。

下面我们来看一下美德、衣装元素在三个爱情故事中的具体体现。

在第二天的第九则故事中，齐内沃拉的品德在故事开头由她的丈夫贝尔纳博口中说出，随着故事的发展，她的品行得到全面的展现。"他说，感谢天主，他娶了一个全意大利少有的贤惠媳妇，不但女性的美德集中在她一个人身上，就连那属于骑士和绅士的品德，多半也可以在她身上找到。"④ 这些话通过安布罗焦洛的调查得到了证实："他在那里住了几天，小心谨慎地把那位太太的姓名品行打听清楚，这才知道，贝尔纳博赞扬她的话远不足以表现她的贤慧。"⑤ 齐内沃拉还是一位非常能干、聪明的女人，"她会骑马放鹰，能

---

① Weaver, Elissa. *Dietro il vestito: la semiotica del vestire nel Decameron. La novella italiana, atti del convegno di caprarola* 19 – 24 *settembre*, 1988. Roma: Salerno Editrice. 1989: 704.

② Weaver, Elissa. *Dietro il vestito: la semiotica del vestire nel Decameron. La novella italiana, atti del convegno di caprarola* 19 – 24 *settembre*, 1988. Roma: Salerno Editrice. 1989: 706.

③ Weaver, Elissa. *Dietro il vestito: la semiotica del vestire nel Decameron. La novella italiana, atti del convegno di caprarola* 19 – 24 *settembre*, 1988. Roma: Salerno Editrice. 1989: 705.

④ 薄伽丘著，钱鸿嘉、泰和庠、田青译：《十日谈》，南京：译林出版社，1993 年版，第 162 页。

⑤ 薄伽丘著，钱鸿嘉、泰和庠、田青译：《十日谈》，南京：译林出版社，1993 年版，第 165 页。

写会念，精通账目”。[①] 可见她的与众不同之处。特别是，当齐内沃拉女扮男装，改名为西库拉诺后，在一个由男人统治的社会中，因为有男性身份的掩护，齐内沃拉用自己的才智赢得众人的欢迎。多纳焦（Monica Donaggio）评论道：“显然齐内沃拉天生就有一些超出一般女人的品质，通常是在男人身上才具备的天赋，而因为她女扮男装，正给了她充分施展自己才能的机会。”[②] 西库拉诺遇到绅士恩卡拉赫后，“悉心侍候这位绅士，颇得他的欢心”。[③] 同样的，西库拉诺进宫后，“一举一动都非常得体，所以很快就得到苏丹的宠爱，正像从前在那位绅士跟前的情形一样”。[④] 她的谨慎与睿智集中体现在她如何使骗子安布罗焦洛陷入“圈套”，如何安排骗子、她受骗的丈夫和苏丹见面并当众揭露真相。

文中详细地描写了女主人公乔装改变身份的过程。当仆人受到她丈夫的指使要杀死她时，齐内沃拉求仆人拿走她的衣服来证明她已死去，并向仆人索要了他的紧身衣和外套。接下来的一段描写，讲她如何隐藏自己原来的女儿身：“凭着乔装改扮，向一个老太太讨来针线等物，照自己的身材把那件紧身衣裁短，用自己的衬衣改做了一条短裤，又把头发剪短，把自己完全打扮成一个水手模样”。[⑤] 乔装赋予齐内沃拉新的社会身份和角色，标志着人物命运的转折。改扮的过程本身也展示出她果敢、坚强的一面。

在故事中有两处对齐内沃拉脱去衣服、裸露身体的描写。两处描写在故事发展中的作用不同。第一次是在她熟睡时，安布罗焦洛偷看她的情景：“只见她赤身裸体，跟穿着打扮时一样美丽，再细看她的身上，却没有任何特殊的标记可以回去报告，只是在左乳房下部有一颗黑痣，四周长着几根金黄色的茸毛。”[⑥] 这是故事情节的重要转折点。骗子能够描述她的身体特征，成为说服贝尔纳博的关键证据。齐内沃拉在这个过程中不知情，只是一个被动的

---

① 薄伽丘著，钱鸿嘉、泰和庠、田青译：《十日谈》，南京：译林出版社，1993 年版，第 162 页。

② Donaggio，Monica. *Il travestimento nel Decameron orizzonti e limiti de una rigenerazione. Studi su Boccaccio*. Firenze：Sansoni Editore. 1988：203.

③ 薄伽丘著，钱鸿嘉、泰和庠、田青译：《十日谈》，南京：译林出版社，1993 年版，第 168 页。

④ 薄伽丘著，钱鸿嘉、泰和庠、田青译：《十日谈》，南京：译林出版社，1993 年版，第 168 页。

⑤ 同上。

⑥ 同上，第 165 页。

考验对象。相反的，第二次露出女性的身体却是她自己的选择，那是在骗子、丈夫和苏丹面前揭露真相的一刻，“‘陛下，我就是那个苦命的齐内沃拉，六年来一直女扮男装，流落他乡……’，她撕开胸前的衣服，露出乳房，让苏丹和在场的人都看到她是女人”。[①] 当众露出乳房表现出齐内沃拉想回归原来身份的强烈愿望，她选择最直接、最动人甚至令人惊讶的方法来证明自己的无辜。具有戏剧性的行为表现出她对自己遭遇的不满，并展现了她的勇气。苏丹“赞美她的忠贞和美德”，齐内沃拉“换上最华丽的女装”，重新回到自己原先的身份。

在第三天的第九则故事中，吉莱塔是一名医师，她的丈夫贝特朗是一位伯爵。由于社会地位悬殊，贝特朗开始不接受吉莱塔。在这则故事中，爱情是一个重要线索。吉莱塔对贝特朗的强烈爱情从开始到故事发展过程中得到反复强调：“没想到吉莱塔到了情窦初开的年纪时，竟私下里疯狂地爱上了他……因此她心中的爱情之火燃烧得越发猛烈。”[②] 吉莱塔的行为由爱情的力量驱动：治疗国王的顽疾，打理丈夫的家业，扮成香客寻夫，并暗自完成丈夫苛刻的要求。穿成香客是为了掩藏身份。因为吉莱塔的美德和智谋，最终贝特朗改变了他的态度，“觉得她既坚忍不拔，又有智慧……然后又请她换过衣服，以伯爵夫人的身份和大家相见”。[③] 美好的结局再次由适合的衣装来体现。

在第十天的第十则故事中，女主人公格里赛尔达的衣装变化发生在故事的三个重要场景中：一次是在婚礼上，第二次是在她被丈夫赶出家门时，第三次是在真相大白时。在第一个场景中，她未来的丈夫瓜尔蒂埃里在得到她愿意顺从他的许诺后，当众换掉格里赛尔达的衣服：“瓜尔蒂埃里便抓住她的手，把她拉到门外，当着他的陪同人等和宾客，把她的旧衣服统统脱掉，吩咐手下人把预备好的新装给她穿戴起来，又把凤冠戴到她的头上。”[④] 格里塞

---

① 薄伽丘著，钱鸿嘉、泰和庠、田青译：《十日谈》，南京：译林出版社，1993 年版，第 171—172 页。

② 薄伽丘著，钱鸿嘉、泰和庠、田青译：《十日谈》，南京：译林出版社，1993 年版，第 256 页。

③ 薄伽丘著，钱鸿嘉、泰和庠、田青译：《十日谈》，南京：译林出版社，1993 年版，第 263 页。

④ 薄伽丘著，钱鸿嘉、泰和庠、田青译：《十日谈》，南京：译林出版社，1993 年版，第 771 页。

尔达是一位牧羊姑娘，而瓜尔蒂埃里是萨卢佐的侯爵，他们的社会地位有天壤之别。格里塞尔达更换衣装，标志着她的社会地位的转变。正如文中所描写的："这位新娘一换上新装，立即里外一新，换了一个样……哪里像什么牧羊姑娘，而像一位贵族小姐了。"[①] 她的德行在婚后也显现出来："她在婚后对丈夫百依百顺，非常殷勤……她对待丈夫的下属也是和蔼又仁慈，人人都衷心地爱戴她，敬重她……连以前说瓜尔蒂埃里娶这样一位女人失策的人，现在也都说他极其精明，极有远见，因为天下再没有第二个人能像他这样，透过她的破烂衣服，看出这个乡下出身的少女身上潜藏着这样崇高的品质。"[②]

格里赛尔达和丈夫经历了一段时间的幸福生活，瓜尔蒂埃里"突然起了一个怪念头，要叫她忍受一些忍无可忍的事情，而且要长期考验，以试试她的耐心"。[③] 他假装杀死他们两人的亲生儿女，赶走格里赛尔达，还要和另一个女人结婚。在她离家之前，"她只穿一件贴身内衣，光头赤足，辞别了众人……众人看了都掉下眼泪，痛哭起来"。[④] 瓜尔蒂埃里总是当众考验格里赛尔达。众人的感动表现出人们的同情，同时也反衬出格里赛尔达隐忍的力量。而文中有一处耐人寻味的细节，就是铁石心肠的瓜尔蒂埃里也几乎为她掉泪："瓜尔蒂埃里听了这话，只是想哭，但他的脸部表情仍然十分严峻。"[⑤] 从这一细节可以看出，实际上在考验格里赛尔达的过程中，瓜尔蒂埃里也十分痛苦。在评论界，对瓜尔蒂埃里的行为有两种对立的解释：一种是他的"兽性"；另一种是他的"神性"，将他和格里赛尔达的关系看成一个具有宗教意义的比喻，瓜尔蒂埃里代表上帝，格里赛尔达代表不同的圣经人物，如经历重重考验的约伯、愿意牺牲儿子献给上帝的亚伯拉罕。不过，这两种解读将人物与当时的社会背景脱离开来，具有一定的局限性。要理解瓜尔蒂埃里的

① 薄伽丘著，钱鸿嘉、泰和庠、田青译：《十日谈》，南京：译林出版社，1993 年版，第 771 页。

② 薄伽丘著，钱鸿嘉、泰和庠、田青译：《十日谈》，南京：译林出版社，1993 年版，第 771—772 页。

③ 薄伽丘著，钱鸿嘉、泰和庠、田青译：《十日谈》，南京：译林出版社，1993 年版，第 778 页。

④ 薄伽丘著，钱鸿嘉、泰和庠、田青译：《十日谈》，南京：译林出版社，1993 年版，第 775 页。

⑤ 薄伽丘著，钱鸿嘉、泰和庠、田青译：《十日谈》，南京：译林出版社，1993 年版，第 775 页。

行为，不能不考虑时代背景。正如吉莱塔和贝特朗一样，问题的关键还是在于格里赛尔达与瓜尔蒂埃里在社会地位上的巨大差距，而他们所生活的社会是有严格等级的，在人们的观念中婚姻一定要门当户对。因此，一位侯爵娶一位牧羊姑娘是对当时习俗的严重挑战。联系瓜尔蒂埃里的地位，让一位牧羊女成为贵族们都接受的人显然不是一件易事。瓜尔蒂埃里在揭露真相时说道："我这样做费过一番心计的，我本想教你如何做一个贤妻，使你和我和和睦睦，白头到老，同时也让人们知道，怎样去物色妻子和对待妻子。"[①] 他强调让他人知道这一点，可见社会背景在理解这则故事中人物行为方面的重要性。为了让人们从心底里接受格里赛尔达，瓜尔蒂埃里当众对她进行严酷的考验。可见他更看重人的内心和品德，而非门第。

瓜尔蒂埃里作为一个考验者，自己却几乎掉泪的细节，说明他是表面上残忍，实际上他自己也饱受心灵的煎熬。在考验格里赛尔达时，瓜尔蒂埃里是内心痛苦，而表面残忍；格里赛尔达内心强忍失子之痛，而表面平静、顺从。在两个人物之间，瓜尔蒂埃里残忍地对待女主人公，而她全然包容和忍耐，用坚韧、耐心来对峙，"以柔弱胜刚强"，最终赢得了瓜尔蒂埃里的心，也赢得了众人的心。这个故事体现出作者薄伽丘对美德的看法：精神的高贵与社会地位的高低没有直接联系。正如他在这则故事结束时，通过讲故事人所表达的那样："在穷人家里，往往也会有圣洁贤慧的人从天而降，皇家子弟往往也只配放猪，不配统治百姓。"[②] 美德不由人的身份决定。可可哈姆（Victoria Kirkham）评论说："《十日谈》中的女人在社会等级中处于从属地位，但这并不意味着她们的精神境界低人一等。相反的，像受尽苦难的格里赛尔达这样的女人，证明即便是地位低微的女人也可以拥有最高尚的美德与境界。"[③]

格里赛尔达的美德由华美的衣装来奖赏，"女宾们……一面替她脱下那身旧衣服，穿上她本来的华贵的服装，以贵夫人的姿态被众人拥回客厅——即

---

① 薄伽丘著，钱鸿嘉、泰和庠、田青译：《十日谈》，南京：译林出版社，1993 年版，第 777 页。

② 薄伽丘著，钱鸿嘉、泰和庠、田青译：《十日谈》，南京：译林出版社，1993 年版，第 778 页。

③ Kirkham，Victoria. *Morale. Lessico critico decameroniano.* A cura di Renzo Bragantini e Pier Massimo Forni. Bollati Boringhieri. 1995：254.

使她穿着破旧的衣服，看去仍像一个贵妇人”。① 作为《十日谈》这部“人间喜剧”的最后一则故事，格里赛尔达的华丽衣装象征着对美好人性与美德的颂扬。格里赛尔达盛装归来，光彩照人，美德的胜利带来荣耀，这一幕是《十日谈》的结尾，也是令人难忘的高潮。

参考文献

1. Boccaccio, Giovanni. *Decameron.* A cura di Vittorio Branca. Milano: Oscarmondadori. 1989.

2. Donaggio, Monica. *Il travestimento nel Decameron orizzonti e limiti de una rigenerazione. Studi su Boccaccio.* Firenze: Sansoni Editore. 1988.

3. Kirkham, Victoria. *Morale. Lessico critico decameroniano.* A cura di Renzo Bragantini e Pier Massimo Forni. Bollati Boringhieri. 1995.

4. Merkel, Carlo. *Come vestivano gli uomini del 'Decameron' . Saggio di storia del costume.* Roma: Tipografia della R. Accademia dei lincei. 1898.

5. Weaver, Elissa. *Dietro il vestito: la semiotica del vestire nel Decameron. La novella italiana, atti del convegno di caprarola* 19 – 24 *settembre*, 1988. Roma: Salerno Editrice. 1989.

6. 薄伽丘著，钱鸿嘉、泰和庠、田青译：《十日谈》，南京：译林出版社，1993年版。

① 薄伽丘著，钱鸿嘉、泰和庠、田青译：《十日谈》，南京：译林出版社，1993年版，第778页。

语言与语言政策

Language & Language Plicy

意大利语中的拉丁语借词

张海虹
（广东外语外贸大学）

提　要：意大利语从通俗拉丁语发展而来，与拉丁语有着直接的承传关系。通过考察意大利语中源于拉丁语的词汇，可以从词汇的角度探索意大利语与拉丁语的关系，以及拉丁语对意大利语的影响。

关键词：古典拉丁语；通俗拉丁语；拉丁语源词；拉丁语式词

A Review of Latin Words in the Italian Language

ZHANG Haihong
(Guangdong University of Foreign Studies)

Abstract: Italian has evolved from the vulgar Latin and inherited many linguistic traits from Latin. A detailed investigation of Latin vocabulary in present Italian language may allow us to explore from a lexical point of view the linguistic relationship between Italian and Latin and the impact of Latin on Italian.

Keywords: classic Latin; vulgar Latin; words inherited from Latin; latinism

研究表明，意大利语与拉丁语有着直接的承传关系。这种直接的亲缘关系必然会反映在意大利语的各个方面。本文旨在系统探究意大利语形成和发展的历史以及拉丁语与意大利语的传承关系，同时，通过对意大利语中的拉丁语借词的详细分析，客观、系统地展示意大利语词汇体系以及拉丁语借词在其中的地位和影响。

一、拉丁语与意大利语的传承关系

（一）拉丁语的发展

拉丁语属印欧语系罗曼语族。它最初是现在的意大利中部的拉齐奥（意大利语为 Lazio，拉丁语为 Lātium，所以又译作拉丁姆）大区的方言。在罗马建城（公元前 6 世纪 70 年代）至建立共和（公元前 509 年）之前的“王政时代”，因为罗马的势力仅限于拉齐奥平原，所以这一期间的拉丁语的使用也仅限于这个区域。

自公元前 509 年起，拉丁语的使用范围随着罗马共和国和罗马帝国的快速扩张而不断扩大。罗马帝国鼎盛时期（2 世纪初）的疆域东起幼发拉底河和黑海南岸、西岸，西迄不列颠岛，北至多瑙河以北的达契亚和莱茵河流域，南达北非、尼罗河中下游。从公元前 2 世纪后期到公元 5 世纪后期西罗马帝国灭亡（公元 476 年），拉丁语是西欧、南欧、小亚细亚、西亚和北非的官方、行政和司法语言，主要的学术、文学语言，是罗马军队使用的唯一语言，是罗马人和被罗马化的其他各民族的上层和知识分子共同使用的语言。

公元 6—7 世纪以后，拉丁语在西欧逐渐脱离了口语，主要作为书面语使用。而在东罗马帝国辖下，拉丁语逐渐被希腊语取代。例如，公元 6 世纪 20—30 年代编写的《查士丁尼民法大全》（Corpus Iuris Civilis）①，其前三部均用拉丁语编写，第四部也是最后一部则改用了希腊语。

14 世纪初至 17 世纪初，随着文艺复兴和人文主义运动的兴起，出现了崇尚拉丁语的回流现象，但是“17—19 世纪期间，随着罗曼语族各民族语言［包括葡萄牙语、西班牙语、加泰罗尼亚语、普罗旺斯语、法兰克 - 普罗旺斯语、法语、拉地诺语、撒丁语、意大利语、达尔马提亚语（已消失）和罗马尼亚语］的逐步形成”②，拉丁语基本退出了欧洲和世界的科学、文化和外交舞台以及部分宗教布道坛，成为仅在个别宗教和个别学术领域（如动物学、解剖学和药物学术语等）仍然使用的“死”语言。

---

① 《查士丁尼民法大全》是《查士丁尼法典》《查士丁尼学说汇编》《查士丁尼法学总论》和《查士丁尼新律》的合称。

② Maurizio Dardano, Pietro Trifone. *La nuova grammatica della lingua italiana.* Milano: Zanichelli, 2001.

一般都说罗曼语族诸语言是从拉丁语分化演变而来，但严格地说，罗曼语族诸语言并非起源于我们通常所说的古典拉丁语，而是源自通俗拉丁语。古典拉丁语是文学语言、学院派语言，主要用于书面表达，所以它在历经多个世纪后仍能在语法结构、词汇构成和风格上保持不变。而通俗拉丁语则是大众日常交流所使用的口头拉丁语，所以它会因为说话人的籍贯以及社会阶层的不同而有所不同，会随着社会的发展、时间和空间的变化而变化。不过，尽管古典拉丁语和通俗拉丁语在语音、词法、句法和词汇方面存在一定的差异，但它们并不是两种不同的语言，而是同一种语言的两个方面或两种存在形式。

（二）意大利语的形成

公元8世纪在意大利使用的本土通俗拉丁语已经与当时作为书面语的拉丁语有很大的差别，甚至被看作两种不同的语言。而大约在8世纪末9世纪初，用威尼托方言（通俗拉丁语）写成的《维罗纳谜语》则向人们证明，当时的人们已经能用一种比拉丁语更通俗易懂的方言来书写和评论。

虽然此前还有其他的文字记载，但“被认定为意大利语诞生的第一份文件”[①] 是公元960年的一份官方文书《卡不阿[②]判决书》（*Placito Capuano*）。其后，意大利本土的通俗拉丁语开始用于艺术创作和文学创作。自13世纪中叶起，特别是在14世纪初的几十年，凭借经济发展带来的文化和学术研究的繁荣以及健全的教育体系，佛罗伦萨方言在意大利的语言体系中占据着主导位置。

虽然，15世纪意大利通俗语言的发展陷入了一个尴尬的局面，因为随着人文主义运动的发展，文艺复兴追崇古罗马艺术的复兴，拉丁语又企图抬头；但是，随着印刷术的出现和流行（15世纪下半叶）、对意大利语词根及句型研究的深入（自16世纪开始）和启蒙运动的出现（18世纪），意大利语日趋成熟。直到19世纪下半叶，随着意大利国家的统一，意大利语的书面语开始更加接近口头语，并逐渐形成今天的意大利语。

二、意大利语的词汇来源

从历史发展角度看，意大利语的词汇主要由以下三个部分构成。

---

① Claudio Marazzini. *Breve storia della lingua italiana.* Bologna：il Mulino，2004.

② 卡不阿：意大利南部城市，位于那不勒斯市北25公里处。建于公元前6世纪，后发展为重要的工商业城市。

（1）“在意大利语的词汇中所占的比例最高”① 的是拉丁语源词（fondo latino ereditario）。（2）外借词（prestito）：指从其他语言（如：法语、德语等）借用的词。这部分词还包括拉丁语式和希腊语式的词，即那些被文人学者从古典语言即拉丁语和古希腊语作品中直接借用的词。（3）新词（neologismo）：指意大利语形成之后，在已有单词的基础上，按照意大利语的构词规律（如加前缀、后缀，各种词素组合等）创造的新词。

从意大利语词汇的构成情况，我们可以发现，存在着两部分与拉丁语直接相关的词：拉丁语源词和拉丁语式词。两者最根本的共同点在于，它们都源自拉丁语，而两者最主要的区别在于进入意大利语的时间不同。拉丁语源词指那些源自拉丁语且一直保留在意大利语中的词。它们从意大利语诞生直至现在一直都被保留和使用。这部分词虽然源自拉丁语，但已被视为意大利语的本族语词。拉丁语式词又称学者用语，是指那些在意大利语诞生之后，学者们通过对某些古典拉丁语作品的学习研究而引入意大利语中的拉丁语词。这部分词被视为意大利语中的外来词，即外借词。所以，标志着意大利语诞生的《卡不阿判决书》的年份——公元960年自然作为拉丁语源词与拉丁语式词的时间分界线。

三、拉丁语词在意大利语词汇构成中的地位

根据对意大利权威大辞典 *Il Dizionario Sabatini Coletti*（2006）② 所收词条的统计，在意大利语已确定词源的79734个单词中，外借词一共有36740个，占总数的46.1%。其中，拉丁语借词有19143个，占意大利语外借词总数的52.1%，可见其在意大利语词汇中的分量。而根据意大利学者对意大利的《DEVOTO词典》（1968年版）所做的随机抽样分析③，借自拉丁语的词在意大利语外来词中所占的比例更高，占到了总数的66.8%，见表1。

---

① Maurizio Dardano, Pietro Trifone. *La nuova grammatica della lingua italiana.* Milano: Zanichelli, 2001.

② Sabatini Francesco, Coletti Vittorio. *Il Sabatini Coletti-dizionario della lingua italiana 2006.* Firenze: Giunti, 2005. ——如无特别指明，本文所收集的数据均来自对该词典电子版所收录词条的统计。

③ 这里的随机抽样指的是随机抽取了字典中的10页（抽到的分别是第3、61、119、183、247、267、389、435、461和464页）。——Claudio Marazzini. *La lingua italiana.* Bologna: Zanichelli, 2001, 453.

表 1 《DEVOTO 词典》（1968 年版）随机抽样分析数据

借词	在全部借词中的比例	在常用借词中的比例
借自拉丁语的词	66.8%	70.0%
借自古希腊语的词	10.9%	5.3%
借自法语的词	7.8%	10.2%
借自英语的词	0.7%	1.5%
借自德语的词	1.0%	1.1%
借自阿拉伯语的词	1.0%	1.5%
借自西班牙语的词	1.8%	1.5%
借自其他语言的词	9.6%	8.7%

数据来源：Claudio Marazzini，La lingua italiana，Bologna：Zanichelli，2001，454。

从表 1 我们可以观察到一个很有意思的现象：同时从同为古典语言的古希腊语和拉丁语中借词，而借自古希腊语的词在常用借词中的比例相对于它在全部借词中的比例呈现了大幅度的下降，从 10.9% 降到了 5.3%；而借自拉丁语的词在常用借词中的比例则上升了 3.2%。这一现象充分说明，拉丁语词在意大利语中的常用程度较古希腊语词要高。

四、意大利语中的拉丁语词的分类

（一）按借用形式分类

语言在借入外来词的时候，多数情况下是将词符和词义一并借入。就欧洲语言而言，采用音借的形式为主，仿借和意借次之。在意大利语中，还可以见到一种情况，就是借用拉丁语词符，表示的却是拉丁语原词所没有的意义。按此标准，可将意大利语借用的拉丁语词的情况分述如下：

（1）词符与词义同时借入。如：表示“缩略”的“abbreviare”借自拉丁语的“abbreviàre”①，表示“印象”的“impressione”借自拉丁语的“impressiōnem”②，表示“十五”的“quindici”借自拉丁语的“quĭndecim”，

① abbreviàre 属后期拉丁语（latino tardo），即通俗拉丁语，该词由古典拉丁语“brĕvis”加古典拉丁语前缀“ăd”变化而来。——Sabatini Francesco，Coletti Vittorio. *Il Sabatini Coletti-dizionario della lingua italiana 2006*. Firenze：Giunti，2005.

② impressiōnem 源自 exprĭmere。——Sabatini Francesco，Coletti Vittorio. *Il Sabatini Coletti-dizionario della lingua italiana 2006*. Firenze：Giunti，2005

等等。

（2）只借词符不借词义。只借词符不借词义的拉丁语借词是指借用了拉丁语词形构成的新词，但表达的是原拉丁语词没有的词义。如：1928 年意大利语借入的拉丁语词“impermeabile”，该词在拉丁语中只是表示形容词性的“不渗透的”，而没有名词的意义，在这里，借用了它的词形来表示它原来没有的含义“雨衣”；12 世纪被借入意大利语的“ergo”表示“所以、因此”，但它的拉丁语源词“erǒgo”表示“朝某个方向”。

（3）只借词义不借词符。是指没有借用拉丁语的词形，而只是借用了其词义的拉丁语借词。如：“calandra”（13 世纪从古希腊语借入意大利语，表示“百灵属的一种鸟”）在 1825 年借用了拉丁语表示“属鞘翅目的一种昆虫”。

（4）仿借词。是指利用意大利语的“构词材料逐一翻译外语词的语素”① 的拉丁语借词。如：“arci-vescovo”（大主教）仿译了拉丁语词“archi-episcopus”，“neri-care”（变黑色）仿译了拉丁语词“nigri – cāre”，“sotto-scri-zione”（署名）仿译了拉丁语词“sub – scri – ptiōnis”，等等。

（二）按借入的必要程度分类

按借入的必要程度，意大利语中的拉丁语词可以分为必要的拉丁语借词和奢侈的拉丁语借词。“必要的拉丁语借词是指在借入拉丁语词的同时借入这个词所表示的概念（一个事物或一种思想）”②，而“奢侈的拉丁语借词是指为了追求某种风格或者社会的潮流（如出于模仿一种被社会更为推崇的生活方式、文化等）借入的那些可被意大利语中已有的词所替代的拉丁语借词”。③

（1）必要的拉丁语借词（prestiti di necessità）。意大利语中的大部分拉丁语借词都属于必要的借词。因为这些拉丁语借词所表示的概念在当时的意大利语中不存在，或者在意大利语已有词汇中无法找到可以确切表达该概念或意义的词，所以对它们的借用是必要的。以动物学和植物学领域的拉丁语借词为例，它们的借入不仅是借入了词符，同时也把所指称的概念一并借入，从而丰富了意大利语，甚至填补了意大利语中的一些空白，如“aculeati”（针尾部昆虫）、“echinodermi”（棘皮动物门）、“palma”（棕榈科）、“spadice”（佛焰花序）等。

---

① 戚雨村：《语言学引论》，上海：上海外语教育出版社，2007 年版。

② Maurizio Dardano, Pietro Trifone. *La nuova grammatica della lingua italiana*. Milano: Zanichelli, 2001.

③ Ibid.

（2）奢侈的拉丁语借词（prestiti di lusso）。奢侈的拉丁语借词在拉丁语借词中所占的比例较小，如：18 世纪意大利医学界借用的拉丁语词“facies”（面容），在它被借入时，意大利语就已经有表达同样词义的“aspetto”（14 世纪被借入），前者的词义范围狭窄，完全可以被后者取代；1918 年被借入的拉丁语词“excursus”（离题）同样也可以被表达同一词义的“digressione”（14 世纪被借入）代替。

（三）按被吸收的程度分类

按被吸收的程度，可以把意大利语中的拉丁语借词分为未被普遍采用的拉丁语借词和已被完全吸收的拉丁语借词。未被普遍采用的拉丁语借词是指那些已在意大利语中出现，并在一定范围内使用，但尚未普遍被人们接受的拉丁语词。已被完全吸收的拉丁语借词则是指那些已经在意大利语中得到广泛运用，甚至已不再被视为陌生的外来词的拉丁语借词。

（1）未被普遍采用的拉丁语借词。目前未被普遍采用的拉丁语借词的前途一般有两个：一是逐渐被意大利语完全吸收，成为意大利语词汇的组成部分；二是风行一时，但随着时间的流逝逐渐被人们遗忘。如 13 世纪借入的“esto”（这个）、14 世纪借入的“preposto”（总本堂神父）、“ferrugine”（铁锈）、“albetine”（柑橘发白的内皮）等，今天在意大利语中都已经销声匿迹。

（2）已被完全吸收的拉丁语借词。已被完全吸收的拉丁语借词在拉丁语借词中占了较大的比例。上文分析拉丁语借词在意大利语中的地位时，曾引用的《DEVOTO 词典》（1968 年版）随机抽样分析数据就是一个强有力的证明。这些数据显示，常用拉丁语借词占到了意大利语常用借词的 70%。

不管是意大利语形成早期就被借用的拉丁语词，如“faccia”（脸）、“dito”①（手指）等，还是 20 世纪才被借用的拉丁语词，如“dentale”②（齿音）、“colonato”③（殖民地）等，都已经完全融合到了意大利语词汇中，在

---

① dito 于 13 世纪借自通俗拉丁语 dìitu，而后者借自古典拉丁语 dĭgitum。——Sabatini Francesco, Coletti Vittorio. *Il Sabatini Coletti-dizionario della lingua italiana 2006*. Firenze: Giunti, 2005.

② dentale 于 1869 年借自古典拉丁语 dentālem，而后者是 dēns 的变形。——Sabatini Francesco, Coletti Vittorio. *Il Sabatini Coletti-dizionario della lingua italiana 2006*. Firenze: Giunti, 2005.

③ colonato 于 1881 年借自通俗拉丁语 colonàtum，而后者借自古典拉丁语 colōnus。——Sabatini Francesco, Coletti Vittorio. *Il Sabatini Coletti-dizionario della lingua italiana 2006*. Firenze: Giunti, 2005.

使用过程中，意大利人一般已经无法辨认它们的“外来性”。

（四）按借用的词类分类

在以词类为标准对拉丁语借词进行考察时，本文选择了语法意义作为词类划分的标准，即对意大利语中形容词、冠词、副词、连词、介词、代词、动词、感叹词和名词九个词类中的拉丁语借词进行分析，见表2。

表2 按借入的词类分析

词类	拉丁语借词数量	占拉丁语借词总量比例	意大利语词数量	占同词类意大利语词比例
名词及词组	10962	57.3%	56798	19.3%
形容词及词组	5094	26.6%	20563	24.8%
动词	2633	13.8%	9436	27.9%
副词及词组	197	1%	676	29.1%
代词	94	0.5%	149	63.1%
连词及词组	54	0.3%	365	14.8%
感叹词及词组	19	0.1%	149	12.8%
介词及词组	18	0.1%	412	4.4%
冠词	8	0.04%	14	57.1%

从以上统计数据可以看到，意大利语从拉丁语借入的词主要是名词、形容词和动词，它们占到了意大利语中拉丁语借词的97.7%。其中，又以名词所占的比例最高，为57.3%，而形容词和动词所占的比例则分别是26.6%和13.8%。此外，拉丁语借词在意大利语各词类中所占的比例都较高：只有连词、感叹词和介词低于15%，名词、形容词、动词、副词在19%和30%之间，而代词和冠词则超过了50%。

（五）按借入的时间分类

以第一次借入的时间为划分标准，已被确定借入时间的拉丁语借词有18687个。其中，有一小部分拉丁语借词的不同词义是在不同的时段被借入的，如：“accesso”，意大利语在13世纪借入它的义项“发病、发作”，在16世纪又借入它的另一义项“进入”；“testo”，在13世纪借入其义项“金属或陶做的锴子”，在14世纪分别借入了两个义项“正文”和“交织的”；等等。

分析各个时段被借入的拉丁语词，可以观察到意大利语借入拉丁语词的高峰期出现在14世纪，借入了6411个词，占已确定借入时间的拉丁语借词总数（18687个）的34.3%；其他借入拉丁语词较多的时段分别是：13世纪2995个，占总数的16.0%；16世纪2366个，占总数的12.7%；19世纪2064

个，占总数的 11.0%；20 世纪 1992 个，占总数的 10.7%。所以，从拉丁语借词被借入的时间分析，尽管有借入的高峰期和低潮期，但是自意大利语诞生以来一直持续借用拉丁语词。

（六）按借入的领域分类

按借入的领域划分，已被确定借入行业或领域的拉丁语借词共有 7047 个。其中，一小部分借词被同时借入多个领域，如："cellula" 被分别借用到生物学领域表示"细胞"、航空领域表示"机体"和电子领域表示"元件"，"agente" 被分别借用到化学领域表示"剂"、商贸领域表示"代理"、医学领域表示"因素"，等等。

在意大利语中，拉丁语词主要被借入了动物学（1340 个）、医药学（1309 个）、植物学（1200 个）、司法（563 个）、语法（511 个）和数学（446 个）六个领域。其中尤以动物学、医药学和植物学的拉丁语借词最多，均超过了 1000 个。动物学领域的拉丁语借词占全部被确认借入类别的拉丁语借词总数（7047 个）的 19%，医药学领域的拉丁语借词占 18.6%，植物学领域的拉丁语借词占 17%。

我们仅以这六个领域为例，进一步分析拉丁语词在这几个专业领域的术语中所占的比例。动物学、医药学、植物学、司法、语法和数学领域的意大利语术语总量分别是 1873 个、5206 个、2116 个、1088 个、1372 个和 1003 个。其中，拉丁语借词在上述领域术语中所占的比例分别是：动物学占 71.5%、医药学占 25.1%、植物学占 56.7%、司法占 51.8%、语法占 37.2%、数学占 44.5%。在上述六个领域的意大利语术语中，拉丁语借词所占比例超过 50% 的就有三个，分别是动物学（71.5%）、植物学（56.7%）和司法（51.8%）。这意味着在这三个领域的意大利语词汇中，拉丁语借词的数量已经超过了一半。此外，虽然在医药学、语法和数学领域拉丁语借词的比例没有超过 50%，但是所占的比例均不低，都超过了 25%，即总量的 1/4。所以，从拉丁语借词被借入的领域的数据分析来看，拉丁语借词在意大利语词汇中占有重要地位。

纵观拉丁语与意大利语的传承关系、意大利语的词汇来源以及意大利语中拉丁语借词在借入时间、借入形式、借入领域、借入程度等方面的特点，我们发现，不管是在意大利语诞生之前还是在意大利语诞生之后，拉丁语都对意大利语产生了重要的影响。

参考文献

1. Maurizio Dardano, Pietro Trifone. *La nuova grammatica della lingua italiana*. Milano: Zanichelli, 2001.

2. Claudio Marazzini. *Breve storia della lingua italiana*. Bologna: il Mulino, 2004.

3. Sabatini Francesco, Coletti Vittorio. *Il Sabatini Coletti-dizionario della lingua italiana 2006*. Firenze: Giunti, 2005.

4. Claudio Marazzini. *La lingua italiana*. Bologna: Zanichelli, 2001.

5. 戚雨村：《语言学引论》，上海：上海外语教育出版社，2007 年版。

语言民族主义在斯洛文尼亚语言政策中的体现

鲍 捷

（北京外国语大学欧洲语言文化学院）

提 要：斯洛文尼亚语是斯洛文尼亚民族得以保持其民族性的重要工具。在斯洛文尼亚民族发展的历史上，曾经多次出现过人民争取民族语言权利的民族主义运动，或是出于捍卫本族语言地位而制定各种排他语言政策。本文从语言政策制定与语言实践两条线路分析了1991年独立前后的斯洛文尼亚语言政策。通过对材料的梳理，笔者认为语言民族主义存在于斯洛文尼亚语言政策之中，并影响着其语言政策的制定。

关键词：语言民族主义；语言政策；语言实践；斯洛文尼亚；南斯拉夫

Language Nationalism in the Language Policy of Sovenia

BAO Jie

(School of European Languages & Cultures, Beijing Foreign Studies University)

Abstract: Slovene language is considered as the most important tool with which Slovene nation keep their national characters. In the Slovene nation's history of development, Slovenes have struggled for their language rights through several national movements, and made policies to exclude other languages. This article analyzes the language policy formulation and language practices in Slovenia before and after its independence in 1991. It is suggested by this author that language nationalism exists in the language policy of Slovenia, and it influences the formulation of language policy.

Keywords: language nationalism; language policy; language practice; Slovenia; Yugoslavia

一、语言、群体认同和斯洛文尼亚民族

19 世纪欧洲语言学家和人类学家从结构主义出发，尝试验证语言能够建立民族符号的可能性。不难发现，当我们使用同一种语言的时候，彼此更加容易理解对方，信息从发出者传递到接收者更加快捷，我们可以表达自己的感情或是私密话题，融入彼此的交流沟通之中，创造事实和群体记忆等。当语言在使用过程中不断体现其文化载体属性时，语言便开始在民族符号指令中体现其价值。基于这一点，众多语言学家从 20 世纪开始系统地研究语言的符号学意义。① 以色列语言学家伊莲娜·绍哈弥（Elena Shohamy）认为，从人类学和语言学的角度出发，语言具有民族属性，这样的属性主要体现在语言表达民族归属与强化民族认同两个方面。②

语言与宗教一样，都是强化民族群体认同的绝佳工具。相对宗教而言，语言的专一性更加明显。语言在群体成员之间世代流传，承载着本族共通的文化符号。基于语言的符号学意义，语言能够不断加强同族之间个体的民族认同，同时加大与他族群体的差异。人们借助语言来寻求群体归属感③，乃至于在人类历史上曾经多次出现过人民争取民族语言权利的各种民族主义运动。以语言为工具的民族主义政治理念与活动可称作语言民族主义，即“linguistic nationalism”④。

在欧洲大陆，民族构成较为复杂。虽然印欧语系中的日耳曼、罗曼和斯拉夫语族使用人数占欧洲总人口的 90% 以上，但这不代表欧洲大陆能够呈现三足鼎立的现象。三大语族又能继续细分出众多语言，欧洲人的民族认同普遍建立在语言层面上，即说同一种语言的人归属于同一民族。但在欧洲历史

① Bregoč. *Slovenščina med Balkanom in Evropo*, 2010, pp. 10 – 11.

② Shohamy. *Language Policy: Hidden Agendas and New Approaches*, 2006, p. 25.

③ 人类的群体归属感的范围可大可小，如“小圈子文化”归属感、一个国家内弱势民族群体的归属感，或是大到国族归属感。文中提及的群体归属感指的是社会成员对自己所属民族归属的认识和感情依附。

④ 陈平：《语言民族主义：欧洲与中国》，载《外语教学与研究》，2008 年第 1 期。

上也曾出现过，语言相近的若干民族团结一致，争取民族语言权利与民族独立，比如从塞尔维亚-克罗地亚-斯洛文尼亚王国（南斯拉夫王国时期），到南斯拉夫社会主义联邦共和国（南斯拉夫联邦时期）。位于西巴尔干的南部斯拉夫人，在上千年的民族发展进程中，以统一语言为手段造就了一个超民族共同体。语言作为一种政治工具，帮助南部斯拉夫各个民族走向团结，摆脱欧洲强势民族上千年的统治。在南斯拉夫的案例中，语言又被民族分裂者利用，瓦解南斯拉夫各民族之间的超民族认同。

无论在南斯拉夫王国时期或是南斯拉夫联邦时期，斯洛文尼亚族在这一段历史中一直扮演着重要的角色。1850年，斯洛文尼亚语言学家弗兰·米克罗希奇（Fran Miklošič）作为提议者与塞尔维亚语言学家乌克·卡拉季奇（Vuk Karadžić）及克罗地亚语言学家伊万·马日拉尼奇（Ivan Mažranić）在维也纳发起《维也纳协定》。该协定的签订被广泛认为是塞尔维亚语和克罗地亚语统一化进程①的开始。仅从这一点来看，斯洛文尼亚人似乎是南斯拉夫各民族统一的推动者，但在南斯拉夫王国时期和南斯拉夫联邦时期，斯洛文尼亚人又小心谨慎地保护着本族语言，拒绝向塞尔维亚和克罗地亚这两个强势民族妥协。到了南斯拉夫联邦后期，斯洛文尼亚人甚至发动保护母语运动，激发民族独立情绪，展开民族独立运动，第一个从南斯拉夫独立出来。

无论从人口数量或是分布范围看，斯洛文尼亚民族都属于欧洲的弱势民族。在上千年的欧洲历史中，斯洛文尼亚民族长时间被外族奴役，但却从未被同化。公元550年前后，一部分斯拉夫人从欧洲北部迁徙至现斯洛文尼亚地区。这些主要来自摩拉维亚地区的斯拉夫人，所操语言与西斯拉夫语更加相近。直到公元568年，罗马人从现斯洛文尼亚地区退回到意大利，来自东南欧地区的斯拉夫人入主斯洛文尼亚。至此，同操斯拉夫语的两批斯拉夫人达成民族认同，称自己为“居住在阿尔卑斯山下的斯拉夫人”，斯洛文尼亚的民族雏形逐渐形成。历史上，斯洛文尼亚向来是兵家必争之地，斯洛文尼亚人仅在公元869—874年间建立起由本族领导的独立国家②，其他时期均分属列强和周边国家。公元7世纪，斯洛文尼亚隶属于萨莫封建王国；公元8世纪曾作为法兰克王国的一个行政省；随后，斯洛文尼亚又被神圣罗马帝国、

① 标准化的斯洛文尼亚语已经在1850年之前确定下来，泛斯拉夫民族主义者的“伊利亚语”构想未能实现，所以斯洛文尼亚语并未参与到这一次语言融合运动。

② 该封建王国称为卡兰塔尼亚国，位于尤里安阿尔卑斯山南麓。

哈布斯堡王朝、奥匈帝国等统治；1918 年斯洛文尼亚加入了塞尔维亚 - 克罗地亚 - 斯洛文尼亚王国；1929 年改称南斯拉夫王国（第一南斯拉夫）；二战后斯洛文尼亚成为南斯拉夫社会主义联邦共和国的其中一个共和国（第二南斯拉夫）。1991 年斯洛文尼亚脱离前南斯拉夫，正式宣布独立①。2004 年斯洛文尼亚正式成为欧盟成员国。

二、1991 年前的斯洛文尼亚语言实践

斯洛文尼亚民族在欧洲历史上一直受到强势民族的压制和奴役。在斯洛文尼亚北部，日耳曼民族一直占据着主导地位。从神圣罗马帝国到奥匈帝国，德语一直都是该地区的主流语言。斯洛文尼亚的西边曾是富庶强大的威尼斯共和国，其从中世纪开始就一直是亚得里亚海政治、经济和文化领域的霸主。斯洛文尼亚民族可谓是在夹缝中求生存。在严峻的生存环境下，斯洛文尼亚人对语言文字的重视达到了极致，力求通过保护斯洛文尼亚语来避免外族同化。

公元 1000 年左右便出现最早用斯洛文尼亚语书写的文献——弗赖辛手抄本（Freising Manuscripts）②。德国语言学家认为斯洛文尼亚语是第一种用拉丁字母书写的斯拉夫语。1550 年，第一本用斯洛文尼亚语书写的图书正式出版。然而这些追求民族语言权利的成果却难以掩盖斯洛文尼亚语在中欧地区的弱势地位。

从神圣罗马帝国到奥匈帝国时期，斯洛文尼亚地区的书面材料，几乎都采用德语或者意大利语书写记录。斯洛文尼亚境内的中小学也只有德语学校或意大利语学校。学生在学校里如果说斯洛文尼亚语，会受到老师的责罚。如果斯洛文尼亚人希望接受高等教育，必须前往维也纳或其他欧洲大城市。直至 1919 年，斯洛文尼亚创建了第一所以斯洛文尼亚语授课的大学——卢布尔雅那大学。

到了奥匈帝国后期，民族主义在欧洲大陆萌发，越来越多的弱势民族走向了追求民族独立的道路。斯洛文尼亚人则希望借助语言的力量，加强民族认同和民族凝聚力。规范斯洛文尼亚语对这一进程起到了决定性的作用。斯

① Granda，2008 年。

② 该手抄本在德国巴伐利亚州弗赖辛地区被发现，现存于慕尼黑巴伐利亚州立图书馆。

洛文尼亚位于欧洲中南部，阿尔卑斯山的南麓，崇山峻岭的环境导致了语言交流的困难。斯洛文尼亚语标准化推进一直非常缓慢。直到1808年，斯洛文尼亚语言学家伊尔内伊·科皮达尔（Jernej Kopitar）发表学术论文，探讨斯洛文尼亚语语法规范问题，并提到“在恰当的时机下，可以在书面斯洛文尼亚语中剔除语言多样化，让官方斯洛文尼亚语在斯洛文尼亚人之间普及”①。随后，越来越多的斯洛文尼亚语言学家积极响应，将许多克罗地亚语词②从斯洛文尼亚语中剔除。斯洛文尼亚语慢慢变得更加纯粹，与克罗地亚语或是其方言完全脱离。斯洛文尼亚语的规范化，否定了伊利里亚语成为西巴尔干通用语的可能性。19世纪初期，斯洛文尼亚语在众多有志之士的推动下，不断蓬勃发展，许多斯洛文尼亚语的报纸和杂志如雨后春笋般涌现，比如《斯洛文尼亚民族报》（*Slovenski narod*）、《农业与手工业新闻》（*Kmetijske in rokodelske novice*）、《青年》杂志（*Mladina*）等。

斯洛文尼亚语、克罗地亚语和塞尔维亚语同族同源，三个民族也因为语言文化的相近走向融合。在奥匈帝国解体后，南部斯拉夫各民族共同建立了塞尔维亚－克罗地亚－斯洛文尼亚王国。该王国后改名为南斯拉夫王国（第一南斯拉夫）。在此阶段，斯洛文尼亚语得以发展。1928年，第一个以斯洛文尼亚语播报节目的电台正式开播，后发展为斯洛文尼亚国家广播电视台（RTV Slovenia）。

到了南斯拉夫联邦时期，政府施行全国各民族的平等、每种官方语言地位均等的政策，但塞尔维亚－克罗地亚语③（下文简称为塞－克语）在全国具有主导地位。也就是说，在语言政策的法律制定与各语言的日常生活使用之间存在着一定的距离。斯洛文尼亚人在南斯拉夫时期已经意识到，本族若

---

① Baruch Wachtel. *Ustvarjanje naroda, razbijanje naroda-Književnost in kulturna politika v Jugoslaviji*, 2003, p. 10

② 更准确的表述应为伊利里亚语或伊利里亚方言（英语：Illyrian language / 斯语：Ilirščina），许多泛南斯拉夫主义支持者希望能够统一南部斯拉夫人的众多语言，其手段为推动伊利里亚语在西巴尔干地区的使用。但伊利里亚语始终是建立在克罗地亚语的基础之上，斯洛文尼亚人和马其顿人对伊利里亚语的接受始终持有保留态度。马其顿人更是认为，马其顿语和古斯拉夫语有着千丝万缕的联系，是斯拉夫文化的重要载体，放弃马其顿语是对斯拉夫文化传承的轻视。

③ 在南斯拉夫时期，塞尔维亚语和克罗地亚语在众多语言学家的推动下，被人为规范为一种语言。本文并不关注塞尔维亚语和克罗地亚语的整合与分离，而将其统称塞－克语。在南联盟，斯洛文尼亚语和马其顿语也同样是南斯拉夫的官方语言。

想更好地保留民族性，一定要加强对语言的保护，通过语言强化民族意识。南斯拉夫中央政府曾一度要求斯洛文尼亚中小学开设塞-克语，但是斯洛文尼亚地方政府对此积极性不高，并且通过各种手段限制该语言的学习。在小学四年级的课表中，每周仅有1个小时的塞-克语学习，5年级增至2小时。[①]

铁托逝世后，联邦政府的权力被不断弱化。斯洛文尼亚民族主义者抓住这一时期，以保护民族语言为手段，开展民族独立运动。1988年，四名斯洛文尼亚编辑受审，[②] 在法庭上没有采用斯洛文尼亚语，而是用塞-克语。随后，斯洛文尼亚民众在文化人士的带领下自发举办各种活动，提出保护母语的口号，传播、建立斯洛文尼亚民族国家的思想。作为南斯拉夫经济最发达的共和国，斯洛文尼亚早就萌生独立发展的意愿，不再希望接济联邦内的其他兄弟。随着“四编辑事件”的不断发酵，斯洛文尼亚独立的道路越发清晰，语言民族主义在斯洛文尼亚独立的进程上找到了立足点。

三、民族独立后的斯洛文尼亚语言政策

1991年6月25日，斯洛文尼亚正式从南斯拉夫独立，成立斯洛文尼亚共和国（Republic of Slovenia），这是斯洛文尼亚民族发展历史上第一个由本族人民当家做主的民主国家。斯洛文尼亚政府在独立之后，根据国家意识形态的需求，制定了属于斯洛文尼亚的语言政策。民族独立后的斯洛文尼亚语言政策相对完善，其对内不断提高斯洛文尼亚语在全国的文化地位，增强民族凝聚力；对外则力争摆脱昔日塞-克语的影响，时刻保持“脱南入盟”的目标。从国家立法层面，斯洛文尼亚语言政策获得了两个重要的阶段性成果，即（1）斯洛文尼亚语获得国家语言[③]的地位；（2）政府通过《斯洛文尼亚语

---

① Baruch Wachtel. *Ustvarjanje naroda, razbijanje naroda-Književnost in kulturna politika v Jugoslaviji*, 2003, p. 53.

② 该受审事件被视为斯洛文尼亚独立的导火索。当时担任斯洛文尼亚《青年》杂志的记者扬沙（Janez Janša）在一篇报道中揭露了南斯拉夫军队的秘密。南斯拉夫政府以军事泄密罪将其逮捕。在随后的庭审过程中，联邦政府刻意采用塞-克语。来自联邦政府的压制导致了斯洛文尼亚民众的不满。

③ 国家语言，斯洛文尼亚原文为 državni jezik。

公共使用法》[①]（*Zakon o javni rabi slovenščine*）。

南联盟时期，斯洛文尼亚语本身就是斯洛文尼亚社会主义共和国境内的唯一官方语言，同时还是南联盟众多官方语言[②]之一。独立后的斯洛文尼亚为了加强民族认同，从文化符号与社会符号两个角度考虑，将斯洛文尼亚语提升到国家语言的地位[③]。国家语言代表着国家形象与民族价值观。斯洛文尼亚《宪法》规定，斯洛文尼亚共和国的官方语言包括斯洛文尼亚语、意大利语和匈牙利语[④]，但是仅有斯洛文尼亚语具有“国家语言”的地位。

斯洛文尼亚政府针对国家语言、官方语言和母语做了详细的说明[⑤]：

国家语言 （državni jezik）	1. 斯洛文尼亚的国家语言是斯洛文尼亚语； 2. 国家代表（如政府官员）必须说斯洛文尼亚语； 3. 斯洛文尼亚语代表独立的斯洛文尼亚共和国； 4. 《宪法》和货币[⑥]上的文字必须用斯洛文尼亚语书写； 5. 唯一的军队指挥语言
官方语言 （uradni jezik）	1. 在公众场所必须使用官方语言（学校、邮局、警局）； 2. 在交通标识上必须使用官方语言； 3. 斯洛文尼亚语是斯洛文尼亚共和国的官方语言之一； 4. 在少数民族聚集区，两种官方语言（意/匈 + 斯）并行使用
母语 （materni jezik）	1. 最先习得的语言； 2. 对于全世界的斯洛文尼亚人来说，斯洛文尼亚语是其母语； 3. 国家需要保护在国外的斯洛文尼亚人的语言环境

---

① 该法律全文见斯洛文尼亚法律检索网，网址：http：//www. uradni – list. si/1/content? id = 50690。

② 南联盟的官方语言包括塞 – 克语、斯洛文尼亚语、马其顿语，此外自治区还承认阿尔巴尼亚语和匈牙利语为官方语言。

③ Gorjanc. *Slovenska jezikovna politika pred izzivi Evropske unije*, 2009, p. 15.

④ 意大利语和匈牙利语仅在位于边境的少数民族聚集区具有官方语言的地位。在斯洛文尼亚境内的意大利族人口约为 2258 人，主要生活在斯洛文尼亚西南方，即与意大利接壤的地区；匈牙利族人口约为 6243 人。数据源自斯洛文尼亚民族事务管理局，网址：http：//www. un. gov. si/si/manjsine/。

⑤ 来源于斯洛文尼亚政府门户网站，网址：http：//www. vlada. si/o _ sloveniji/slovenscina/。

⑥ 1991—2007 年斯洛文尼亚共和国的货币为托拉尔（tolar），2007 年采用欧元货币，托拉尔不再流通。

斯洛文尼亚政府仅承认国内的两个少数民族，即意大利族和匈牙利族。这两个少数民族享有国家所赋予的语言权利。例如：斯洛文尼亚《宪法》规定，在90个议员席位中，有两个席位留给少数民族代表，即意大利族和匈牙利族各占一个席位。在会议讨论中，上述民族代表有权使用母语发言，议会应配有意大利语和匈牙利语的同声传译。同样，斯洛文尼亚的少数民族考生在全国高等院校入学考试中，可以选择用意大利语或匈牙利语编写的试卷。在斯洛文尼亚与意大利和匈牙利接壤的边境地区，仍然开设有很多双语学校。

斯洛文尼亚议会在2004年通过了《斯洛文尼亚语公共使用法》，法案进一步规范了斯洛文尼亚国内的语言政策。该法案早在2000年就被提出，但当时并未通过。在新一届政府议会执政期间，该法案最终生效。该法案系统性地解释了斯洛文尼亚语言政策，巩固了斯洛文尼亚语在国内的重要地位。《斯洛文尼亚语公共使用法》共有39条，其中包括斯洛文尼亚语在斯洛文尼亚以及在欧盟的地位、斯洛文尼亚语在政府机关的使用、斯洛文尼亚语在公立教育机构的使用、斯洛文尼亚语在商业领域的使用（合同签订、广告营销、机构命名等）、斯洛文尼亚语在媒体中的使用、针对斯洛文尼亚语公共使用的国家监管等。

除了上述两部法律之外，斯洛文尼亚语言政策还体现在教育法中，特别是在语言教育方面。独立后的斯洛文尼亚在语言教育的问题上提出了两点要求，即多语言教育和跨文化教育。① 语言教育在斯洛文尼亚整体教育体系中占有重要地位。斯洛文尼亚语属于典型的“小语种”，这一特点使得斯洛文尼亚人积极学习外语。在斯洛文尼亚，适龄儿童在学校可以选择多门语言作为必修课。从小学四年级开始，学生必须选修一门外语。英语最受学生欢迎，平均有85%的学生会选择英语作为第一门学习的外语，其次是德语。英语在全国的小学教育中占据了外语学习的主导地位。在中学，学生们则有更多的选择。在全国高等院校入学考试中，学生需要选择一门外语作为必考科目（英语、意大利语或德语）。普通高中的学生可以选修两门外语，选择也更多——英语、德语、法语、意大利语（少数民族考生）、意大利语、西班牙语、匈牙利语（少数民族考生）、匈牙利语、俄语、古希腊语和拉丁语。只有极少数的学校开设塞－克语。斯洛文尼亚政府在语言政策的制定上结合欧盟宗旨，推动多语言的学习。但是斯洛文尼亚的语言政策却未能做到“一视同仁”，比如塞－克语曾经作为中小学必修课，现在却几乎被“排挤”出中

① Stabej. *Orisi slovenske jezikovne politike*, 2006, p. 311.

小学教学计划。在斯洛文尼亚的高等教育体系中，语言学习同样具有一定的重要性。非外语类学生可以根据自身情况，选修一门外语。外语类学生则需要在本专业学习的基础上，再选修一门外语。斯洛文尼亚的众多高校通常开设英语和德语课程。极少数院校，比如卢布尔雅那大学，则开设更多的语言学习课程供学生选修。

四、塞-克语在斯洛文尼亚的现状

斯洛文尼亚于2004年正式成为欧盟成员国。欧盟的文化价值观看重语言文化多样性，并将这一点提到战略发展目标的高度。[①] 在入盟之前，斯洛文尼亚已经与欧洲议会合作。斯洛文尼亚作为欧盟新成员国，完全接受欧盟的文化价值取向，但是涉及语言政策的时候，斯洛文尼亚的语言政策与欧盟的大政方针还是存在着一定的冲突。斯洛文尼亚政府希望斯洛文尼亚成为一个以斯洛文尼亚族占主导地位的民族国家。民族国家的特点即为单一民族、单一语言和单一文化。面对强势的欧洲主流文化，斯洛文尼亚人发出的更多是“请大家关注斯洛文尼亚语濒临灭绝的处境”这样的呼声。许多不了解斯洛文尼亚国内语言文化现状的人们，也随着斯洛文尼亚政府的呼声，将注意力放在斯洛文尼亚语的保护和发展上。迄今为止，斯洛文尼亚政府仅接受意大利语和匈牙利语成为除了斯洛文尼亚语之外的官方语言。欧盟作为众多独立国家形成的组织机构，不具有主权国家的特点，也没有权力强行干预其成员国的政策制定。在语言文化多样性的问题上，欧盟也仅限于希望保护在欧盟范围内的各种语言文化。对于斯洛文尼亚政府来说，如何处理国内塞-克语的地位，成为了一个棘手的问题。

（一）塞-克语与斯洛文尼亚的历史渊源

在南斯拉夫时期，塞-克语作为全国多种官方语言之一，使用人数最多，使用范围最广泛，在所有共和国中具有主导地位。联邦政府对其他两种官方语言，即马其顿语和斯洛文尼亚语的态度也相对温和。按照联邦政府法律规定，官方语言之间地位平等。比如，在南斯拉夫货币第纳尔纸币上印有三种语言[②]。在国家行政立法层面上，联邦政府没有赋予塞-克语国家语言的地

① Gorjanc. *Slovenska jezikovna politika pred izzivi Evropske unije*, 2009, p. 20.

② 分别为塞-克语、马其顿语和斯洛文尼亚语。

位。即便如此，塞-克语的使用更加广泛是不争的事实，在塞族和克族强势文化的影响下，人们以说塞-克语为傲。以塞-克语为母语的人，对于其他语言，特别是斯洛文尼亚语和马其顿语的学习态度不积极。斯洛文尼亚族仅占南斯拉夫全国人口的7%，斯洛文尼亚人也早已习惯塞-克语的主导地位。但抛开语言实践的层面，国家法律却规定：塞-克语是南斯拉夫唯一的军队指挥语言。这一点使得斯洛文尼亚人对塞-克语存在一定的抵触心理。

斯洛文尼亚在独立进程中经历了“十日战争”。塞-克语作为军队指挥语言，不难让斯洛文尼亚人将其和暴力镇压联想在一起。独立后的斯洛文尼亚在强调斯洛文尼亚语主导地位的同时，人为地削弱塞-克语在国内的影响力。[①] 1991年，斯洛文尼亚教育部将塞-克语从中小学必修课中删除。随后，塞-克语在部分学校以选修课的形式开设。塞-克语没有被列入教学计划，越来越少的学校支持塞-克语的开设。[②] 塞-克语作为外语也远没有英语或德语受欢迎。这种强烈的反差对于以塞-克语为母语的人群来说非常难以接受。[③]

独立后的斯洛文尼亚人口结构相对稳定，斯洛文尼亚人占绝大多数。在其他民族人口总数中，使用塞-克语[④]的人口居多。昔日流行一时的塞-克语在独立后的斯洛文尼亚遭受了冷遇，甚至是排挤，这一点在斯洛文尼亚的语言教育中可见一斑。

（二）语言政策与民族融合

斯洛文尼亚《宪法》明确规定：斯洛文尼亚共和国内的主要民族是斯洛文尼亚族。此外，意大利族和匈牙利族属于斯洛文尼亚共和国的少数民族，享有相关权利。但是，相当一部分说塞-克语的斯洛文尼亚公民或外来劳工却不能享有和意大利族或匈牙利族相同的语言权利。

如同众多欧洲国家一样，在斯洛文尼亚除了主体民族斯洛文尼亚族之外还生活着本土少数民族以及外来少数民族。[⑤] 本土少数民族在斯洛文尼亚指

---

① Položaj Hadži. *Srbohrvaščina v Sloveniji*: *Nekočin danes*, 2009, p. 33.

② 在2005/2006学年有13所学校开设塞-克语，到了2007/2008学年则减少到9所。

③ Položaj Hadži. *Srbohrvaščina v Sloveniji*: *Nekočin danes*, 2009, p. 33.

④ 说塞-克语的包括塞尔维亚人、克罗地亚人、波斯尼亚人和黑山人。

⑤ 文中关于本土少数民族和外来少数民族的划分采用塔德伊·韦德马尔（Tadej Vidmar）的观点。他认为，国家领土的划分是造成本土少数民族产生的主要原因。本土少数民族通常具备以下几个特点：该民族长期以来在一国有固定的居住地点；在民族性上与“母族”无二，而“母族”通常为独立的主权国家；该民族的成员在居住国和“母族”国家之间的各种沟通合作中扮演着重要角色（Vidmar，2011）。

的是意大利族和匈牙利族，他们的居住地大多在二战后欧洲领土重新划分的时期被归入了斯洛文尼亚。而占外来人口绝大多数的前南地区劳工，虽然拥有斯洛文尼亚永久居留权或国籍，但根据斯洛文尼亚对少数民族的定义，不能被列入本土少数民族，因此不能享有少数民族的语言权利。

斯洛文尼亚《外国人法》（*Zakon o tujcih*）中明确规定，在斯洛文尼亚共和国居留的外国公民应根据居留类型，掌握相应程度的斯洛文尼亚语。斯洛文尼亚政府希望通过强制外国人学习斯洛文尼亚语，来推动外族文化与斯洛文尼亚主流文化的融合。在这一政策推进的过程中，政府给予财力支持。

斯洛文尼亚语言中心（Center za slovenšščino kot drugi/tuji jezik）① 是斯洛文尼亚国内执行斯洛文尼亚语水平等级考试的唯一官方机构。该语言中心参考欧盟语言水平分级制度，推出斯洛文尼亚语水平等级考试。目前考试分为三个等级，即初级、中级和高级，分别对应欧盟语言水平等级的 B1、B2 和 C1。外国公民必须通过初级及以上考试，才有资格申请斯洛文尼亚国籍。中级考试则面向希望在斯洛文尼亚接受高等教育的外国留学生，因为斯洛文尼亚的部分高校要求外国留学生掌握一定等级的斯洛文尼亚语。希望在斯洛文尼亚从事特殊工种②的外国人，则需要通过高级考试。斯洛文尼亚政府制定的语言政策，包括将塞－克语从教学计划中删除和制定语言水平等级考试，均为了能让外国人，特别是来自前南地区的外来劳动力习得斯洛文尼亚语，接受斯洛文尼亚价值观，更快地融入斯洛文尼亚社会。

五、结论

语言是一个民族最重要的文化符号。斯洛文尼亚人通过语言不断强化民族认同感，在历史跌宕中保持着自己的民族性。独立后的斯洛文尼亚根据国家发展的需求，及时调整其语言政策。新的语言政策对内树立斯洛文尼亚语的主导地位，加强斯洛文尼亚民族凝聚力，对外则弱化塞－克语的影响，迫使外来群体融入斯洛文尼亚主流文化。这两点是语言民族主义在斯洛文尼亚语言政策中的充分体现。

---

① 网址：http：//www. centerslo. net。

② 尤其是医生和药剂师这类的职业。

参考文献

1. Baruch Wachtel Andrew. *Ustvarjanje naroda, razbijanje naroda-Književnost in kulturna politika v Jugoslaviji*, Ljubljana: Aleph, 2003. （巴鲁·安德鲁：《民族的形成与消亡——南斯拉夫的语言文字与文化政策》，卢布尔雅那：阿莱弗出版社，2003 年版。）

2. Bergoč Simona. *Slovenščina med Balkanom in Evropo*, Koper: Univerzitetna založba Annales, 2010. （贝尔格奇·习莫娜：《徘徊在巴尔干和欧洲之间的斯洛文尼亚语》，科佩尔：阿纳雷斯大学出版社，2010 年版。）

3. Gorjanc Vojko. *Slovenska jezikovna politika pred izzivi Evropske unije. Med politiko in stvarnostjo-Jezikovna situacija v novonastalih državah bivše Jugoslavije*: pp. 13 – 25, Ljubljana: Založba FF, 2009. （格力昂茨·沃伊克：《面对着欧盟挑战的斯洛文尼亚语言政策》，载论文集《在政治与现实之间——前南斯拉夫解体后新兴国家的语言现状》，卢布尔雅那：哲学学院出版社，2009 年版，第 13—25 页。）

4. Požgaj Hadži Vesna. *Balažic Bulc Tatjana in Miheljak Vlado.* Srbohrvaš čina v Sloveniji: Neko č in danes. *Med politiko in stvarnostjo-Jezikovna situacija v novonastalih državah bivše Jugoslavije*: pp. 27 – 40, Ljubljana: Založba FF, 2009. （珀志卡伊·威斯纳等：《塞尔维亚－克罗地亚语在斯洛文尼亚：历史与今日》，载论文集《在政治与现实之间——前南斯拉夫解体后新兴国家的语言现状》，卢布尔雅那：哲学学院出版社，2009 年版，第 27—40 页。）

5. Shohamy Elena. *Language policy: Hidden agendas and new approaches*, Oxon: Routlegde, 2006. （索哈米·伊莲娜：《语言政策：隐藏的意图与全新的尝试》，卢布尔雅那：陆特出版社，2006 年。）

6. Stabej Marko. *Orisi slovenske jezikovne politike. Slavistična revija*, Ljubljana: Slavistič no društvo Slovenije, 2009. （斯塔贝伊·马克：《斯洛文尼亚语言政策概况》，载《斯拉夫学月刊》，2006 年特刊，第 309—325 页。）

7. 陈平：《语言民族主义：欧洲与中国》，载《外语教学与研究》，2008 年第 1 期，第 4—13 页。

8. 戴曼纯、朱宁燕：《语言民族主义的政治功能——以前南斯拉夫为例》，载《欧洲研究》，2011 年第 2 期，第 115—131 页。

生成句法框架内的匈牙利语动词前缀句法特征和语序研究

宋晨晨
（北京外国语大学欧洲语言文化学院）

提　要：本文以乔姆斯基的生成句法理论为研究框架，对匈牙利语动词前缀的句法特征和语序进行考察分析。研究发现，匈牙利语动词前缀的表层位置不是其原始位置，而是移位的结果。在生成句法框架内动词前缀的移位与名词移位类似，始于动词短语内部，终于体貌短语位置，并在不同句法环境制约下形成“前缀 + 动词”和“动词 + 前缀”两种不同语序。

关键词：动词前缀；生成句法理论；话题 - 述谓；移位；焦点短语

A Study on the Syntactic Characteristics and Word Order of the Hungarian Verbal Prefixes Within Generative Syntax Framework

SONG Chenchen
(School of European Languages & Cultures, Beijing Foreign Studies University)

Abstract: Based on the framework of Chomsky's Transformational Generative Theory, this paper studies the syntactic characteristics and word-order rules of the Hungarian verbal prefixes. We find that the superficial position of the verbal prefixes in Hungarian is not their original position, but only a result of syntactic movement. The verbal prefix movement, resembling the NP-Movement in the TG framework, starts within the VP and ends at the Spec (AspP) position, which yields two kinds of word orders—prefix-verb and verb-prefix—under various syntactic conditions and restrictions.

Keywords: verbal prefix; Transformational Generative Theory; Topic-Comment; movement; FP

一、前言

匈牙利语中存在大量动词前缀，对动词含义的细节和修饰发挥着关键作用。然而，由于动词前缀数量众多，且其句法位置非常灵活，所以在语言习得过程中易成为掌握难点。传统教学语法因其自身的简易和便捷性，很难对动词前缀的深层句法特征和语序规则作出明确阐释。因此，本文参考了更为精确和完善的生成句法理论框架，从匈牙利语的基本句法结构入手，详细考察和分析与动词前缀有关的句法原理，以期为动词前缀的理解和习得提供一种新的角度和思路。

一、匈牙利语的基本句法特征

匈牙利语言学家基什·É. 卡塔琳（Kiss É. Katalin, 2004）在生成句法框架内提出，每个匈牙利语句子都可以分为两部分：一是话题；二是述谓（参考文献 2 第 2 页）。其中，话题是述谓的逻辑主语，明确述谓将要述说的主体。其句法角色与传统语法中的主语常常重合，但又彼此独立。一种行为或状态的任何一个参与者都可以成为句子的话题，比如在“Marit keresi János”(亚诺什在找玛丽) 这句话中，虽然句子主语是“János”，但话题却是宾语“Mari”。述谓位于话题之后。在深层句法结构①中，述谓的中心元素是动词，而动词后面的位置则用来容纳与动词相关的各个主目语。此外，在匈牙利语中，动词还常常带有修饰语。动词修饰语是一个非指称性②的补足语成分，

---

① 根据乔姆斯基（N. Chomsky，1965）的转换生成句法标准理论，每个句子都有两个层面的结构：深层结构（D－Structure）和表层结构（S－Structure）。深层结构是一种抽象结构，指句子成分之间的内存语法关系，它被认为是存在于说话人、作者、听者和读者大脑中的一种结构[3]229。

② 在语言学中，指称意义（referential meaning）指的是词的语音形式所指称的客观对象和事物，表明词跟语言及外部世界的关系[4]83。指称对象（referent）指与句子或话语中某一名词短语相关联的特定实体或抽象概念[3]704。从这一概念来看，指称对象必须是具体或定指的，而不能是泛指的。

常常发挥体貌算子①的功能。

一个匈牙利语句子的述谓中心是以动词开始的动词短语（VP），而在动词短语之后的各主目语则以看似自由的语序排列。事实上，动词后的主目语语序有着与话题选择相类似的排列规则，即具体成分和指人性主目语优先于不具体成份和非指人性主目语（参考文献 2 第 28 页）。动词前的句法位置所受限制更为严格。动词前面是句法算子的预留位置，可以容纳焦点成分、分布量词以及否定算子等。匈牙利语的基本句法结构可以用 (1) 中模型来描述，举例如 (2)。

（1）{逻辑主语} - {算子位 - 动词 - 动词主目语}

话题　　　　述谓

（2）Péter　nem　írt　Máriának.

话题　否定算子　动词　动词主目语

彼得没有给玛丽亚写信。

二、话题短语（TP）和焦点短语（FP）位置

尽管事实上句子主语相对于宾语更常被当作话题，但主语和话题之间并没有直接联系。由于话题成分承担了动词的一个主目语，所以它便与述谓当中的一个主目语位置形成了语链②，并且该主目语只能是指称语。也正是因此，带有算子特征的主目语（如分布量词）才无法被话题化。换言之，话题必须同时具有［+指称语］和［+确切性］的形式特征（参考文献 2 第 11 页）。焦点成分可以由述谓当中具有穷举性特征的一个动词主目语来充当。穷举识别是紧临动词之前位置的句法功能，而且只有这一个位置才具有这种功能（参考文献 2 第 78 页）。一个句法位置最多只能同时容纳一个句法成分；

---

① 在语言学中，句法成分被看作对应于某个标准逻辑系统中的一个运算。在形式逻辑中，在最广义上讲，算子（operator）是量词、逻辑谓词和逻辑功能词的一个集合术语。算子有时也被译为“作用词”，指对句中某个部分有辖域关系的任何语法成分，如限定词、数量词以及否定、时态、体、语气等[3]592。

② 语链（chain）是乔姆斯基（N. Chomsky，1981）管约论中的术语，指移位转换步骤在表层结构中的表征形式——位置序列。移位产生的位置形成这样一个语链：语链中第一个成分是移位的终点，最后一个成分是分离点，所有的中间成分都是移位的中间着陆点[3]121。

当句中存在不止一个可以占据动词前句法位置的成分时，焦点成分优先将其占领，这样便造成了表层结构语序上的差别。

根据乔姆斯基（N. Chomsky，1992）的最简方案理论，焦点成分之所以需要移位，是因为一个句子中的各个句法成分的形态特征都需要经过核查①才能“合法”在句中立足。焦点成分正是为了使其［+焦点］特征接受核查才会移至焦点短语指示语的位置上去（参考文献5）。在话题短语之后，动词前缀位于动词之前；然而在焦点短语之后，动词前缀则位于动词之后。由于话题短语和焦点短语常会由同一成分充当，所以必须对二者做出明确区分。

三、动词前缀的句法独立性

传统意义上认为，带前缀的动词是一个由动词前缀和动词一同构成的复合动词，但事实上匈牙利语中“动词前缀+动词”的组合并不是严格意义上的复合词，因为动词前缀具有以下只有独立句法单位才具有的句法特征（参考文献2第57—59页）：

①当句中存在焦点短语或否定词时，动词前缀位于动词之后，且不一定与动词紧临，如 János nem olvasta őket fel（亚诺什没有朗读它们）；

②在“动词前缀+动词”语序中，动词前缀与动词之间也可以插入其他成分，如 János fel akarta olvasnia a verseit，és fel is olvasta őket（亚诺什想朗读那些诗，并且他也确实朗读了它们）；

③动词前缀可以被提升到不与动词紧临的位置上，比如在对比话题化和焦点化的情况下发生的都是短语移位，如 János nem FEL ment a lépcsőn，hanem LE ment（亚诺什没有上楼梯，而是下了楼梯）；

④动词前缀还可被提升至前一分句当中，即可经历长距离移位，这也是只有短语才具备的特征，如 Fel akarom，hogy olvasd a verseidet（我想让你朗读这些诗）；

---

① 核查理论（Checking Theory）是最简方案理论中保证语音表达式和逻辑表达式获得成功的重要理论。乔姆斯基（N. Chomsky，1993，1994）断定，词在句法上以完全派生和屈折的形式出现，必须在它们的“核查域”（checking domain）范围内在逻辑层面上受到功能语类的核查（check）。在逻辑层面上，词汇中心词的每一个语素的词汇内容均要受到与中心词有联系的下一个功能投射的语类的核查[3]123。

⑤动词前缀自身还可以构成省略句，这也是一种短语性特征，如—Fel olvasta János a verseit? —Fel（——亚诺什朗读那些诗了吗？——读了）。

事实上，动词前缀只是众多动词修饰语中的一种，其他类型的动词修饰语还包括目标补语、非施事主语、光杆名词（如光杆宾语）等[2]68—69，如：

（3） a. János *ú*js*á*got olvas. 亚诺什读报纸。（宾语作动词修饰语）

b. János iskol*á*ba ment. 亚诺什去学校。（目标补语作动词修饰语）

c. V*í*z szivárog a falból. 水从墙里渗出来。（非施事主语作动词修饰语）

d. Mari eb*é*det főz. 玛丽做午饭。（光杆名词作动词修饰语）①

与动词前缀类似，这些补足语成分也都是非指称性（非定指）的。尽管这类动词修饰语并不总是与动词短语相关的具体参与者，但却被动词授予了格，并且也承担了相应的题元角色。既然其题元角色分配和授格都与动词主目语相同，那么其初始位置也一定是位于动词之后的动词主目语位置。由于动词后的主目语位置内只能容纳指称性（定指）成分，所以这些动词修饰语在表层结构中就只能移动到动词之前。动词前缀作为动词修饰语的一类，是由一个光杆副词构成的，与其他类型的动词修饰语不同，其述谓特征与动词更为相近（参考文献2第58页）。因此，当动词前缀从动词之后向动词之前移位时，自然就与动词短语的中心词（即动词）连为一体了。

四、动词前缀移位的原因

动词前缀移位的原因主要有以下两点：

（一）指称限制

由于动词后的主目语位置只能容纳指称性成分，所以带有算子特征的（非指称性）主目语（如疑问短语和分布量词）就必须被提升至动词之前的算子位置上。同样地，光杆名词也必须从动词短语内移出，并且只能作为体貌算子、焦点成分或分布量词（与小品词 is 一同）移至动词前的非主目语位置上（参考文献2第29页），如：

① 本文中的匈牙利语例句均出自基什（Kiss，2004）所著的《匈牙利语句法学》。

（4） a. [János [$_{AspP}$keringőt$_i$ táncolt t$_i$]]．

亚诺什跳华尔兹舞。[keringő (华尔兹舞) 是光杆名词]

b. [$_{TopP}$ János [$_{FP}$ KÖVÉR LÁNNYAL$_i$ táncolt t$_i$]]．

亚诺什和胖女孩一起跳舞。[形容词短语 kövér lány (胖女孩) 是焦点成分]

c. [$_{TopP}$ János [$_{Distp}$ kövér lánnyal is$_i$ táncolt t$_i$]]．

亚诺什和胖女孩也跳了舞。[kövér lány (胖女孩) 是由 is 标识的分布量词短语]

在 (4) 中，非确指性光杆名词或形容词短语分别作为体貌短语、焦点短语和分布量词短语被移动到了动词前面。同理，由于动词前缀也是非确指性成分，所以也不能留在动词之后，而必须移位至动词之前。

（二）体貌短语（AspP）投射

动词前缀不仅能改变动词词义，还能改变动词的体貌特征。最常见的是延续性动词加上动词前缀之后变成完成体的情况。比如，延续性动词 olvas (读) 加上前缀 el-、át-、meg-、rá-、be-等之后都能变成完成体（参考文献 2 第 62 页）。延续性动词（无界）不能与时间终点连用，而完成体动词（有界）则不能与时间段连用，比如不可以说“* János hétfőre olvasta a regényt” [亚诺什到星期一为止（一直在）读这本小说] 或“* János egész este elolvasta a regényt”(亚诺什一整个晚上都在读完这本小说)，而只能说“János egész este olvasta a regényt” (亚诺什一整个晚上都一直在读这本小说) 和“János hétfőre elolvasta a regényt”(亚诺什到星期一为止读完了这本小说)。

基什（Kiss，2004）认为动词短语的体貌——也就是整个句子的体貌——是由体貌短语确定的[2]64。而体貌短语的中心词可以有许多不同特征。基弗（Kiefer，1994a，1994b）指出，体貌短语的中心词可以是 [±事件性] 成分，其中 [+事件性] 体貌短语又可以带有 [±完成体] 特征，[-完成体] 体貌短语则可以继续分为 [±限制性] 成分；而同时满足 [+事件性] [-完成体] [+限制性] 三个特征条件的就是进行体。由于动词前缀在句中有标记体貌的功能，所以必须移动到体貌短语的指示语位置上，使其 [+完成体] 特征得到核查。

在动词前缀移位的同时，动词短语的中心词也会移动到体貌短语中心词的位置上去。如果体貌短语的中心词是非完成体动词（如 elolvas 中的 olvas），则在进行体的句子中就必须省去动词前缀，如 (Éppen) olvastam (* el) a regényt, amikor kitört a zivatar［当暴雨来临时，我（正）在读（* 完）这本小说］。然而，当具有完成体意味的动词前缀除了体貌标记之外还有其他词汇层面的意义时，则就算是在进行体结构中也应作为指称性副词保留下来，这时被保留下来的动词前缀已失去其体貌意义，并常常与 - felé 后缀一同使用，如 (5)。除此之外，表示目标或方向的动词前缀还常常会带有一个目标补语，这时动词前缀和目标补语一起构成解释性结构，如 (5)。（参考文献 2 第 65 页）

（5） a. [$_{TopP}$ János$_i$ [$_{AspP}$ （éppen）[$_{Asp'}$ ment$_j$ [$_{VP}$ $t_i t_j$ fel （felé）]]] amikor a zivatar kitört］.

当暴雨来临时，亚诺什正好在往上（方）走。

b. [$_{TopP}$ János$_i$ [$_{AspP}$ （éppen）[$_{Asp'}$ ment$_j$ [$_{VP}$ $t_i t_j$ [fel a toronyba]]]，amikor a zivatar kitört］.

当暴雨来临时，亚诺什正好在往塔上走。

基弗（Kiefer, 1994a, 1994b）指出，只有语义透明的动词前缀才能被用作指称副词；当动词前缀语义不透明时，就不能采用 (5) 中结构构成进行体（参考文献 2 第 66 页），比如不可以说“* János (éppen) rúgott be, amikor haza vitte a felesége”［当他的妻子把他带回家时，亚诺什（正在）醉酒］。此外，匈牙利语中可用于进行体的动词不能是瞬间性的，而只能是延续性的，因而不可以说“* János éppen pillantott fel az újságból, amikor beléptem”（当我进门时，亚诺什正在从报纸中抬头看了我一眼）。

一个比较特殊的动词是 felolvas（朗读），它具有 [±完成体] 的双重特征。非完成体的 fel - 与 itt, ott, lent, fent, kint, bent 等地点副词类似，它们能将动词表达的状态在时空层面固定化，比如“A taxi ott állt a kapu előtt”（出租车在大门前面那里停着）。尽管在多数情况下这种地点副词都不是必需的，但当动词为 van 时它们却必须出现，因为 van 无法承受动词短语的起始重音（参考文献 2 第 67 页），比如不能说“* Az elnök képe van minden kirakatban.”，而只能说“Az elnök képe ott/kint/bent van minden kirakatban”（每个橱窗里都有主席的像）。

五、特殊句法结构中的动词前缀

(一) 分布量词短语 (DistP) 的影响

分布量词短语是述谓的一部分，也是位于比焦点短语和动词修饰语都靠前的述谓最左端的句法成分。然而并不是所有的分布量词都会被固定到这一位置上，因而基于不同分布量词的位置，动词前缀的语序也会有所变化。我们可以对匈牙利语的分布量词做如下分类（见表 1）：

表 1　匈牙利语分布量词及其句法位置

分布量词类型	句法位置	示例
全称量词	分布量词短语指示语	minden，mindegyik，valamennyi
存在量词	话题短语指示语/动词短语	vala－，néhány
正向存在量词	话题短语指示语/分布量词短语指示语	sok，számos，több mint，legalább
负向存在量词	焦点短语指示语	kevés，legfeljebb，pontosan
数量词＋名词短语	话题短语指示语/焦点短语指示语/动词短语	egy，kettő，három，négy
数量词＋名词短语＋is	分布量词短语指示语	három család is，két fiú is
…is，még…is（＝全称量词）	分布量词短语指示语	János is，még János is
名词－nél több	焦点短语指示语	háromnál több，négynél több

1. 全称量词和 is 短语

因为全称量词和 is 短语只能出现在分布量词短语的指示语位置上，所以它们后面的体貌短语就应该是“动词修饰语＋动词”的语序，即动词前缀在动词前面，如：

(6) a. [$_{TopP}$ Jánost [$_{DistP}$ mindenki [$_{AspP}$ meghívta]]].

所有人都邀请了亚诺什。[mindenki（所有人）是全称量词]

b. [$_{TopP}$ Éva szerencsére [$_{DistP}$ még Jánost is [$_{AspP}$ meghívta]]].

幸运的是爱娃连亚诺什也一起邀请了。(is 短语在逻辑上等于全称量词①)

① 萨博尔奇（Szabolcsi，1997）把这种 is 称为“标量 is”，其所表达的含义是所涉数目被认为是多的，而其字面含义“也”则可被忽略。这种 is 仅仅是使得数量词算子向焦点短语前的算子位置上移动的语法特征的实体化[2]108。

2. 不带 is 的数量词 + 名词短语

“不带 is 的数量词 + 名词短语”的结构与不定指名词短语类似，既能出现在话题短语中，也能出现在焦点短语和动词短语中。当其出现在话题短语或动词短语中时，对动词修饰语的语序没有影响；但当其出现在焦点短语中时，则后面的体貌短语应为“动词 + 动词修饰语”语序，如：

（7） a. [$_{TopP}$ Jánost [$_{FP}$ HÁROM CSALÁD hívta meg]] .
亚诺什被三个家庭邀请了。 [három család （三个家庭） 是焦点短语]

b. [$_{TopP}$ Három család [$_{FP}$ JÁNOST hívta meg]] .
三个家庭邀请了亚诺什。[három család （三个家庭） 是话题短语]

c. [$_{TopP}$ Jánost [$_{AspP}$ meghívta három család]] .
有三个家庭邀请了亚诺什。[három család （三个家庭） 在动词短语中]

3. 一般存在量词

一般存在量词不能出现在焦点短语或分布量词短语之中，而只能出现在话题短语或动词短语的位置上，因此其存在与否对动词修饰语的语序没有影响，如：

（8） a. [$_{TopP}$ Valaki [$_{AspP}$ meghívta Jánost]] .
有人邀请了亚诺什。 [一般存在量词 valaki （某人） 在话题短语中]

b. [$_{DistP}$ Minden diákot [$_{AspP}$ meghívott néhány család]] .
所有学生都被几个家庭邀请了。 [一般存在量词 néhány （几个） 在由动词短语移位得到的体貌短语中]

4. 正向存在量词

正向存在量词可以出现在焦点短语和分布量词短语位置上[2]107。当其出现在分布量词短语位置时，对动词修饰语的语序没有影响；当其出现在焦点短语位置时，动词修饰语应留在动词之后，如：

（9） a. [$_{TopP}$ Jánost [$_{DispP}$ sok/számos/több mint hat/legalább hat család [$_{AspP}$ meghívta]]] .

亚诺什被许多/数个/超过六个/至少六个家庭邀请了。

b. [$_{TopP}$ Jánost [$_{FP}$ SOK/SZÁMOS/TÖBB MINT HAT/LEGALÁBB HAT család hívta meg]] .

亚诺什被许多/数个/超过六个/至少六个家庭邀请了。

尽管 több mint 和 – nél több 两种比较级结构语义相同，但其句法位置却不同。前者既可以占据话题短语位置，也可以占据分布量词短语位置；而后者则只能占据焦点短语位置，如：

（10） a. [$_{TopP}$ Jánost [$_{DistP}$ több mint három család [$_{AspP}$ meghívta]]] .

亚诺什被超过三个家庭邀请了。

b. [$_{TopP}$Több mint három család [$_{AspP}$ meghívta Jánost]] .

超过三个家庭邀请了亚诺什。

c. [$_{TopP}$ Jánost [$_{FP}$ HÁROMNÁL TÖBB CSALÁD hívta meg]] .

亚诺什被超过三个家庭邀请了。

5. 负向存在量词

由于负向存在量词天生就带有 [+ 焦点] 特征，所以（与其他否定成分一样）应当占据焦点短语位置，并迫使动词修饰语滞留在动词之后，并且这一规则对否定副词同样适用，如：

（11） a. [$_{FP}$ KEVÉS FIÚ ette meg az ebédet] .

没几个男孩吃过午饭。[kevés fiú（没几个男孩）是负向存在量词]

b. [$_{TopP}$ János [$_{FP}$ ALIG értette meg az anyagot]] .

亚诺什几乎没把材料弄懂。[alig（几乎没有）是否定副词]

综上，量词对动词修饰语语序的影响共分为五种类型，如表 2 所示。

表 2　量词对动词修饰语语序的影响

量词类型	量词位置	动词修饰语语序
全称量词和 is 结构	分布量词短语指示语位置	动词修饰语 + 动词
不带 is 的数量词	话题短语或动词短语	无影响
	焦点短语	动词 + 动词修饰语
一般存在量词	话题短语或动词短语	无影响
正向存在量词	分布量词短语	无影响
	焦点短语	动词 + 动词修饰语
több，mint 结构	话题短语或分布短语	无影响
– nél több 结构	焦点短语	动词 + 动词修饰语
负向存在量词	焦点短语	动词 + 动词修饰语

（二）穷举副词 csak 的影响和疑问结构

与负向存在量词一样，匈牙利语的穷举副词 csak（只，仅仅）也天生带有［+焦点］特征，所以被它所修饰的成分一定是焦点短语，其后跟随“动词 + 动词修饰语”的语序。如：

（12）a.［$_{TopP}$János［$_{FP}$*csak* MARINAK$_i$［$_{VP}$ mutatta be t_i Pétert］］］.

b.［$_{TopP}$ János［$_{FP}$MARINAK$_i$［$_{VP}$ mutatta *csak* t_i be Pétert］］］.

亚诺什只向玛丽介绍给了彼得。

c.［$_{TopP}$ János［$_{FP}$PÉTERT$_i$［$_{VP}$ mutatta be *csak* t_i Marinak］］］.

d.［$_{TopP}$ János［$_{FP}$PÉTERT$_i$［$_{VP}$ mutatta be *csak* t_i csak Marinak］］］.

亚诺什只把彼得介绍给了玛丽。

在（12a – c）三句话中，斜体的 csak 所修饰的依然是焦点短语，这种现象称为“csak 滞后”；而在（12d）中第二个 csak 修饰的对象则是 Mari，其功能是表明 Marinak 也具有［+焦点］特征。当同一动词短语内部出现两个焦点成分时，其中一个就滞留在其原始位置上，而不会发生移位。

此外，csak 还可以作为体貌短语的附加语出现在无焦点句中体貌短语的左边位置上。此时，csak 的穷举识别是在一系列可相互替代的行为中实现的，而其识别值则由体貌短语中的行为所承担[2]94。须要注意的是，此时 csak 之后应为“动词修饰语 + 动词”语序，并且 csak 不能滞留到动词之后，如 [$_{\text{AspP}}$ Csak [$_{\text{AspP}}$ rácsapta János az ujjára a kocsiajtót]], más nem történt（亚诺什只是被车门挤到了手指，没发生别的）。

在有些情况下，csak 修饰的并不是主要词类，而是其他成分，如数词或程度副词。这些词类本身不是短语，所以不能移位至焦点短语位置。因而这种用法下的 csak 对动词修饰语的语序没有影响，如：

（13） a. [$_{\text{TopP}}$ [$_{\text{DP}}$ A *csak* 15 éves gyanúsítottat] [$_{\text{AspP}}$ letartóztatták]].
那个只有 15 岁的犯罪嫌疑人被关押起来了。（csak 修饰数词 15）

b. [$_{\text{TopP}}$ [$_{\text{DP}}$ A *csak* alig olvasható szöveget] [$_{\text{FP}}$ SOKAN [$_{\text{VP}}$ próbálták értelmezni]]].
许多人都尝试解读过这篇几乎无法读出的材料。（csak 修饰副词 alig）（参考文献 2 第 95 页）

疑问词也带有天然的 [+焦点] 特征，所以也应移位至焦点短语的指示语位置，并使后面的动词修饰语滞留在动词之后。然而在内嵌的是否问题中动词修饰语的位置则应在动词之前，这是因为这种小句在句法上是位于体貌短语内部的[2]99，如：

（14） a. [$_{\text{FP}}$ MIÉRT kapott János díjat]?
亚诺什为什么得了奖？

b. Nem tudom, [$_{\text{CP}}$ hogy [$_{\text{TopP}}$ Pétert [$_{\text{AspP}}$ bemutatta－e valaki Marinak]]].
我不知道是不是有人把彼得介绍给了玛丽。

（三）不定式群和助动词限制

在匈牙利语中，有一部分动词要求不定式短语做主目语，并配合一个空语类 PRO①，这种动词被称为控制动词②。控制动词大致可分为两类：主语控制动词和宾语控制动词。常见的主语控制动词和宾语控制动词如下所示：

（15）主语控制动词（主句主语被解释为内嵌 VP 的主语（参考文献 3 第 204 页）：

A 型：szeret，utál，imád，elkezd，megpróbál，elfelejt，fél，szégyell，habozik，igyekszik，siet 等；

B 型：szeretne，kezd，készül，próbál，kíván，óhajt，mer，szándékozik，tud 等。

（16）宾语控制动词（主句宾语被解释为内嵌 VP 的主语[3]204）：lát，hall 等。

主语控制动词与主句主语相关联，而宾语控制动词则与主句宾语相关联，如：

（17）a. János$_i$ megpróbál [$_{DistP}$ minden hétvégén [$_{AspP}$ moziba menni PRO$_i$]]．

亚诺什试着每个周末都去看电影。（megpróbál 是 A 型主语控制动词）

b. János$_i$ szeretne [$_{TopP}$ a gyerekeivel [$_{DistP}$ minden hétvégén [$_{AspP}$ moziba menni PRO$_i$]]]．

亚诺什想每个周末都和孩子去看电影。（szeretne 是 B 型主语控制动词）

c. [$_{TopP}$ János [$_{TopP}$ a gyerekeivel [$_{DistP}$ minden hétvégén [$_{AspP}$ moziba szeretne$_i$ [$_{VP}$ t_i menni]]]]]．

亚诺什每个周末都想和孩子去看电影。（szeretne 是 B 型主语控制动词）

d. Láttam a napot$_i$ [PRO$_i$ felkelni]．

---

① 指表层结构中的抽象成分，作为语音上是空语类的 PRO 在句法上代表一个不定式的逻辑主语[3]669。

② 指其后可以跟一个 VP 补语的动词。在管约论中，VP 补语假定具有一个称作 PRO 的非显性主语 NP[3]204。

我看见太阳升起来了。(lát 是宾语控制动词)

如（17a）所示，A 型主语控制动词把不定式短语当作主目语之一，并为其分配题元角色；而 B 型主语控制动词则要么为不定式短语分配题元角色（17b），要么与不定式短语一同为其他成分分配题元角色（17c）。除此之外，还有一些主语控制动词完全不能分配题元角色，如 fog，szokott，talál 等（参考文献 2 第 205 页）。凯耐塞伊（Kenesei，2000）把这类不能分配题元角色的动词称为助动词，而把那些既能用作主语控制动词又能用作助动词的动词称为半助动词（参考文献 11）。

在不定式句子中，动词不一定非与焦点成分或否定成分相邻，而还可以被动词修饰语间隔。事实上，在不定式句子中，“焦点/否定成分 + 动词修饰语 + 动词”的语序常常比“焦点/否定成分 + 动词 + 动词修饰语”的语序听上去更自然，如：

（18） a. Nem tudtam KIT meghívni.

我不知道邀请谁。[宾格疑问代词 kit（谁）是焦点成分]

b. Szeretnék CSAK KÉT TÁRGYBÓL dolgozatot írni.

我只想从两个话题当中写论文。(csak 短语是焦点成分)

c. Szeretnék nem megbukni.

我想不要挂科。（否定词 nem 之后用了“动词修饰语 + 动词”的语序）

在复合述谓中最多只能出现一个助动词（只能是限定动词）、一个或多个半助动词、一个可分配题元角色的实义动词（只能是不定式动词）。而当复合述谓中出现三个或四个成分时，在语序上则会表现出比较有意思的变化情况。

当句子中没有焦点或否定成分时，动词群的深层语序和表层语序是一致的，即位于句法结构最高层的限定动词（V1）排第一位，位于句法结构最低层的实义动词（V4）排最后一位，而 V2 和 V3 的语序则需依其语义进行排列。中性的语序是 V1 + V2 + V3 + V4。当实义动词带动词修饰语时，如果句中没有焦点短语或否定短语的话，动词修饰语就应处于动词群前面，这就是所谓的助动词限制（助动词不能承担短语重音）（参考文献 2 节第 206 页），如：

（19） A fogoly haza fog akarni próbálni szökni.

VM V1 V2 V3 V4

"俘虏想要试图逃回家。"

如果动词群前有焦点或否定成分的话，那么也有可能出现不同的反语序，但 * VM + V4 + V3 + V2 + V1 这样的语序是不存在的，如：

（20） a. A fogoly HIÁBA fog haza szökni próbálni akarni. （V1 + VM + V4 + V3 + V2）

b. A fogoly HIÁBA fog akarni haza szökni próbálni. （V1 + V2 + VM + V4 + V3）

c. * A fogoly hazaszökni próbálni akarni fog. （ * VM + V4 + V3 + V2 + V1）

由于"补足语 + 中心语"的语序是典型的词内语序，布罗迪（Bródy，2000）和基什（Kiss，1999）认为动词群的功能特征实际上与复合动词一样。巴托什（Bartos，1999）则认为（半）助动词可能具有［ + 后缀］特征，所以可以触发反语序。根据这种观点，上面例句中的语序实际上就是从 V1 + V2 + V3 + VM + V4 的语序中发展变化来的，其中动词修饰语 VM 和实义动词 V4 融合；然后，VM + V4 作为一个整体又与 V3 融合；最后，V3 又与 V2 融合。然而，V2 不能再与 V1 融合了，因为［ + 时态］和［ + 后缀］两项特征是互不相容的（参考文献 2 第 209 页）。

类似地，无人称形式的助动词和系动词也在助动词限制的影响范围内，因此在没有焦点或否定成分的句子中，动词修饰语必须移至助动词和系动词之前，而当句子中没有动词修饰语时，不定式动词自身就应移动到助动词和系动词之前，如：

（21） a. [$_{TP}$ Jánosnak [$_{DistP}$ mindkét lányt [$_{AspP}$ fel kell hívnia]]] .

亚诺什给两个女孩都得打电话。（动词前缀 fel – 移至无人称助动词 kell 之前）

b. [$_{TP}$ Jánosnak [$_{AspP}$ telefonálnia kell]] .

亚诺什必须打电话。（不定式动词 telefonálnia 自身移至助动词之前）

c. [$_{\text{TP}}$ A csirke [$_{\text{AspP}}$ ki van sütve]] .

鸡肉烤出来了。(动词前缀 ki－移至系动词 van 之前)

（四）命令式和虚拟式

匈牙利语动词前缀使用的最后一种特殊情况是命令式和虚拟式①的情况。在匈牙利语中，这两种式在形态上是相同的，但是在命令式中，动词本身承担焦点，动词前缀滞留在动词之后；而在虚拟式中，动词本身不承担焦点，所以表现在语序上就是“动词修饰语＋动词”的形式，如：

（22）a. [$_{\text{TP}}$CSUKD$_{\text{i}}$ [$_{\text{VP}}t_{\text{i}}$ be az ablakot]] !

关上窗户！（命令式）

b. Azért jöttem ide, [$_{\text{CP}}$ hogy [$_{\text{AspP}}$el$_{\text{i}}$végezzem$_{\text{j}}$[$_{\text{VP}}t_{\text{j}}t_{\text{i}}$ az egyetemet]]].

我之所以来这里，是为了读完大学。(虚拟式)

六、结语

本文以生成句法理论为框架，考察并分析了匈牙利语动词前缀的句法特征和语序规则。研究发现，匈牙利语动词前缀是动词修饰语中的一类，其他动词修饰语还包括光杆名词性宾语、目标或方位，光杆非施事主语，光杆动名词等。动词前缀的原始句法位置与其他动词修饰语一样，都位于述谓中动词后面的主目语位置上。

匈牙利语动词前缀的语序主要取决于焦点成分——主要包括否定短语、疑问短语、焦点化的动词主目语（如光杆名词、动词修饰语等）以及命令式中的动词本身等——的存在与否。在焦点成分之后采用“动词＋动词前缀”的语序，而在没有焦点成分的句子中则一般呈现出“动词前缀＋动词”的语序。此外，动词前缀的语序还会受到其他句法条件的制约，比如在表示穷尽意义的小品词 csak 后采用“动词＋动词修饰语”的语序，而在不定式结构中则是“焦点/否定词＋动词修饰语＋动词”的语序听上去更自然。

① 虽然传统教学语法中很少讲到虚拟式，但是在语言学研究中需要对命令式（felszólító mód）和虚拟式（kötőmód）加以区分。

在匈牙利语教学实践中，动词前缀的语序是贯穿语言习得始终的难点。本文作为笔者学士论文《从句法和语义角度对比匈牙利语和德语动词前缀》中的一个章节，或能从语言学专业角度为克服这一难点提供一些参考。

参考文献

1. 基什·É. 卡塔琳（Kiss É. Katalin）:《复合述谓构成策略与匈牙利语动词群》(*Strategies of Complex Predicate Formation and the Hungarian Verbal Complex*)，载于《跨越边界》(*Crossing Boundaries*)，凯耐塞伊（KeneseiIstván）编，阿姆斯特丹：约翰·本杰明出版公司，1999年版，第115—136页。

2. 基什·É. 卡塔琳（Kiss É. Katalin）:《匈牙利语句法学》(*The Syntax of Hungarian*)，剑桥：剑桥大学出版社，2004年版。

3. 戴炜华:《新编英汉语言学词典》，上海：上海外语教育出版社，2007年版。

4. 语言学名词审定委员会:《语言学名词》，北京：商务印书馆，2011年版。

5. 布罗迪·迈克尔（Bródy Michael）:《焦点与核查理论》(*Focus and Checking Theory*)，载于《匈牙利语研究5》(*Approaches to Hungarian* 5)，凯耐塞伊（KeneseiIstván）编，塞格德：JATE出版社，1995年版，第29—44页。

6. 布罗迪·迈克尔（Bródy Michael）:《镜像理论：完美句法中的句法表现》(*Mirror Theory: Syntactic Representation in Perfect Syntax*)，载于《语言学调查31》，2000年版，第29—56页。

7. 基弗·费伦茨（Kiefer Ferenc）:《体貌与句法结构》(*Aspect and Syntactic Structure*)，载于《句法学和语义学27：匈牙利语的句法结构》(*The Syntactic Structure of Hungarian: Syntax and Semantics* 27)，基弗（Kiefer Ferenc）、基什（Kiss É. Katalin）编，圣迭戈/纽约：学术出版社，1994年版，第415—464页。

8. 基弗·费伦茨（Kiefer Ferenc）:《匈牙利语体貌系统的特殊之处》(*Some Peculiarities in the Aspectual System of Hungarian*)，载于《时态、体貌与行动：基于经验和理论的语言类型学研究》(*Tense, Aspect and Action: Empirical and Theoretical Contributions to Language Typology*)，C. 巴赫（C. Bache）、H. 巴斯布尔（H. Basbøll）、C. E. 林伯格（C. E. Lindberg）编，柏林：德古意特出版社，1994年版。

9. 巴托什·胡巴（Bartos Huba）:《动词群与形态－句法融合》(*Verbal Complexes and Morpho-syntactic Merger*)，论文呈于荷兰语－匈牙利语研究中心动词簇研讨会，厄泰维尼，1999年10月。

10. 萨博尔奇·安娜（Szabolcsi Anna）:《辖域界定策略》(*Strategies for Scope Taking*)，载于《辖域界定方法》(*Ways of Scope Taking*)，萨博尔奇编，多德雷赫特：克鲁维尔出版公司，1997年版，第109—154页。

11. 凯耐塞伊·伊什特万（Kenesei István）：《匈牙利语中有助动词吗?》（*Van-e segédige a magyarban?*），载于《匈牙利语动词搭配结构》（*Igeivonzatstruktúrák a magyarban*），凯耐塞伊编，布达佩斯：奥西里斯出版社，2000 年版，第 157—196 页。

语言与民族身份的建构及流变

——以复兴时期的保加利亚为例

林温霜

（北京外国语大学欧洲语言文化学院）

提　要：本文旨在以保加利亚的语言发展演变为例考察语言在民族身份认同的建构以及流变过程中的作用。重点论述语言如何帮助一个民族确立“自我”与“他者”的对立形象；民族精英们怎样使用语言这一工具捍卫本民族的政治诉求；方言的标准化与民族身份认同的关系。本文采用跨学科研究的方法，用国际政治的建构主义理论解读语言如何影响以及充当民族身份建构的工具。

关键词：民族身份；建构主义；标准语；方言；流变

Language and National Identity's Construction & Fluidity

—A Case Study of Bulgaria in the National Revival

LIN Wenshuang

（School of European Languaqes & Cultures, Beijing Foreign Studies University）

Abstract: This paper aims to examine the role of language in the construction and fluidity of national identity, choosing the evolution of the Bulgarian language in the National Revival as case study. An interdisciplinary research approach will be applied to elaborate how language helps a nation to establish the oppositing "Self" and "Other" image; the relationship between standardized dialect and nationalism; and how national elites utilize language as a means to defend the nation's political claims.

Keywords: national identity; constructivism; literary language; dialect; fluidity

语言是什么？如果回答“语言是人与人之间互相交流，自我表达的工具”，那就大大低估了语言的社会功能。正如博纳德·斯波斯基所说：“语言是人类身份认同的一个重要特征。当我们听到某人说话，我们就能立即判断其性别、受教育程度、年龄、职业以及出生地。除了这些个人属性，语言还是国家和民族身份的最有说服力的象征。”① 洪堡特则将语言定义至灵魂的高度：“语言是人的头脑的外在表现形式。语言即灵魂，灵魂即语言。”② 如果将洪堡特的这一定义推而广之，我们可以说：民族语言是一个民族的灵魂，这个民族的灵魂就是它的语言。

赫尔德（Johann Gottfried Herder）在他的著作《论语言的起源》（*Treatise on the Origin of Language*）中强调：人类分为若干民族，这些民族早在起始阶段就表现出明显的差异性。语言促使本民族以一种不同于操其他语言的民族的方式将世界概念化。③ 当代民族主义研究者乔治·怀特认为语言和宗教，作为一个民族的核心属性，是划定和重新划定民族国家边界的依据。怀特还认为，中东欧的民族，尤其巴尔干的南部斯拉夫民族（包括塞尔维亚和保加利亚），利用语言和宗教定义他们的民族身份，而不是反其道而行。④

对于一个民族而言，民族身份认同是当今所有形式的集体身份认同中最普遍且最有力的一种。史密斯断言：“民族身份是现今集体身份认同的主要形式。无论个人情感如何，民族身份都提供着占主导地位的文化和身份的判断标准，是政府的唯一准则和社会经济活动的焦点。”⑤ 语言、历史、文化、宗教等都是形成民族身份认同的要素，尤其语言作用力最强。那些使用同一种语言的人通常倾向于视彼此为“自群体成员”（in-group member）。然而，民族身份并非一旦确立，就一成不变了，它在社会进程中，因为外部（国际）环境的变化或自群体出于政治或经济的目的得以改变和再造。在民族身份的流变中，语言扮演着推动力和工具的双重角色。

---

① Bernard Spolsky. “Second - language learning”, J. Fishman. *Handbook of language and ethnic identity*. Oxford: Oxford University Press, 1999, p. 181.

② W. Humboldt. *Linguistic Variability and Intellectual Development*. Coral Gables, Miami: University of Miami Press, 1971, p. 24.

③ Sue Wright. *Language Policy and Language Planning*, New York: Palgrave Macmillan, 2004, pp. 32 - 33.

④ G. W. White. *Nationalism and Territory: Constructing Group Identity in Southeastern Europe*. Lanham: Rowman & Littlefield Publishers, 2000, p. 8.

⑤ Smith Anthony. *National Identity*. London: Penguin, 1991, p. 70.

一、语言——建构“自我”和“他者”身份的工具

自我（Self）和他者（Other）作为两个对立的身份形象，最初是泰弗尔（Henri Taifel）和他的弟子特纳（John Turner）在其创立的社会认同理论（Theory of social identity）中提出的。“自我”是对“我是谁”的认知，是对与自己有相同性、一致性的“群我”（Us）的认知。与对一致性的群我认知相对的，是对群他（Them）差异性的认知。无论是真实的或想象中的，群我的存在要求群他的存在。换句话说，自我认同的建构产生于同他者的关系之中，如何确立他者的身份对自我身份认同产生直接的影响。同时，自我是一个“主我”（I）和“宾我”（me）的综合体，“宾我”作为我在其他人眼中的形象而对我如何认识和看待自己产生影响。

温特（Alexander Wendt）在他的建构主义教科书《国际政治的社会理论》（1999）中指出，在国际政治体系中，自我和他者之间的角色关系分为三种——敌人、竞争对手和朋友。“在决定自我和他者之间使用暴力的角色关系范畴中，敌意处于一端，它与对手和朋友分属不同的类别。这三种位置构成了社会结构，因为它们是基于对他者的再现，自我姿态正是根据这种再现而界定的。”① 当一个国家或民族确定了另外一个国家或民族与自己的角色关系时，会将这种角色内化于它的身份和利益中。换句话说，就是在确定他国为敌人、竞争对手还是朋友的同时，完成对本民族的身份建构，也确定符合这种身份建构的民族利益。

语言在这一身份建构过程中承担着重要的角色。以复兴时期②的保加利亚为例，因为长达近500年（1396—1878年）的奥斯曼帝国的统治与奴役，保加利亚人将土耳其人视为“敌人”，而把遭受同样异族统治的巴尔干其他民族，以及同为斯拉夫民族的俄国人当作“朋友”。这种角色关系的定位体现在语言中就更为复杂。君士坦丁堡沦陷（1543年）后，保加利亚教会也丧失了独立性，开始接受由希腊人控制的君士坦丁堡东正教会的管辖。之后，

① 亚历山大·温特著，秦亚青译：《国际政治的社会理论》，上海：上海人民出版社，2008年版，第256页。

② 1762—1878年，保加利亚人民风起云涌地反抗奥斯曼帝国的奴役和统治，并最终获得民族独立，史称“复兴时期”。

作为原教会用语的古保加利亚语被希腊语取代，其在官方文献中的使用也受到限制。因此，对于当时的保加利亚人而言，土耳其人是“政治上的敌人”，而希腊人则是“文化上的敌人”。希腊语被称为“文化侵略者的语言”。在这种背景下，启蒙的民族主义者们把消除希腊语影响，保护保加利亚人使用本民族语言的权利作为民族复兴运动的首要任务。希伦达尔斯基（Paisii Hilendarski）在他的里程碑式的著作《斯拉夫保加利亚史》（*Istoriya Slavyanobolgarska*，1762）中激励保加利亚人珍视他们的历史，学习他们自己的语言，并义正辞严地质问：“为什么你们羞于称自己为保加利亚人，不读也不说你们自己的语言？”①

在确立与希腊语的敌对关系的同时，与斯拉夫语的亲缘关系也确定下来。从希伦达尔斯基的《斯拉夫保加利亚史》一书的题目，就可以清晰地判断出这位复兴运动的开山鼻祖强调保加利亚人的斯拉夫身份属性，并以此对抗政治和文化上的双重异族统治的意图。从族源上看，保加利亚人主要由色雷斯人、斯拉夫人和保加尔人构成。色雷斯人是罗马帝国统治时期保加利亚的原住民；保加尔人建立了早期的保加利亚国家；斯拉夫人在公元7世纪到8世纪由北向南迁徙至保加利亚，并用他们的语言和文化同化了当地的其他两个族群。因此，对斯拉夫语言和文化的认同是为了将保加利亚人在文化上同希腊人、政治上同土耳其人区别开来，对保加利亚人的自我和他者的身份确立起了决定性的作用。

逐步消除希腊语影响的过程，也是民族精英们建立保加利亚民族身份认同的过程。在这一过程中，保加利亚本民族语言的地位得到提升。希伦达尔斯基提出的“为了简单的保加利亚人将保语简单化”的思想顺应了当时的社会经济发展状况，因而迅速得到了民族主义者的呼应，掀起了确立现代保语书面语标准的激烈讨论，成为保加利亚民族意识觉醒的标志。因此可以说，使用本民族语言的文化诉求推动了民族主义者要求民族独立与解放的政治诉求；或者从相反的角度说，民族语言在民族复兴运动中充当了塑造民族身份认同的工具。

二、标准语——“拥有军队的方言”

在对“语言”（即一个国家或一个民族的“标准语”）和“方言”进行

---

① Paisii Hilendarski. *Slavonic – Bulgarian History*. Sofia：Damyan Yakov，2006，pp. 41 – 42.

定义时，社会语言学家主张将“相互理解性”作为判断语言或方言的标准；而历史语言学家则以“历史发展关系”为标准界定语言和方言。但在实际操作中，判别语言和方言的标准往往是政治性和社会性的。或者可以说，任何语言都是方言，语言和方言的区分是主观的，是由社会习惯、声望权威认定的，更多情况下是按强权、弱势做人为的政治区分的。正如现代意地绪语语言学家魏因赖西（Max Weinreich）所言：“语言就是拥有陆军和海军的方言。”因此，多数语言学家的共识是语言与方言的区别在于是否达到一定程度的标准化（或书面化）。

一种方言在经过甄选、编纂，确定标准及规范后，就可以发展为语言。整个过程与民族主义密切相关，因为通常这个过程的参与者是民族精英、国家机器或教会代表。他们出于政治的考虑，选择能够强化其所属民族身份的方言作为母本，并在此基础上加工成为标准语。

现代保加利亚标准语（Bulgarian literary language）在希伦达尔斯基发出使用保加利亚人自己的语言的倡议之后，经过漫长而激烈的争论才逐步形成。最初争论的焦点集中在基准问题上，即以教会斯拉夫语（Church Slavonic）还是保加利亚的方言为基准建立标准语？教会斯拉夫语是在基里尔字母的基础上发展而成的一种教会文学语言；而保加利亚方言是中世纪开始出现并被当地人所接受和使用的口头语言。在这一问题的论争中，出现了三个流派：现代保加利亚学派倡导使用本土方言，斯拉夫保加利亚学派坚持沿用中世纪语言学的传统，教会斯拉夫学派则主张使用教会斯拉夫语为基准。最终现代保加利亚学派占据上风，形成了以方言为准的主流思想。诚然，语言学家们都认同一个事实，即教会斯拉夫语无论从词汇、语音及形态学上都具备形成标准语的条件，从实用角度说也无需耗费时间和精力对其进行过多的改造；而且在后来的标准语形成过程中，教会斯拉夫语的词汇的确被大量借用以弥补方言的语汇缺陷。但民族的精英们仍然选择需要大幅度改良的方言作为未来语言的核心，显示出对本土语言的无上尊重，也凸显了当时的保加利亚社会中认同纯粹的“保加利亚”民族身份，排除外来因素干扰的主流意愿。

但接下来选择哪一种方言为基础，又成为新一轮争论的焦点。粗略地说，出现了两种观点：第一种是综合多种方言的特点形成一个普遍的语言标准；第二种是在单一方言的基础上确立标准。达成的普遍共识是应选择语言纯度较高的方言，而纯度取决于语言中包含的外来语（主要是指希腊语和土耳其语）词汇的多少。很多作家[1]主张选择受外来语干扰较少的农民语言。现代保加利亚学派的代表人物阿普利洛夫（Vassil Aprilov）就鼓吹："我认为，我们的语言应当以一种更纯粹的、不被外来语影响的形式存在。这样的形式可以在农村，而不是城市里找到，因为农村只居住着保加利亚人，而城市中有很多奥斯曼人和希腊人。"[2] 这种观点折射出现代保加利亚语形成过程中对待外来语，特别是土耳其语和希腊语的决然态度，同时体现了对纯粹的保加利亚民族属性的认同感。但追求语言纯度的理想在实践中陷入了语汇贫乏的困境。作为一种折中手段，以希伦达尔斯基为首的语言学家们选择用教会斯拉夫语词汇替代外来词，达到"纯化"语言的目的。而到 19 世纪中叶，俄语则代替教会斯拉夫语成为保语词汇的主要来源。

然而，由于缺乏权威文化机构的统一规范，一直到 1878 年[3]，保加利亚境内语言的使用始终维持着多样化的状态，以哪种方言作基准也因为民族文化中心的不断迁移而悬而未决。最早的保加利亚文人，如希伦达尔斯基、里尔斯基（Neofit Rilski）、巴甫洛维奇（Khristaki Pavlovitch）等都来自保加利亚西部，因而西部方言的很多特点被广泛接受。19 世纪中期以后，随着中东部文人的不断涌现，如阿普利洛夫、拉科夫斯基（Georgi Rakovski）、钦都洛夫（Dobri Chintulov）、斯拉维科夫（Petko Slaveikov）、卡拉维洛夫（Lyuben Karavelov）、波特夫（Hristo Botev）、伐佐夫（Ivan Vazov）等，这些地区的方言又开始占据主导地位。1878 年以后，特别是 1885 年保加利亚公国与东鲁麦利亚统一后，现代保加利亚语的正字法、文法以及语音规范才逐步确立。尽管如此，方言仍然以其民族语言的身份优势，在现代保语的形成中起到积基树本的作用。

---

① 保加利亚复兴时期并没有严格意义上的语言学家，参与语言问题讨论的大多是启蒙的作家、教育家、思想家。

② Maria Todorova. Language in the Construction of Ethnicity and Nationalism: The Bulgarian Case. *Nationalities Affairs*, 2006, p. 15.

③ 1878 年，以俄土战争后签订的《圣斯特凡诺条约》为标志，保加利亚获得了民族独立和自治。

三、语言——见证民族身份的流变

温特在建构主义理论体系中，借鉴互动社会理论①，建立了一个一般的、进化型的身份形成模式，说明了身份怎样在社会进程中得以造就和再造。也就是说，民族身份并非在形成之后就保持不变，它在民族与民族、国家与国家之间的互动进程中发生变化，是流动的、不固定的。这一点并不难理解，因为在国际政治中，国家（或民族）总是利己的，建构利己身份的努力总是相当活跃的。这就促使国家行为体总是参照对手的角色重新定义自己的身份和利益，即重新界定自我和他者的界限。

具体到保加利亚，民族身份认同的改变就发生在同相邻的巴尔干民族以及俄国的角色关系变化的过程中。克里米亚战争（1853—1856 年）之前，保加利亚的启蒙者们强调的是与南部斯拉夫民族及俄国的同质性，即东正教信仰、斯拉夫文化和西里尔文字②，借此达到对抗“共同的敌人” 奥斯曼土耳其人的目的。这些同质属性正是保加利亚人对自我民族身份的建构。更为重要的是，与其他巴尔干民族的“共同命运”帮助形成了巴尔干“群我”的集体身份，正如温特所言，“敌人的敌人即是我的朋友”。同时，俄国因为文化上的相近性及其在巴尔干地区的政治和军事影响力而被保加利亚人认同为“哥哥”甚至“祖父”③。这种身份建构虽然不乏想象的成分，但对于正在觉醒的保加利亚民族意识而言，不失为一个有力的支撑。

然而，随着俄国在巴尔干地区的战略企图的不断暴露，加上“巴尔干联合”的思想遭遇到巴尔干各国利己的民族主义的抵制，保加利亚民族激进分子开始将战略重点由依靠外部支持和援助转向依靠本民族内部力量。民族身份认同开始发生变化。这一阶段中，先前被强调的同质属性因为形成了高度

---

① 互动论的基本观点是：身份及其相应的利益是习得而来的。然后，行为体根据有意义的他者对待自己的方式作出相应的反应，这种反应又加强了习得的身份和利益。这就是“反射评价”或“镜式反应”，因为这里的假设是：行为体对自己的看法是他们认为他者对自己的看法或“评价”的反映，是以他者为镜再现自我。

② 也称基里尔文字，普遍认为是公元 9 世纪由传教士圣西里尔和麦托迪为在斯拉夫民族传播基督教而创立的，是通行于斯拉夫语族大多数民族中的字母书写系统。

③ 被称为“保加利亚文学之父”的伊凡·伐佐夫的长篇小说《轭下》（1888 年）中，人们谈论俄国时均称“伊万爷爷”（Dyado Ivan）。

的相互依存而变得脆弱而危险。正如温特的解释："相互依存促成合作与集体身份形成的能力受到担心被他人利用这一心理现象的制约。……从极端观点来看，这意味着对于其他人要往最坏处想，以免对他们的信任会使他们得以在背后下毒手。但是即使国家考虑的是可能情景而不是最坏情景，也往往会低估长期合作的得益，因之减少自己对他国的依赖，并担心相对收益问题。"① 相互之间的不信任阻碍了巴尔干民族联合对抗奥斯曼帝国的决心，也让后者能够对前者分而治之。与此同时，由于担心被俄国利用和控制，保加利亚民族运动的领导者们开始谨慎限制对俄国的依赖。民族身份随之得以再造。此时，保加利亚的民族诉求已经超越了复兴运动初期要求教会独立、强调斯拉夫民族属性的阶段，开始渐渐淡化斯拉夫民族的同质因素，而将重心放在突出纯粹的保加利亚民族特性上。

保加利亚语的发展演变见证了民族身份的再造。概括地说，保加利亚语在保加利亚民族复兴时期经历了以下三个发展阶段：

第一阶段（1762 年—19 世纪 20 年代），限制和消除希腊语的影响，保留并强化语言的斯拉夫属性（如上文第一节所述）。

第二阶段（19 世纪 20—60 年代），确定现代保加利亚语的标准化应以方言为基准（如上文第二节所述），强化保加利亚本土语言的核心地位。

第三阶段（19 世纪下半叶），从语言纯化发展至纯语主义，即摒弃一切本质上不再有存在的必要性的外来词，包括教会斯拉夫语和俄语词汇。以博果洛夫（Ivan Bogorov）为首的纯语主义者②主张引用一些罕见的方言词汇或创造新语（neologism）来补充外来词留下的语汇空缺。纯语主义者们的努力使一些具有明显保语发音特色的口头语被纳入书面语范畴，但那些为替代存在已久的外来词而创造的新词则很少被接受。

费希特（Johann Gottlieb Fichte）的民族主义理论认为，民族身份取决于一个民族的语言纯度。从这一点上看，因为语言被视为保加利亚民族身份的灵魂，所以本国语和外来语之间的界限出现任何位移，都会影响甚至导致其民族身份的再造。当保加利亚尚处民族觉醒阶段时，语言承担着统一和聚合民族力量，维护本民族文化独立性并最终完成其政治目标的任务，这一任务

---

① 亚历山大·温特著，秦亚青译：《国际政治的社会理论》，上海：上海人民出版社，2008 年版，第 338 页。

② 纯语主义也称为语言保护主义，即一种语言保持方言的词汇、特征，避免受到外来语的影响。

需要借助外力（教会斯拉夫语和俄语）来实现；但在本国语言确立了较为稳固的地位之后，排除外来语言因素干扰（包括非斯拉夫的和斯拉夫语言），突出纯粹的民族特性就成为语言学家们追求的新的高度。

综上所述，语言是一种推动力，它凝聚并强化本民族的民族意识，增强民族成员之间的认同感，并在此基础上推动建立以本民族为主体的现代民族国家。同时，语言也是被国家或民族（尚未建立起民族国家的）行为体利用的，教育大众服从民族身份的再造，并为民族的现代化进程服务的工具。因此，可以毫不夸张地说，语言不单是沟通的媒介，更是一种意识形态的载体。

参考文献

1. Hilendarski, Paisii. *Slavonic – Bulgarian History*. Sofia: Damyan Yakov, 2006.

2. Humboldt, W. *Linguistic Variability and Intellectual Development*. Coral Gables, Miami: University of Miami Press, 1971.

3. Smith, Anthony. *National Identity*. London: Penguin, 1991.

4. Spolsky, Bernard. Second language learning. J. Fishman. *Handbook of language and ethnic identity*. Oxford: Oxford University Press, 1999.

5. Todorova, Maria. Language in the Construction of Ethnicity and Nationalism: The Bulgarian Case. *Nationalities Affairs*, 2006, 28: 7 – 31.

6. Wendt, Alexander. *Social Theory of International Politics*. Cambridge University Press, 1999.

7. White, G. W. *Nationalism and Territory: Constructing Group Identity in Southeastern Europe*. Lanham: Rowman & Littlefield Publishers, 2000.

8. Wright, Sue. *Language Policy and Language Planning*. New York: Palgrave Macmillan, 2004.

9. 亚历山大·温特著，秦亚青译：《国际政治的社会理论》，上海：上海人民出版社，2008 年版。

关注欧洲文坛

European Literature Studies

M. 克尔特雷斯库与罗马尼亚后现代主义文学

庞激扬

（北京外国语大学欧洲语言文化学院）

提　要：后现代主义文学是第二次世界大战之后在西方社会中出现的范围广泛的文学思潮，它的发展曾在20世纪70—80年代达到高潮。罗马尼亚后现代主义文学萌芽于20世纪60年代下半叶，并于80年代中后期引起文学界的普遍关注。因种种客观原因，罗马尼亚后现代主义文学的发展之路并不平坦。20世纪90年代开始，一个以前创作较为隐秘甚至呈地下状态的“80代”（Generaţia 80）作家群体及其作品大量涌现，他们秉承西方后现代主义的理念，却又有自己鲜明的创作特点，已成为当今罗马尼亚文学的生力军。作为“80代”作家群体中的一员，M. 克尔特雷斯库的作品广受赞誉，他对罗马尼亚后现代主义文学的发展起到了承上启下的作用，并被评论界誉为重要的罗马尼亚后现代主义理论家。

关键词：M. 克尔特雷斯库；后现代主义文学；罗马尼亚文学

M. Cărtărescu and Romanian Postmodernist Literature

PANG Jiyang

(School of European Languages & Cultures, Beijing Foreign Studies University)

Abstract: Postmodernist Literature is a wide range of literary trends after World War II in the West, and reached its peak in the 1970s and 1980s. Romanian postmodernist literature first emerged in the second half of the 1960s, and attracted extensive attention in the literary world in the late 1980s. Due to various reasons, Romanian postmodernist literature experienced unsmooth development. The 1990s saw the emergence of a group of writers known as "Generaţia 80" with a large number of works, who had remained quiet or even underground before then. This group of writers and their works not only bore a distinct feature of western postmodernism, but also had their own literary features, and they had become a vital force in Romanian literary world. As a member of the "Generaţia 80", M. Cărtărescu and his works became popular in the Romanian literary world. He played an essential role in the development of Romanian postmodernist literature, and was hailed by critics as one of the most important Romanian postmodernist.

Keywords: M. Cărtărescu; postmodernist literature; Romanian literature

一、前言

第二次世界大战之后，西方社会的社会生活发生了剧烈变化。一方面，战争阴影依然笼罩着世界，人们普遍怀有一种压抑感；另一方面，社会进入了一个高速发展的时代，技术高速发展，信息、媒介进入千家万户，改变了人们的思想和生活方式。过去的一切思想、理论全都遭到了怀疑。随之而来的是各种文化思潮、社会思潮的风起云涌，各种文化现象特征已表现为后现代主义特征。后现代主义文化、文学艺术的出现，都是同后现代社会的形成密不可分的。

后现代主义原本表现在文艺创作、批评等方面，但是很快就渗入其他文化领域，形成一股后现代主义文化思潮①。而后现代主义文学则是对后现代主义哲学、文化观的一种反映。在后现代主义文化中，哲学和文学的界限已不甚分明，哲学依靠文学，文学依靠哲学，相互阐释，互为补充②。

西方社会中后现代主义文学的发展曾在20世纪70—80年代达到高潮。无论在文艺思想还是在创作技巧上，后现代主义文学都是现代主义文学的延续和发展。不仅如此，后现代主义文学还是对现代主义文学的反叛和决裂。现实的消解，生存的失望，人的主体的解体，热衷于语言的游戏，反抗传统价值，发展极端的人本主义与科学主义，进而否定它们则大体反映了后现代

① 钱中文：《文学发展论》，北京：高等教育出版社，2005年版，第70页。

② 同上，第70页。

主义的文学思潮①。

在罗马尼亚，西方“后现代”的概念不仅影响了文学，还对其建筑、音乐、绘画等领域产生了极大的影响。相较于西方其他国家，罗马尼亚后现代主义文学起步稍晚，萌芽于20世纪60年代下半叶，并持续至今。② 与西方其他国家不同的是，自诞生之日起，罗马尼亚后现代主义文学的发展之路就较为坎坷，各种创作从地下状态直至公开化，就走了较长的一段时间，真正引起文学界的关注也在20世纪80年代中后期，当时许多著名的文学评论家，如罗马尼亚科学院院士E. 西米翁、L. 乔哥里耶等，纷纷在《文艺批评》(*Caiete critice*) 等期刊上发表文章，力图对罗马尼亚文学界的后现代主义做出定义，并对各界的评论持欢迎态度。20世纪90年代起，罗马尼亚后现代主义文学呈继续发展之势。

二、“80代”文学与罗马尼亚后现代主义文学

罗马尼亚在齐奥塞斯库统治时期，政治体制只青睐效劳于政治意识形态的主流文学。一大批出生在1950年前后、有着强烈个性、对高压下生存的残酷现实试图进行反抗的作家及其作品均不受文学界的重视，甚至遭到埋没。这些作家受西方文学思潮的影响，对新颖的先锋派美学产生兴趣并进行创作，在题材探索的同时，还热衷于文字的形式与风格。对他们而言，后现代主义不仅是一种创作手法，更是一种思想挑战，帮助他们在挑战传统文学、官方文学的同时，与当代欧美文学进行对话。随着他们在文学界影响的不断扩大，世人称这一批新生作家为“80代”作家（又被称为“穿牛仔裤的一代”），这一时期的文学也被称为“80代”文学。

“80代”文学与罗马尼亚后现代主义文学息息相关。“80代”作家秉承西方后现代主义的理念进行文学创作，并不断在实践中融入自己的特点，即作品反映现实，注重文本、实验性和后现代性。但因政治体制等种种客观原因，直到20世纪80年代，罗马尼亚后现代主义文学的创作活动基本上处于地下状态，并只在为数不多的文学社团和组织中隐秘进行。

---

① 钱中文：《文学发展论》，北京：高等教育出版社，2005年版，第74页。

② F. 巴斯库：《对后现代主义的阐释》，克拉约瓦：阿尤斯出版社，2012年版，第11页(Florentina Pascu. *Postmodernismul. O exemplificare*, Editura Aius, Craiova, 2012, p. 11)。

这些文学社团主要有“梦境社”“青年社”“Târgovişte 学派”“周一社”等；比较有影响力的后现代主义作家有 Ghe. 克拉丘、M. 奈德尔丘、M. 克尔特雷斯库、R. 彼得雷斯库、D. 维基、N. 达尼洛夫、S. 普雷达、V. 派德古雷斯库、V. 高恰等。值得一提的是，曾于 2009 年获得诺贝尔文学奖的罗马尼亚裔德国女作家赫塔· 穆勒（出生于罗马尼亚，1987 年定居德国）也曾是他们中的一员。1990 年起，这批作家日益活跃，成为了当代罗马尼亚文学的生力军，许多他们在过去几十年被查禁的文学作品也纷纷出版，这一现象直接反映了罗马尼亚政治体制向更为宽松的方向转变。如今，更多的新生力量还在崛起，罗马尼亚后现代主义文学在罗马尼亚文学史上的地位已经得到肯定，后现代主义作家付出的努力意义深远。

在秉承西方理念的同时，罗马尼亚后现代主义文学也有其个性鲜明的特点。作者通常强调要回归文本，转向“写作”自身；从认识论走向了本体论，注重展示人物的生存状况而非评价；避免像现代主义那样去痛苦地感悟内心自我，而是急于展示日常现实的荒诞，从而展示人生更深层次的痛苦等。①

在艺术手法上，罗马尼亚后现代主义文学常采用以下方法和技巧：作品内容被形式所替代，即被文体的语词、句法等修辞效果所替代；在诗歌创作中常常将叙事和抒情有机地糅合；创作时注重口语化表达；大量使用暗示、讽刺、模仿或滑稽模仿、拼贴和文字游戏以及其他互文形式等。

因此，在最早成立的文学团体“梦境社”中，成员倾向于浪漫主义梦境文学，尤其是超现实主义美学；“Târgovişte 学派”的成员创作的特点是强调主观性、偶然性并将游戏的态度带入创作中；“周一社”成员创作的最大特点是颠覆传统性等。

在罗马尼亚后现代主义文学越来越引起世人关注的同时，“80 代”作家群中有一个名字反复被当代评论界提及，这个人就是 M. 克尔特雷斯库。

---

① F. 巴斯库：《对后现代主义的阐释》，克拉约瓦：阿尤斯出版社，2012 年版，第 61 页（Florentina Pascu. *Postmodernismul. O exemplificare*, Editura Aius, Craiova, 2012, p. 61）。

三、M. 克尔特雷斯库与罗马尼亚后现代主义文学

（一）M. 克尔特雷斯库其人

M. 克尔特雷斯库（Mircea Cărtărescu）1956年6月出生于罗马尼亚首都布加勒斯特，是罗马尼亚当代著名的诗人、散文家、文学评论家及出版人，迄今为止已经发表的作品包括诗歌、随笔、散文、小说、学术专著等，在当今罗马尼亚学界广受赞誉。

作为罗马尼亚“80代”作家之一，M. 克尔特雷斯库1980年毕业于布加勒斯特大学罗马尼亚语言和文学系，1980—1989年在一所普通中学担任罗马尼亚语教师，后成为罗马尼亚作家协会职员，并担任《文艺批评》期刊的编辑。1991年起任教于布加勒斯特大学文学系，现为布加勒斯特大学文学系罗马尼亚文学教研室副教授。

在学生时代，M. 克尔特雷斯库就参加了由文学评论家O. S. 克罗赫莫尼恰奴于20世纪70—80年代在布加勒斯特大学组织的“青年社”，系统接触了西方的后现代主义的理论。毕业后与众多“80代”诗人加入了由著名文学评论家N. 马诺雷斯库于1977年组织成立的“周一社”，对后现代主义文学的认识和实践逐步加深。1999年他如期获得罗马尼亚文学博士学位，答辩题目即为《罗马尼亚后现代主义》。

M. 克尔特雷斯库的文学生涯起步很早。从1978年起，他就在“周一社”和《罗马尼亚文学》杂志上与同仁合作发表诗作；1982年，“周一社”出版的诗集《钻石天空》（*Aerul cu diamante*）就收录了包括M. 克尔特雷斯库、T. 高肖维伊、F. 亚鲁和I. 斯特拉坦在内的诗人的作品，这部诗集成了“80代”作家标志性的作品。

1980年，他在罗马尼亚书籍出版社出版了第一部个人诗集《灯塔、橱窗和照片》（*Faruri, vitrine, fotografii*）。随着个人经历和写作经验的逐年积累和加深，他的诗作开始源源不断地出版，包括《情诗》（*Poeme de amor*）、《所有一切》（*Totul*）、《爱情》（*Dragostea*）、《一无所有》（*Nimic*）、《黎凡特》（或译为《逃亡之旅》）（*Levantul*）等。

与此同时，M. 克尔特雷斯库还出版了许多长篇小说，包括《梦》（*Visul*）、《乔装打扮》（*Travesti*）、《怀旧》（*Nostalgia*）以及著名的长篇小说《令人晃眼》三部曲（*Trilogia Orbitor*）：《左翼》（*Aripa stângă*）、《躯体》

（*Corpul*）和《右翼》（*Aripa dreaptă*）等。

此外，他于 1999 年出版的评论性专著《罗马尼亚后现代主义》（*Postmodernismul românesc*）全面系统地介绍了罗马尼亚当代后现代主义文学，并总结和概括了其在罗马尼亚文学史上的地位和作用，他被当代评论界誉为“重要的罗马尼亚后现代主义理论家”①。

因其对罗马尼亚文学界所做的巨大贡献，M. 克尔特雷斯库迄今已获得罗马尼亚科学院、罗马尼亚作家协会、摩尔多瓦共和国作家协会、罗马尼亚文化部等重要机构及多家报社、期刊社颁发的多项奖项，并在法国、意大利也获过极大的荣誉。

目前，他的作品已被翻译成英语、意大利语、法语、西班牙语、波兰语、瑞典语、保加利亚语、匈牙利语、希腊语、俄语、丹麦语等多国语言，越来越多的读者开始认识他、喜爱他，并开始接触罗马尼亚当代文学，进而更好地了解了罗马尼亚。

（二）M. 克尔特雷斯库对罗马尼亚后现代主义文学所起的作用

M. 克尔特雷斯库对于罗马尼亚后现代主义文学的发展功不可没，起到了承上启下的作用，具体可从以下三个方面予以说明：

1. M. 克尔特雷斯库是后现代主义文学理论的忠实实践者

受西方文学思潮的影响，M. 克尔特雷斯库秉承后现代主义文学理论，并在其创作中不断实践。

首先他是坚定的本体论者，反对像现代主义者那样去痛苦地感悟内心自我，反对现代主义者的“表现论”。在他的学术专著《罗马尼亚后现代主义》中，他如此说道：“突出后现代主义和后现代性的联系要远比事物在现代主义中的进展重要，……相反，后现代主义艺术家更注重将他们的作品与日常生活接轨，与源自当今世界人种、宗教、政治等原因而造成的窘境接轨，这样一来，现代主义神圣的美学标准对于评判和衡量艺术作品的价值而言就明显不够用了，……”②

M. 克尔特雷斯库还为当今文化提出了一个极有价值的思想：“理想的人

---

① F. 巴斯库：《对后现代主义的阐释》，克拉约瓦：阿尤斯出版社，2012 年版，第 29 页（Florentina Pascu. *Postmodernismul. O exemplificare*, Editura Aius, Craiova, 2012, p. 29）。

② M. 克尔特雷斯库：《罗马尼亚后现代主义》，布加勒斯特：胡玛尼塔斯出版社，2010 年版，第 7—8 页（Mircea Cărtărescu. *Postmodernismul românesc*, Editura Humanitas, Bucureşti, 2010, pp. 7 - 8）。

早应死亡，这样，形形色色、复杂人等才可以展现在舞台上，如同现实社会一样。绝对价值早应瓦解，这样，产生于人群中的个体和群体价值才得以显现，这些价值往往不是永恒的，而是短暂且在特定环境下才有效。”①

与此同时，M. 克尔特雷斯库在创作中经常借鉴并模仿西方极具代表性的后现代主义作家的写作方法，在探索多样题材的同时，十分注重文字的形式和风格。

在 M. 克尔特雷斯库早期的作品——诗集《情诗》（*Poeme de amor*）中，就已经出现了大量后现代主义手法，如《歌剧之夜》（*O seară la operă*）这首诗主要运用了互文这一创作手法，人言己用。诗中描写了一个爱模仿别人的男人和一妇人之间的爱情二重唱，两人间相互表白的诗句均非作者的原创，而是作者模仿罗马尼亚著名诗人 L. 布拉加、T. 阿尔盖茨、D. 博林蒂尼亚努和 Al. 马切多斯基等的古典主义风格写成。

互文的创作手法在其代表诗作《黎凡特》中也很明显。《黎凡特》是 M. 克尔特雷斯库于 1990 年首次出版的一部后现代主义叙事诗。诗中描写了 18 世纪的一个年轻革命者在一群好友的帮助下展开了一段逃亡之旅，借以摆脱当时希腊贵族法那利奥特（Fanariot）王公的统治。作者直接借用了后现代主义文学奠基者——爱尔兰著名小说家詹姆斯 · 乔伊斯在其代表作《尤利西斯》某一章节的写作方法，运用了众多罗马尼亚著名诗人所采用的诗歌风格，这些诗人包括 An. 潘、M. 海利亚德、V. 亚力克山德利、T. 阿尔盖茨、I. 巴尔布、N. 斯德奈斯库等。作品令人叹为观止，他也因此作品于 1990 年获得了由罗马尼亚作家协会颁布的奖项。

而他的长篇小说《令人晃眼》三部曲就深受美国著名后现代主义小说家小托马斯 · 鲁格斯 · 品钦多部小说的影响。

2. M. 克尔特雷斯库对罗马尼亚后现代主义文学理论做了概括和总结

和通常意义上的思潮、流派不同，后现代主义文学无法依靠一个标准来定义或认同，它包容各种不同的标准，因而内部分支流派众多，各种思潮杂芜。事实上，后现代主义恰恰是因其缺乏严格分类的类型、多变性以及特意融合多种体裁而被定义。

---

① M. 克尔特雷斯库：《罗马尼亚后现代主义》，布加勒斯特：胡玛尼塔斯出版社，2010 年版，第 21 页（Mircea Cărtărescu. *Postmodernismul românesc*, Editura Humanitas, Bucureşti, 2010, p. 21）。

罗马尼亚后现代主义文学也是如此，评论家们众说纷纭。R. G. 采博舒将后现代主义文学定义为“一个回归的浪漫主义”①；而 M. 米合耶什则认为后现代主义文学是“一个更为现代的现代主义”②；M. 斯皮里东在她的《走出危机的神话》（*Mitul ieşirii din criză*）一文中，将后现代主义看成一个文化的神话而非其他③；E. 西米翁认为，在散文创作中，后现代主义文学主张使用文本主义，散文通常为自我反思型散文，重视段落并试图与读者建立一种新型的关系；N. 马诺雷斯库则认为后现代主义诗歌借鉴了现代主义诗歌的标准；而 I. B. 莱夫泰尔突出了后现代主义文学和罗马尼亚 20 世纪 60—70 年代实验文学之间的联系。除此之外，评论家们认为后现代主义还意味着游戏、融和、讽刺、修辞、自由幻想以及借用通俗的语言等。因此，如何科学地梳理并评价罗马尼亚当代文学，同时为之做出概括和总结，是摆在当今许多文学评论家面前的一大难题。

M. 克尔特雷斯库在他的《罗马尼亚后现代主义》一书中，对 20 世纪末罗马尼亚后现代艺术所涉及的领域做了全方位的诠释，包括哲学、历史、文化等方面，重点针对罗马尼亚的当代文学。《罗马尼亚后现代主义》也是一部重要的理论性著作，它从一个全新的角度对罗马尼亚文学做了勇敢的反思，这在罗马尼亚当代文学评论史上也是一个全新的尝试。

该书前三部分分别从本体论、认识论和历史经验论述了后现代性，后从特点、方向和代表人物三个方面论述了应属当今世界特殊文化现象的后现代主义，并介绍了罗马尼亚后现代主义文学的先驱者们；全书第四部分则展现了罗马尼亚近几十年来的文学概况，并将文学事件具体到了每一天，且从后现代角度加以分析。

《罗马尼亚后现代主义》的出版对罗马尼亚文学界的影响巨大，该书在 2010 年再版。评论界据此称 M. 克尔特雷斯库为“重要的罗马尼亚后现代主义理论家”④，并认为此书“全面展示了罗马尼亚后现代主义文学的概况”⑤，许多年轻人将此书看成研究并创作后现代主义文学的理论依据。

---

① F. 巴斯库：《对后现代主义的阐释》，克拉约瓦：阿尤斯出版社，2012 年版，第 18 页（Florentina Pascu. *Postmodernismul. O exemplificare*, Editura Aius, Craiova, 2012, p. 18）。

② 同上。

③ 同上，第 22 页。

④ 同上，第 29 页。

⑤ 同上，第 82 页。

3. M. 克尔特雷斯库为罗马尼亚后现代主义文学培养了新生力量

在个人文学创作不断取得丰硕成果的同时，M. 克尔特雷斯库借鉴他的前辈及同仁的榜样，努力在青年群体中将“80 代”文学——罗马尼亚后现代主义文学传承光大，同时也试图为这一文学领域注入新的活力。

1993 年，身为大学教师的 M. 克尔特雷斯库在布加勒斯特大学文学系创办“文学社”，旨在继承并发扬被当局于 1984 年解散的“周一社”的传统和理念。创办伊始，他极富特色的课堂教学方法以及新颖的文学研究方法就为这个社团吸引了众多大学生以及青年文学爱好者，至今已孕育并培养了许多新时代的诗人和散文家。

可以这么说，M. 克尔特雷斯库在罗马尼亚后现代主义文学领域起到了承上启下的作用，不仅他的文学作品被罗马尼亚评论界称为“真正的后现代主义文学作品”①，他的学术专著《罗马尼亚后现代主义》更被世人视为极具价值的后现代主义理论依据。

四、结语

后现代主义文化思潮是一种极为复杂的现象，目前这一思潮在西方已日趋衰落，但其影响力仍然极广②。因为它抓住了传统哲学、知识的弱点，并试图改变人们的思维方式。而这恰好迎合了那些想摆脱传统束缚，同时力图闯出新路的人的心理。罗马尼亚后现代主义文学也正是因为这个原因在 20 世纪 80—90 年代引起了众人的关注，各类作品在罗马尼亚文学界大放异彩。以 M. 克尔特雷斯库等为代表的后现代主义作家们秉承西方后现代主义的创作理念，在创作中又注入了自身鲜明的特点，作品表达了作家们对罗马尼亚特殊历史时期残酷现实的反抗，让曾经生活在那个年代的人们产生了强烈的共鸣。

然而后现代主义文化的特点又决定了它自身的局限性。首先，后现代主义文化日益走向非审美化，后现代主义文学反体裁的特点让小说日益抽象化，有的甚至晦涩难懂；诗歌丧失了音韵和表达的美感，只是作家写下的各种句子……这些让原本可以在文本和读者之间产生的意义和价值渐渐消失；其次，

① F. 巴斯库：《对后现代主义的阐释》，克拉约瓦：阿尤斯出版社，2012 年版，第 77 页（Florentina Pascu. *Postmodernismul. O exemplificare*，Editura Aius，Craiova，2012，p. 77）。

② 钱中文：《文学发展论》，北京：高等教育出版社，2005 年版，第 249 页。

后现代主义文化思潮又对传统采取全面颠覆的态度，从而将它自身引向极端的反理性主义与虚无主义。

如何客观地看待罗马尼亚后现代主义文学也应一分为二。首先，应肯定后现代主义文学在罗马尼亚文学史上的地位。可以这么说，后现代主义文学不仅在罗马尼亚文学史上意义深远，而且彻底改变了罗马尼亚的文学语言。但这一文学反体裁、全面颠覆传统等特点也会逐渐让读者迷失，纵使语言游戏玩得再新颖、离奇，一旦让人抛弃几千年文化积累起来的传统，最终也会让人一无所有，只能徘徊于茫茫的虚无之中。

鉴于罗马尼亚后现代主义文学发展的特殊性，“80 代”作家群体及其作品在欧洲也鲜为人知。中国文学界对这一群体的认识也是知之甚少，译介的作品寥寥无几。作为一个研究课题，关注罗马尼亚文学史上这一独特文学现象的发展方向，并对“80 代”这一群体及其作品进行系统研究，仍将是这一领域研究者们的主要目标和任务。

参考文献

1. Daniel Corbu. *Postmodernismul pe înţelesul tuturor*, Princeps Edit, Iaşi, 2004. (D. 高尔布：《人人都懂的后现代主义》，雅西：普林塞布斯出版社，2004 年版。)

2. Florentina Pascu. *Postmodernismul. O exemplificare*, Editura Aius, Craiova, 2012. (F. 巴斯库：《对后现代主义的阐释》，克拉约瓦：阿尤斯出版社，2012 年版。)

3. Ion Bogdan Lefter. 7 *postmoderni*: *Nedelciu*, *Crăciun*, *Muller*, *Petculescu*, *Gogea*, *Danilov*, *Ghiu*, Editura Paralela 45, Piteşti, 2010. (I. B. 莱夫特：《后现代主义七子》，彼特什蒂：纬度 45 出版社，2010 年版。)

4. Mircea Cărtărescu. *Postmodernismul românesc*, Editura Humanitas, Bucureşti, 2010. (M. 克尔特雷斯库著：《罗马尼亚后现代主义》，布加勒斯特：胡玛尼塔斯出版社，2010 年版。)

5. Mircea Cărtărescu. *Nostalgia*, Ed. a X – a, Editura Humanitas, Bucureşti, 2013. (M. 克尔特雷斯库：《怀旧》（第十版），布加勒斯特：胡玛尼塔斯出版社，2013 年版。)

6. Tudorel Urian. *Proza românească a anilor*' 90, Editura Albatros, Bucureşti, 2000. (T. 乌力安：《罗马尼亚 90 年代小说》，布加勒斯特：信天翁出版社，2000 年版)。

7. 刘象愚、杨恒达、曾艳兵主编：《从现代主义到后现代主义》，北京：高等教育出版社，2008 年版。

8. 马新郭主编：《西方文论史》，北京：高等教育出版社，2002 年版。

9. 钱中文：《文学发展论》，北京：高等教育出版社，2005 年版。

10. 童庆炳主编：《文学理论教程》，北京：高等教育出版社，2003 年版。

11. 王先霈、孙文宪主编：《文学理论导引》，北京：高等教育出版社，2005 年版。

卡达莱作品中的人名解读

马　赛
（北京外国语大学欧洲语言文化学院）

提　要：伊斯玛依尔·卡达莱是阿尔巴尼亚当代文坛最负国际声誉的作家，作为首届布克国际文学奖得主和多次诺贝尔文学奖候选人，他以深厚的语言造诣和对历史素材的巧妙利用深得读者的喜爱，而其在作品中对人名的选择也是诸多文学评论家关注的焦点。本文通过对卡达莱所著的《婚礼的队伍冻住了》中的什班德·布莱兹弗多赫蒂和《破碎的四月》中的柯律叶屈切的名字含义进行分析，结合评论家对《亡军的将领》一书中上校Z和妮察的多重解读，论证这些人名所具有的美学、历史、政治等多重作用。

关键词：卡达莱；人名解读；《婚礼的队伍冻住了》；《破碎的四月》

Interpretation of Names in Kadare's Works

MA Sai
(School of European Languages & Cultures, Beijing Foreign Studies University)

Abstract: Ismail Kadare is the most famous writer with worldwide reputation in the contemporary Albanian literature. As the winner of the inaugural prize of Man Booker International and a candidate for the Nobel Prize in Literature for several times, he grasps the readers' hearts by his linguistic attainments and proper use of historic materials. Meanwhile, the names that he chooses in his works are the focus of attention for many literary critics. Through the analyzation of the meaning of two names—Shpend Brezftohti in *The Wedding Procession Turned to Ice* and Kryeqyqe in *Broken April*, and based on multiple interpretations of Colonel Z and Nica in *The General of the Dead Army* by critics, this paper argues that these names mentioned above have multiple functions in aesthetic, historic, political and many other areas.

Keywords: Kadare; interpretation of names; *The Wedding Procession Turned to Ice*; *Broken April*

一、评论家笔下的卡达莱及其作品中的人物

2005 年，布克国际文学奖评委会主席约翰·凯里这样评价获奖者：“伊斯玛依尔·卡达莱描绘了完整的文化，包括它的历史、它的热情、它的传说、它的政治和它的灾难。他采用了传统的讲故事的方式进行创作，继承了荷马史诗的叙事传统，是一位博学多才的作家。”① 的确，作为成长并成熟于社会主义制度下，而后在 20 世纪 80 年代开始批判体制，并最终逃亡法国寻求政治庇护的作家，卡达莱笔下描述的从来不是简单的平面故事，借古喻今是他将作品变得立体和饱满的杀手锏。在他的作品中，一些看似平凡的情节、名称，往往包含着深刻的寓意。

因为人名不仅是某个人简单的称谓，更同这个人的民族身份认同紧密相连，故而名字使人具备了超越个人的属性——民族性，其基础即文化认同。这中间包含了对语言、文字、历史等领域的认同，而这三点恰恰是构成文学作品的要素。读者初读一篇小说，通常会将具有民族特色的传统名字理解为当地人，而将具有异域风情的名字视为外来者，可见对人物的命名实为作者于文本中向读者传递的第一个信息。以中国著名女作家张爱玲为例，在她的作品《倾城之恋》中，女主人公名为白流苏：流苏本意是一种下垂的以五彩羽毛或丝线等制成的穗子，而此物虽美，却柔弱随风飘荡，其中又夹杂了几分不安分，揭示了她颠簸、身不由己的无奈命途。作者在创作人物时，时常把人物的性格、命运一起揉进名字中，既给了读者一些暗示，又避开了平淡直白的表达，为作品增添了几抹神秘色彩。

在卡达莱的作品《H 档案》中，女主人公是副县长的夫人，她曾改过一次名字。“已经很久了，她将自己的东方名字穆卡戴兹改成了戴兹。大多数人

① 高兴：《在战争那无边的阴影中——卡达莱的长篇小说〈亡军的将领〉》，见《东欧文学大花园》，武汉：湖北教育出版社，2007 年版。

已经忘记了她最开始的名字……她总是通过名字来想象人的样子。”① 将穆卡戴兹简化为戴兹，名字的韵味顷刻间由东转西。在当时的社会，一个西方的名字更为时髦、洋气，改名一事也迎合了女主人公向往西方事物的虚荣心。通过对这一人物的刻画，卡达莱表达了他个人对待人名的看法。名字成为了人物内在的外化，包括了个体的性格、价值观和身份认同等多方面的特征，这三点又同美学、历史和政治领域息息相关。

《亡军的将领》是令卡达莱收获巨大成功的第一本书，此前便有诸多文学评论家对这本书中妮察（Nicë）和上校 Z 的名字进行过多种解读。故事是围绕着一位意大利将军展开的，在一位神父的陪同下，他奉命来阿国找回二战时阵亡的意大利士兵在阿的遗骸，其中特别要找到上校 Z 的尸骨，后者生前是将军的好友，战争期间在阿国一个小村庄失踪了。将军与神父误打误撞参加了一场阿族婚礼，其间一位名为妮察的老妇人将一个装有上校 Z 尸骨的麻袋扔在二人面前。将军既震惊，又在得知上校所作所为后感到耻辱。原来，Z 是因为奸污了妮察的女儿，导致后者跳井自杀后，被妮察所杀。在山中行进时，将军假装不小心将 Z 的裹尸袋踢下悬崖，借此摆脱自己内心对他的厌恶。小说的结尾，将军带着同胞的遗骸和他们不为人知的历史回到了意大利。作家艾莉卡·威兹曼认为，妮察可能暗指 Nike，也就是胜利。② 这一人物实际上是阿尔巴尼亚人勇敢与不可战胜的代名词。对于 Z 的含义，批评家则有不同理解，威兹曼从 Z 的发音进行了解读，Z 在阿语中的发音同 *zë*，后者意为“声音”，即“一种单一的叙述在小说内减弱甚而消除（生者或死者）对抗的声音，从死亡与历史的沉默中为将军的任务赋予意义”。③ 除此，柯静提出了另一种观点，Z 在美音中发［zi:］，这个发音对应了阿语中的 *zi*，是代表死亡的黑色，因此上校 Z 也可以被解读为死亡上校，④ 呼应了文本中上校的命运。

参照上述对卡达莱作品人名的分析，本文将从美学、历史和政治的角度，

---

① Ismail Kadare. *Dosje H.* Vepra 19. Tiranë：Onufri，2009. p. 19.（伊斯玛依尔·卡达莱：《H 档案》，地拉那：奥努弗里出版社，2009 年版，第 19 页。）

② Nike 是希腊神话中的胜利女神。

③ 转引自：柯静，*The Four Others in I. Kadare's Works—A Study of the Albanian National Identity*（《伊·卡达莱作品中的四个他者——阿尔巴尼亚民族身份认同研究》），北京：外语教学与研究出版社，2014 年版。

④ 同上。

对《婚礼的队伍冻住了》和《破碎的四月》这两部作品中的人物名字进行解读。

二、《婚礼的队伍冻住了》中的什班德·布莱兹弗多赫蒂

《婚礼的队伍冻住了》写于1981年，同年，科索沃的阿族人要求在南斯拉夫国内建立一个独立的共和国，在由此发生的冲突中，许多阿族学生被捕，数十人被枪杀。小说便是在这一背景下创作的，成为了卡达莱在第一时间对杀害无辜学生这一罪行的严酷抨击；然而由于阿政府不愿干预此次事件的态度，作品直到1986年才得以出版。书的名字来源于阿尔巴尼亚神话：传说在山中、森林里和平原上，生活着乐于助人、惩恶扬善的仙女，如果她认为一门亲事不会幸福美满，便会施展魔法把婚礼队伍"冻住"，阻止这门婚事继续进行。从作品的创作背景看，科索沃的阿族人和塞族人便是婚礼的双方，而"冻住"的原因则是发生在科索沃的民族主义罪行。1980年，南斯拉夫领导人铁托的去世引发了各民族与共和国对联邦的存在及对"兄弟团结与友爱"政策的恐慌。次年，科索沃阿族人游行示威，要求将科索沃从自治省升为南联邦共和国。发生在三四月的学生游行被党的领导人斥责为反革命运动，数十人被杀，上千人被判入狱。贝尔格莱德方面开始实行宵禁。同年的七八月，南联邦开始了对科索沃共产党领导层的清洗和分化。

结合书名与当时的政治环境进行考量，卡达莱在作品中充分展现了他给人物起名的功力。什班德·布莱兹弗多赫蒂（Shpend Brezftohti）是科索沃文学院的学生，参与了1981年要求宣布科索沃为共和国的示威运动。上学时，他同一位塞族姑娘相爱，作者对阿族男孩与塞族女孩这一情节的设计恰恰对应了书名中所描述的那场婚事——不被接受和祝福，以失败告终；而什班德和塞族姑娘也分别是当时科索沃的阿族人和塞族人的缩影。什班德姓布莱兹弗多赫蒂，这一姓氏的选用非常巧妙。布莱兹弗多赫蒂（Brezftohti）是由阿语词"*brez*"和"*i ftohtë*"构成的。在阿语词典中，"*brez*"一词有五个释义，第三个是"条带状的表面或空间，经线或纬线间所构成的地球表面的一部分"；① "*i ftohtë*"则

① *Fjalor i Gjuhës Shqipe*. Akademia e Shkencave e Shqipërisë, Instituti i Gjuhësisë dhe i Letërsisië. Tiranë, 2006, p. 109.（《阿尔巴尼亚语词典》，地拉那：阿尔巴尼亚科学研究院，语言学和文学研究所，2006年版，第109页。）

有“冰冷的、寒冷的”之意。两个词合在一起则代表了“冰冷的地带”。科索沃作为阿塞两族的分界点和 1981 年冲突爆发地点，就是这个姓氏所指。*brez* 还有一个义项表示“一代人”，由于铁托的去世，这一代人受到政治气候影响，变得冷漠，成为了那个时代的牺牲品，故结合 *i ftohtë*，也可作“冷漠的一代人”理解。

由于作品讲述的是 1981 年科索沃的政治事件，人物名字所具有的民族性因此更加突出。什班德·布莱兹弗多赫蒂（Shpend Brezftohti）是一个传统的阿族名，什班德在阿语中有“鸟儿”的意思，象征了自由与和平；结合上文对 Brezftohti 这一姓氏的分析，这个年轻的科索沃学生极具阿族特色的姓名体现了他作为阿尔巴尼亚人的身份认同。相比之下，在《亡军的将领》中人名的身份则刚好相反，卡达莱选择用字母 Z 代替上校的名字。上校是一名意大利军人，阿族名与其民族身份显然不符；而选择一个姓名首字母 Z 来代替全名，则充分体现了人物的外族特征。作者在这两处人名的选择，也说明了人名同民族身份认同的紧密联系。

在《婚礼的队伍冻住了》一书的结尾，什班德·布莱兹弗多赫蒂死于 1981 年 4 月的冲突中，作者用死亡结束了 Shpend Brezftohti，这只象征自由和平的鸟儿在冰冷地带的飞翔，令这个悲情又唯美的名字传达了作者自己的政治观点，科索沃的和平并未到来，阿塞两族的冲突仍在继续。

三、《破碎的四月》中的柯律叶屈切

卡达莱的《破碎的四月》于 1980 年出版，是围绕《卡农法典》① 中的“信义”这一主题展开的。故事发生在阿尔巴尼亚北部山区，描绘了一名年轻的山民因为家族背负血债而必须向仇家复仇的悲惨命运。主人公无法摆脱宿命，3 月 17 日，他射杀了杀害他哥哥的柯律叶屈切（Kryeqyqe）家的成员；而根据《卡农法典》，从 4 月 17 日起，他就开始了逃亡的命运，躲避对方的复仇。因此，他的 4 月是破碎成两半的，一部分是安全的，闪烁着生命的光芒；而另一部分却灰暗无边，毫无希望。最终，仇家 Kryeqyqe 成功复仇，杀死了主人公，将血仇继续传向了下一代人，主人公的死亡成为了新一轮杀戮

---

① 《卡农法典》是阿尔巴尼亚习惯法，形成于中世纪，主要在阿北部、科索沃南部等地使用，信义为其三大支柱之一，另两个是客人和血仇。

的开始。

作品的创作源于当时阿共产党领导人霍查对《卡农法典》的大力打击。由于《卡农法典》在阿北部山区常年占统治地位，阻挠了当时政府对该地区的掌控，因此卡达莱的作品迎合了当时的政治需求，将《卡农法典》描绘成残酷血腥的、等同于资本主义的机制，揭露其对人民的剥削和毒害。

书中主人公的仇家是柯律叶屈切家族。“Kryeqyqe”这一姓氏由“*krye*”和“*qyqe*”两个词构成。“*Krye*”本意为“头部”，也可表“思想，根植于头脑中由父辈代代相传的观念”；“*qyqe*”在阿语词典中的主要释义有两个：“黑灰色羽毛的迁徙类鸟儿，声音哀婉，孵卵寄生”和“独身的不幸女人”。[①] *qyqe* 即杜鹃，亦称子规，汉语中有“杜鹃啼血”的用法，可见在阿汉文化中，杜鹃鸟都是不幸的象征。柯律叶屈切家族的姓氏，可以被解释为“将死亡和引发不幸的观念代代相传的家族”。

“两个家族的复仇已经有了 44 座坟茔。这种残酷性在什么地方呢？其实并不在于失去了多少生命，而是在于死亡已经规则化，法典化。……整个法典在被构思的时候就被认为是互为因果的，一个导致另一个，无暇诞生血腥，血腥诞生无暇，周而复始，代代相传。”[②]

结合柯律叶屈切家的命运，对这一姓氏的选择也预示了他们将经历的悲剧。一代代的人被仇恨所支配，经历一次次的死亡，他们生命的全部意义便是复仇，只有放弃复仇的权利才能终止无尽的流血。但在《卡农法典》的制约下，人们的思想受到体制的禁锢，代表了死亡和不幸的血仇代代相承，家族之间的仇恨无休止地延续。

不同于《婚礼的队伍冻住了》，《破碎的四月》中 Kryeqyqe 姓氏虽然也是传统的阿族名，但目的并不是为了突显人物的阿族身份，而是为描述在特殊的历史时期，阿人所经历的不幸和苦难，也表达了作者对当时体制的抨击。这个姓氏的设计体现了姓名在历史和政治领域的作用。

---

① *Fjalor i Gjuhës Shqipe*. Akademia e Shkencave e Shqipërisë, Instituti i Gjuhësisë dhe i Letërsisië. Tiranë, 2006, p. 885.（《阿尔巴尼亚语词典》，地拉那：阿尔巴尼亚科学研究院，语言学和文学研究所，2006 年版，第 885 页。）

② 刘恪：《让四月说出真相——评卡达莱的长篇小说〈破碎的四月〉》，载《世界文学》，2007 年第 5 期。

四、结语

人名的多层含义一方面带给读者在阅读中对文学之美的享受，另一方面也为读者提供了从不同角度深入解读文本的可能性，就像谈到莎士比亚的作品时，我们常常提到“一千个读者就有一千个哈姆雷特”一般。

卡达莱作品中人名所具备的多层含义为读者带来的最直观的感受是文学上的，因为“每一件物体，或是每一类物体，都只有根据它是什么，或主要是什么，才能最有效和最合理地加以利用。只有当该物体的主要作用已经消失，它的次要作用才会凸显出来”。[①] 对于一个名字，一个阿语词，其首要作用当是为文本服务，也就是说，这个名字对于特定人物必须是恰当的、合乎角色设定的。

除了文学作用，人名的多层含义还同诸多领域有关。人名学在文学作品中具有政治作用，可以或直接或间接地传递政治信息。布莱兹弗多赫蒂（Brezftohti）这一姓氏是对科索沃阿塞两族间政治形势的暗喻，而妮察（Nicë）揭示了阿尔巴尼亚面对外来入侵者终将取得胜利的事实。因卡达莱在阿尔巴尼亚转轨后对共产主义体制的批判，其20世纪90年代后的作品，中西方名字的出现频率要远高于之前，如《四月的冷花》里的马克（Mark）、《鹰》中的马克思（Maks）与安娜（Ana）等，这体现了作者政治倾向的转变。此外，对于阿尔巴尼亚这样多宗教并存的国家，人名也具有浓厚的宗教特色。比如乔恩（Gjon）或者杰尔什（Gjergj）一类的名字通常是阿北部山区的天主教徒，而阿卜杜拉（Abudulla）则是一个典型的穆斯林名字。卡达莱在《城堡》一书中使用了大量的穆斯林名字称呼土耳其士兵，而《三孔桥》中的天主教修士则选了乔恩（Gjon）这个名字。倘若与民族、宗教、政治等功利目的都无关的话，文学中的人名也可以单纯地体现作家的偏好。阿学者戴菲克·查乌士在《卡达莱的人物词典》中提到，“卡达莱作品中叫玛丽（Marie）的人物多达10个，这是作家最常用到的名字。”[②] 遗憾的是，查

---

① 译自 Rene Wellek & Austin Warren, *Teoria e letërsisë*. Tiranë：Onufri, 2007, p. 27.（威力克、瓦伦：《文学理论》，地拉那：奥努弗里出版社，2007年，第27页。）

② Tefik Çaushi. *Kadare – Fjalor i personazheve*. Tiranë：Shtëpia botuese enciklopedike, 1995, p. 19.（戴菲克·查乌士：《卡达莱的人物词典》，地拉那：知识出版社，1995年版，第19页。）

乌士对此并没给出解释。

从前文对人名的分析，可以看出卡达莱在人名选择上的巧妙安排。作为阿尔巴尼亚最负盛名的作家，卡达莱在他的小说世界里精心设计了人物的名字，从妮察（Nicë）、上校 Z，到什班德·布莱兹弗多赫蒂（Shpend Brezftohti）和柯律叶屈切（Kryeqyqe），在这几个角色身上，作家展现了作品中人名在美学、历史、政治等多领域的作用，也在细微处为读者带来极大的文学享受。

参考文献

1. Çaushi, Tefik. *Kadare – Fjalor i personazheve*. Tiranë: Shtëpia botuese enciklopedike, 1995.（戴菲克·查乌士：《卡达莱的人物词典》，地拉那：知识出版社，1995 年版。）

2. Elsie, Robert. *Fjalor Historik i Kosovë*. Tiranë: Skanderbeg Books, 2011.（罗伯特·埃尔斯耶：《科索沃的历史词典》，地拉那：斯坎德培出版社，2011 年版。）

3. Fjalor i Gjuhës Shqipe. Akademia e Shkencave e Shqipërisë, Instituti i Gjuhësisë dhe i Letërsisië. Tiranë, 2006.（《阿尔巴尼亚语词典》，地拉那：阿尔巴尼亚科学研究院，语言学和文学研究所，2006 年版。）

4. 柯静：*The Four Others in I. Kadare's Works—A Study of the Albanian National Identity*（《伊·卡达莱作品中的四个他者——阿尔巴尼亚民族身份认同研究》），北京：外语教学与研究出版社，2014 年版。

5. Kadare, Ismail. *Dosje H*. Vepra 19. Tiranë: Onufri, 2009.（伊斯玛依尔·卡达莱：《H 档案》，地拉那：奥努弗里出版社，2009 年版。）

6. Kadare, Ismail. *Krushqit janë të ngrirë*. Vepra 12. Tiranë: Onufri, 2009.（伊斯玛依尔·卡达莱：《婚礼的队伍冻住了》，地拉那：奥努弗里出版社，2009 年版。）

7. Wellek & Warren. *Teoria e letërsisë*. Tiranë: Onufri, 2007.（威力克，瓦伦：《文学理论》，地拉那：奥努弗里出版社，2007 年版。）

8. 高兴：《在战争那无边的阴影中——卡达莱的长篇小说〈亡军的将领〉》，见《东欧文学大花园》，武汉：湖北教育出版社，2007 年版。

9. 刘恪：《让四月说出真相——评卡达莱的长篇小说〈破碎的四月〉》，载《世界文学》，2007 年第 5 期。

历史、文化与社会

Historical，Cultural & Social Studies

浅析罗马尼亚现代思想史上的内容与形式之争

董希骁
（北京外国语大学欧洲语言文化学院）

提　要：19世纪中叶，伟大的罗马尼亚文学评论家T. 马约雷斯库提出“无内容的形式”命题，揭示了罗马尼亚在现代化进程中不顾本国经济、社会、文化基础，一味引进西方空洞形式的弊端。一个多世纪以来，一代又一代的罗马尼亚思想家结合各种思潮，从不同的角度对这一命题加以阐释，并提出了各自的解决方案。本文旨在对“无内容的形式”命题进行简要介绍，并对其引发的论争进行梳理，揭示其理论价值和现实意义。

关键词：罗马尼亚；现代化模式；外来形式；本土内容

Form vs Content in the History of Modern Romanian Thoughts

DONG Xixiao
(School of European Languages & Cultures, Beijing Foreign Studies University)

Abstract: In the mid 19th century, the great Romanian literature critic Titu Maiorescu brought up the idea of "form without content", claiming that Romania has been blindly copying western forms without considering local economic, social and cultural contexts of Romania. For more than a century, generation after generation of Romanian thinkers have offered their interpretations from different perspectives and came up with their own solutions. This paper gives a brief introduction to the idea of "form without content" and its relevant arguments, in order to reveal its theoretical value and realistic meaning.

Keywords: Romania; modernization mode; foreign form; local content

一、"无内容的形式"命题产生的背景

（一）历史和社会背景

罗马尼亚民族在19世纪中叶经历了一系列重大变革，在制度、文化、科学、教育、社会等各个方面取得了显著进步。席卷欧洲的1848年革命浪潮唤醒了罗马尼亚人的民族意识，谋求民族权利、实现三个公国①统一、争取国家独立的呼声日益高涨。1858年8月签署的《巴黎协定》确定了三个公国重组的法律框架，为日后的统一奠定了基础。1859年1月5日和24日，A. I. 库扎（Alexandru Ioan Cuza，1820—1873年）先后当选摩尔多瓦和蒙特尼亚两个公国的大公，现代罗马尼亚的雏形由此形成。在A. I. 库扎大公的推动下，雅西大学（1860年）和布加勒斯特大学（1864年）相继成立，各类学术和文化机构大量涌现，《公务机构法》《刑法》《刑事诉讼法》《民法》《民事诉讼法》《司法机构组织法》《军队组织法》《公务机构常设委员会组织法》等一系列法规陆续出台。在此期间还引进了现代计量单位，成立了工商会和储蓄所，并宣布罗马尼亚正教会实行自主。1866年登基的卡罗尔一世（Carol I，1839—1914）大公②参照当时最为先进的《比利时宪法》（1831年）颁布了新的《罗马尼亚宪法》，1862年开始使用的"罗马尼亚"这一名称也在宪法中得以确定。这一系列举措为推进民主改革、保护个人自由和私有财产、促进社会和经济现代化提供了有力保障，使罗马尼亚在制度上与西方国家快速接轨。但与此同时，一些新的矛盾在现代化进程中日益凸显，主要表现为从西方发达国家引进的文化形式、政治制度、生产关系等与罗马尼亚的文化、社会、经济基础不相契合，徒具形式而无实质内容。以T. 马约雷斯库（Titu Maiorescu，1840—1917）为代表的青年社思想家们率先对这种现象发起了批判。

---

① 指罗马尼亚（或称蒙特尼亚）公国、摩尔多瓦公国、特兰西瓦尼亚公国三个罗马尼亚民族占主体的公国。

② A. I. 库扎大公被废黜后，国内围绕王位继承的斗争难以调和。在某些欧洲大国的干预下，来自普鲁士霍亨佐伦－西格玛林根（Hohenzollern-Sigmaringen）家族的卡罗尔一世应邀出任罗马尼亚大公，并于1881年成为罗马尼亚国王。

（二）罗马尼亚批判主义文化与 T. 马约雷斯库

社会学家 I. 伯德斯库（Ilie Bădescu，1948—）将 1859—1866 年称为罗马尼亚从“英雄主义文化”走向“批判主义文化”的过渡期。① “英雄主义文化”指 1821—1866 年间，一批先行者以极大的勇气为各个领域的现代化奠定了基础，并制定了发展路线。他们全力引进西方发达国家的先进理念，力求使罗马尼亚紧跟时代精神，弥补法纳里奥特大公②统治造成的与西方世界间的巨大差距。他们满怀激情，希望通过跨越式的发展使罗马尼亚民族尽快跻身欧洲先进民族之林。著名史学家 M. 埃利亚德（Mircea Eliade，1907—1986）是这样形容那个时代的：

“19 世纪上半叶的罗马尼亚人还有什么做不到的呢？他们可以创造一个国家（而且真的实现了），可以发起‘令欧洲瞠目结舌’的社会变革，可以创造一种全新的罗马尼亚语……他们盼望着赶超欧洲，他们看到了人类的新曙光并揭开了历史的新篇章。”③

继 A. I. 库扎大公奠定现代国家的基础之后，这种极具浪漫热情的英雄主义文化逐渐被批判主义文化所取代。1848 年革命中提出的崇高理想对罗马尼亚人的感召力正在消退，亟需找到合适的手段将这些理想付诸实施。在选择社会发展道路时，外来先进“形式”与本土落后“内容”之间的矛盾日益凸显。T. 马约雷斯库作为罗马尼亚现代文化的奠基人之一，率先将批判精神引入了罗马尼亚政治与文化生活，成为罗马尼亚批判主义文化的一面旗帜，同时也成为众多罗马尼亚知识分子的精神导师。T. 马约雷斯库将批判精神看作一种文化纲领，除了具有衡量作品价值的功能外，还可以抑制某些创作冲动。以他为首的新一代知识分子引领着罗马尼亚文化的“新方向”，希望从本质上提高罗马尼亚文化水准。T. 马约雷斯库尤其重视实证科学的发展和对专业人才的培养，坚决抵制华而不实的蛊惑、含混不清的标准，以及万金油式的“全才”。“无内容的形式”（Forma fără fond）命题正是在这一背景下产生的。

---

① I. 伯德斯库：《欧洲同步性与罗马尼亚批判主义文化》，布加勒斯特：科学与百科全书出版社，1984 年版，第 115—250 页。

② 18—19 世纪奥斯曼帝国派驻罗马尼亚诸公国的出身于法纳尔区希腊裔的大公，以贪婪和享乐著称。

③ M. 埃利亚德：《罗马尼亚预言 · 第二卷》，布加勒斯特：风之玫瑰出版社，1990 年版，第 168 页。

二、“无内容的形式”命题的具体内容

（一）理论依据

T. 马约雷斯库基于理性主义、进化论和历史有机发展论，遵循以下三个核心原则制定了罗马尼亚现代文化建设纲领：

（1）价值自主原则：要求用特定的标准来评判不同的文化领域。他指出，价值观混乱的现象在罗马尼亚文化中触目皆是，例如，阿尔迪亚尔学派就出于政治和爱国的考量夸大罗语的拉丁性。他依照康德的审美自主原则，在罗马尼亚文化中首次划清了美学标准与道德标准、实用标准、政治标准的界线。

（2）文化与社会发展一致性原则：文化是社会生活的组成部分，是一个民族历史积淀和生存方式的体现。文化赖以生存的精神和经济条件都是民众创造的，科学和艺术则是文化的具体表现形式，都取决于一个社会的“内在基础”。

（3）内容与形式一致性原则：T. 马约雷斯库将“内容”这一概念解释为蕴含在人类实践活动之中的民族文化传统、群体意识、心理结构和宗教信仰，“形式”这一概念则被理解为一个国家的社会、政治、司法、教育、文化体制。T. 马约雷斯库最基本的观点，就是一个国家应该从内容向形式“有机发展”，并时刻保持二者间的契合。

（二）批判对象

在1868年发表的《驳罗马尼亚当代文化走向》一文中，T. 马约雷斯库揭示了罗马尼亚社会发展进程中内容与形式之间的矛盾。他指出，罗马尼亚社会长期以来处于奥斯曼帝国的野蛮统治之下，直至1820年前后法国大革命思潮蔓延到欧洲的边陲，人们才开始觉醒。结束了在西方国家（尤其是法国、德国这两个科学策源地）的游历之后，1848年革命一代和自由派团体试图将西方先进制度嫁接到罗马尼亚落后的社会文化基础之上。由于缺乏与之契合的内容，这些形式只带来了流于表面的肤浅进步。他说：

“我们的青年人还是和从前一样，一直没有得到良好的教育。现代文化的各种宏伟表象使他们惊叹，但他们只看到了结果，却未深入思考其原因；只看见了文明的表面形式，却未看到深层次的历史根基……罗马尼亚年轻人满怀一触即发的热情，被肤浅的形式蒙蔽着回到了祖国，决心模仿和复制西方

的文化表象。他们迫不及待地进行文学、科学和艺术创作……他们不断重复着这些幼稚的幻想，以至于真的在罗马尼亚社会中营造出一种文化氛围，形成了一股强大的潮流，无论老幼，无论出国求学还是学成归国的人都被这股大潮裹挟着。”①

T. 马约雷斯库进一步指出，真正的危险不仅在于缺乏根基本身，还在于人们满足于空洞的外来形式，丧失了基本的判断力。支撑这些徒具其表的形式，给底层民众造成了巨大的经济压力：

“罗马尼亚农民挥汗如雨换来的物质财富，却被用来支撑所谓罗马尼亚文化的空中楼阁，被用来向画家、音乐家、院士、雅典娜宫的艺术家们支付高额薪酬，颁发各种文学和科学奖项。作为回报，我们却无法为农民创作一部能够提振其心灵，使其稍稍忘却每日困苦的作品……西方文化轻而易举地渗入了罗马尼亚。在其光辉的映衬下，我们自己的‘文明’愈加显得矫揉造作。而我们曾经引以为傲的空洞形式，也会因为缺乏实际内容而烟消云散。”②

T. 马约雷斯库在其批判活动开展伊始，就将矛头指向了1866年成立的罗马尼亚科学院。鉴于那时罗语刚刚改用拉丁字母书写，科学院成立后面临的最紧迫任务就是编纂罗语语法并统一正字规则，实现语言规范化。是年，年仅26岁的T. 马约雷斯库发表《关于罗马尼亚语的书写》一文，指出：1848年革命先锋T. 奇珀留（Timotei Cipariu，1805—1887）和A. T. 劳里安（August Treboniu Laurian，1810—1881）推崇的词源主义已经误入歧途，I. H. 勒杜列斯库（Ion Heliade Rădulescu，1802—1872）的语言学理论更是信口开河，而这些人恰恰是科学院的中流砥柱。在T. 马约雷斯库看来，罗语的书写仅仅是形式，民间口语则是实质内容，形式应该服从内容，而非本末倒置。他反对将词源作为制定语言规范的依据，主张从语音入手，在逻辑和理性的约束下做到思维、语法、逻辑相一致。T. 马约雷斯库与科学院的冲突后来从语言学领域延伸到文化生活的各个层面，前者甚至将科学院（及其前身罗马尼亚科学协会）本身也看作一种无内容的形式，怒斥其“毫无根基却妄自尊大，犹如脱离躯干的鬼魂，虚妄不实的幻象”。③ 在1867年当选院士后不久，

---

① T. 马约雷斯库：《罗马尼亚诗歌和散文的新走向》，1872年，收录于《马约雷斯库全集·第一卷》，布加勒斯特：密涅瓦出版社，1978年版，第147—154页。

② 同上。

③ 同上，第151页。

T. 马约雷斯库就因反对词源主义而辞职，直至 1879 年才重返科学院，其编写的罗语书写方案也在那时方被科学院采纳。

（三）解决办法

T. 马约雷斯库针对“无内容的形式”提出了自己的解决办法。他认为西方的形式既然已经被引进就不应再舍弃，必须通过内容的发展使其适应本民族的需求，从而达到内容与形式协调一致。他主张以文学为切入点，进而在整个文化领域实现从内容到形式的循序渐进的有机发展。因为文学是反映现实的镜子，民族的苦难越是深重，就越需要对文学活动多加关注。只有在不丧失民族性的同时超越个体利益，为全人类发现或创建新思想，方能实现文化水平的提升：

“新思想通常源自最痛苦的经历，但只要付出了牺牲，它就会喷涌而出，并造福人类……文化统一是欧洲每个民族注定的命运，问题在于是去积极地追随这种命运，还是成为它的奴隶；是要争取并巩固民族独立，还是屈从于外国势力。能否解决这一问题，取决于一个民族的经济实力和文化活力，以及这个民族正确理解并吸收先进文化的意愿和敏锐度。”①

内容的有机发展需要时间，而对罗马尼亚人而言又时不我待。T. 马约雷斯库为罗马尼亚文化的建设者们制定了极高的标准，鼓励他们建设一种具有竞争力和原创性，能够达到欧洲水准的民族文化。他指出，罗马尼亚人已经丧失了最佳发展时机，要想把空洞的形式转变为实实在在的东西，就必须做到以下几点：首先，要付出加倍的努力，提升全民族的素质，使之理解源自西方世界的高标准，并构建与之适应的政治组织形式；其次，需要有接受批评的勇气，偏离了渐进发展道路的罗马尼亚人已经失去了犯错误而不受惩罚的权利，因此各种尖刻的批判成为民族延续和繁荣不可或缺的要素；最后，最为重要的是合理分配有限的精神和物质资源，使之发挥最大的效能，因为“你只有一块大理石，如果用它雕刻一个小丑，就无法再用它雕刻智慧女神密涅瓦”。②

T. 马约雷斯库强调，应该用全新的视角去看待罗马尼亚文化与西方文化的关系。真正的融入欧洲，不仅要善于吸收，还要提升自身的竞争力和可持

---

① T. 马约雷斯库：《罗马尼亚诗歌和散文的新走向》，收录于《马约雷斯库全集 · 第一卷》，第 211—213 页。

② T. 马约雷斯库：《批评》，1874 年，收录于《马约雷斯库全集 · 第一卷》，第 4 页。

续发展能力，注意保留甚至刻意突出民族元素，用富有原创性的作品对欧洲文化作出回应。这标志着历史、社会和文化视角的重大转变。启蒙时代的人们崇尚理性主义，坚信理性具有规范和调节功能；后来出现的普遍主义和自由主义又宣扬单线进化论。所有这些经典理论此时都遭到了T. 马约雷斯库的质疑。他提出了一种有机历史观，更为注重社会和文化差异性，而不是将它们纳入某种唯一的发展模式中。

三、“无内容的形式”命题引发的论争

“无内容的形式”命题的提出在罗马尼亚思想界引发了近一个世纪的激烈论争。各种思潮的代表人物都从各自的立场和角度出发对这一命题进行了分析和阐释，并提出了不同的解决办法，讨论的范围也从语言文学领域延伸到经济、政治、文化等各个层面。下面仅对一些主要思潮及其代表人物的观点进行简要介绍。

（一）青年社——M. 埃米内斯库

T. 马约雷斯库1864年在雅西创建的青年社（Junimea）汇聚了一大批杰出作家和思想家，他们以《文学谈话》（*Convorbiri literare*）杂志为主要阵地，成为罗马尼亚批判主义文化的代言人。青年社登上历史舞台之时恰逢罗马尼亚文化自我意识的重构期，青年社成员们拟定了全新的现代化战略，旨在以全新的方式融入欧洲。他们对1848年革命一代和自由派制定的社会和文化发展模式提出批判，指出那只是对形式的模仿，却未对社会、文化、精神层面的实质内容进行改造。正如T. 马约雷斯库所言：“我国的公众人物原先更倾向于外来形式，青年一代则有着全新的视角。他们首先要找到内在基础的缺失和薄弱之处，摒弃不切实际的拙劣外来形式。”①

青年社的核心人物M. 埃米内斯库（Mihai Eminescu，1850—1889）不仅是罗马尼亚历史上最伟大的诗人，在哲学、经济学、社会学、政治学、历史学方面也有着不凡造诣。在《我们国家的痼疾》（1881年）一文中，他从经济和社会角度对“无内容的形式”命题进行了全面阐释，指出罗马尼亚正在走上完全不同于西方的发展道路。由于落后国家没有能力在其内部积极重建

① T. 马约雷斯库：《罗马尼亚诗歌和散文的新走向》，收录于《马约雷斯库全集·第一卷》，第185、186页。

西方发展模式，西方主导的自由贸易体制必然会阻碍社会正常发展，成为“扼杀发展潜力，而非激发发展潜力”的因素，使落后国家最终沦为西方经济的附庸。在他看来，来自西方的经济侵略更甚于来自周边斯拉夫人的政治侵略，它会让罗马尼亚民族变得更为孱弱，直至完全丧失发展能力，沦为“苦工”：

“纯粹的自由贸易会严重阻碍一个民族整体素质的提升。敌人对我们做的最坏的事情不是不把货物低价卖给我们，而是把它们免费送给我们。民族的所有的力量和本能都会因此而退化，最终变得孱弱无力，可以被人一脚踢开。这种外来的恩赐，就好像奥斯曼帝国的苏丹企图消灭一个附庸国时送给该国高官的绸缎。”①

除了呼吁借助贸易保护制度发展民族工业外，M. 埃米内斯库特别强调历史发展具有连续性，不应被随意割裂。社会进步就是历史发展正面结果的不断积累，是传承与创新的有机结合。他将英国视作此类发展模式的典范，主张平缓渐进的发展，认为现代化就是在形式的留存中表现出来的一系列内容变革：

“想要‘进步’就必须接受自然规律，接受其连续性和渐进性……真正的进步只能是在坚守传统的同时加以革新，在当下和未来之间保持充分的联系，而非无序的跳跃。”②

“我从未奢望我们国家通过实行某种制度，就能一下子重现 17 世纪 M. 巴萨拉布统治时期的辉煌。有识之士都会发现，人类社会存在的秘密就是内容的不断更新和形式的留存，即所谓的旧瓶装新酒。例如，在各方面都开文明之先的英国，至今仍保留着被赋予现代精神，并与现代化生产方式相融合的古老形式。”③

（二）播种派——N. 约尔加

播种派源于 19 世纪末一些作家对农民命运的深切关注，其名称极具象征性，表明它的使命就是在人民心中“播种”信念和理想，并“耕耘”民族精

① M. 埃米内斯库：《埃米内斯库全集·第八卷》，布加勒斯特：罗马尼亚社会主义共和国科学院出版社，1977 年版，第 34、35 页。

② M. 埃米内斯库：《埃米内斯库全集·第十一卷》，布加勒斯特：罗马尼亚社会主义共和国科学院出版社，1984 年版，第 17、18 页。

③ M. 埃米内斯库：《埃米内斯库全集·第七卷》，布加勒斯特：罗马尼亚社会主义共和国科学院出版社，1977 年版，第 159、160 页。

神的田园。这一思潮以1901年创刊的《播种者》(*Semănătorul*)杂志为阵地，最主要的代表人物是N. 约尔加(Nicolae Iorga, 1871—1940)。播种派与青年社以及整个罗马尼亚批判主义文化一脉相承，都对当时文化界模仿成风的现象进行了猛烈抨击。不同的是播种派带有较为浓厚的传统主义和重农主义色彩，更为注重民间文化和乡村传统，将其视作激发民族情感的源泉。

N. 约尔加从社会和历史的角度对“无内容的形式”进行了更为深入的剖析，指出罗马尼亚社会的种种乱象主要有两个成因：其一是社会有机发展被阻断，其二是政治精英脱离民众。无论是为了阶级利益而出卖民族利益的地主贵族，还是贪恋物欲的城市新兴资产阶级，都与民众渐行渐远，沦为醉生梦死的“寄生虫”。他们将自己封闭在肤浅的外来文化环境中，沉迷于法国式的沙龙氛围，极力贬低民族传统和乡村文化。农民阶级虽然保留着民族特征，却无法通过文化或政治形式将其表现出来。他这样描述当时的社会状况：

“在我们自由的罗马尼亚王国，随处可见四轮马车、闲庭信步、歌舞升平、各类报纸、象征主义诗人，以及所谓的‘政治’联合会和俱乐部……其他民族也有这些东西，但他们还有一个更高远的终极目标，我们有吗？……有人将扩大自由度，最终达到无政府状态，随心所欲地争名逐利作为目标。另一些人则认为应该发展现代工业，进而实现社会主义理想。社会主义是城市和矿场中受压迫的工人阶级的理想，但我们并没有这个阶级……我们已经足够自由了，缺乏的是道德约束。我们需要的也不是社会主义，而是一种恤老怜贫的公正的政策。正是那些老年人和缺少文化的贫苦农民被我们毫无意义的虚荣压得不堪重负。”①

N. 约尔加对伟大的西方文化赞誉有加，批判的只是肤浅轻佻的沙龙文化。在他看来，罗马尼亚各社会阶层之间的关系严重扭曲，唯有乡村才是理想社会。因此，必须基于乡村文化来重建民族文化，从而达到巩固民族意识、恢复民族凝聚力的目的。他将净化、统合、弘扬民族文化看作第一要务，不断号召人们脱离有害的文化环境，回归有机发展的乡村文化，因为只有那里才留存着民族的血脉。他说：

“罗马尼亚是所有人的国家，但文化却只为贵族和暴发户服务。我们作为一个民族国家却没有民族文化，只能用外国文化特别是法国文化来装点门面……又有一批游历西方的青年人回来了。但他们出国既不是求学，也不是

① N. 约尔加：《文化新纪元》，载《播种者》，1903年5月18日。

为了追求自由理想，只是为了用法国的衣衫鞋履出风头……四五十年后，会有一位铁面无私、言辞犀利的史学家质问这一代人：你用上帝赐予的天赋做了什么？你用勤劳勇敢的祖先留下的遗产做了什么？他们只能回答：四十年来我们一直在说法语、读法语书、剥削农民。我们去巴黎是为了回来嘲讽自己的祖国，在临死前为自己不再像罗马尼亚人而骄傲……我们需要一种适合从上到下所有人的文化。书籍必须能反映民族的心声，字里行间所表达的信息，能够让上自王公下到平民都为之动容。”①

N. 约尔加领导下的播种派引发了广泛的社会反响，但后来由于 A. C. 库扎（Alexandru C. Cuza，1857—1947）和 A. C. 波波维奇（Aaurel C. Popovici，1863—1917）等人的片面引导和过度阐释而变得日益保守。

（三）社会主义——C. 多布罗贾努－盖雷亚

1881 年，随着《当代人》（*Contemporanul*）杂志在雅西创刊，社会主义运动在罗马尼亚各公国蓬勃兴起。其代表人物 C. 多布罗贾努－盖雷亚（Constantin Dobrogeanu－Gherea，1855—1920）翻译了马克思和恩格斯的部分著作，大力宣扬马克思主义思想，与当时其他思潮针锋相对。他倡导的文艺理论与 T. 马约雷斯库大相径庭，两人曾进行过多次激烈论战。

尽管 C. 多布罗贾努－盖雷亚对罗马尼亚社会的分析结果与 T. 马约雷斯库、M. 埃米内斯库、N. 约尔加等人殊途同归，也承认“无内容的形式”现象的存在，但其关注的最根本问题是如何将马克思主义应用于落后国家。在他看来，内容与形式的内在对立是不可避免的，必须通过社会改革和工业化来弥合理想与现实间的差距：

“西方的制度、伦理、文化建立在雄厚的物质基础之上，我们并不具备这一基础，因此一切都是空中楼阁。我们没有大型的工业设备和发达的工业体系，也没有高度集约的农业，工厂、车间和农业部门都资金匮乏……引进政策和社会制度特别是纸面上的制度是最容易的，而要拥有西方制度、伦理、文化存在的基础却十分困难，简直太难了！为此我们必须作出牺牲，进行斗争，辛勤劳动，这需要几代人的努力。”②

他指出，罗马尼亚社会向资本主义的演进过程明显不同于西方国家，悬

---

① N. 约尔加：《文化新纪元》，载《播种者》，1903 年 5 月 18 日。

② C. 多布罗贾努－盖雷亚：《新农奴制》，收录于《多布罗贾努－盖雷亚全集 · 第四卷》，布加勒斯特：政治出版社，1977 年版，第 38、39 页。

而未决的农业问题更是引发了一系列乱象。C. 多布罗贾努-盖雷亚用“新农奴制”一词来指称一种汇集了封建主义和资本主义所有弊端的社会经济体制。罗马尼亚虽然有着现代资本主义政治体制，但其生产关系在很大程度上仍带有封建性。虽然很多农民获得了土地，在形式上摆脱了封建枷锁，但其独立的经济地位未能得以巩固，落后的土地租赁制度和农业技术使农民的处境不断恶化，仍需依附大地主生存。他认为工业化是罗马尼亚社会发展的必由之路，必须通过农业改革来壮大无产阶级力量，使社会主义思潮和无产阶级政党在罗马尼亚的存在更具合理性。他反对将国家的未来寄托在乡村，因为“一个典型的农业国必定是一个经济文化落后的典型穷国”，要赶超西方资本主义国家，就“必须脱离原先的道路，踏上他们曾经走过的经济文化发展之路”。[①] 尽管落后国家存在着封建残余、新农奴制、形式与内容不符等诸多问题，但这都不是另选历史发展道路的借口。这些国家应该重走西方资本主义国家的发展道路，而这条道路的终点就是社会主义社会。这个理想虽然遥远，但按照马克思主义的论述，是符合历史发展逻辑的。他总结道：

“即使国家的未来真的在乡村，乡村自身的未来也在城市，在于国家的工业化。今后整个国家都会达到与西方国家相似的水准，并在未来与这些国家一起向着更高的目标——社会主义社会迈进。”[②]

C. 多布罗贾努-盖雷亚给罗马尼亚文化带来了一场重大变革，人们开始以另一种视角来看待“无内容的形式”命题。T. 马约雷斯库、M. 埃米内斯库、N. 约尔加等人都认为从形式向内容的发展是一种本末倒置的畸形现象，主张罗马尼亚走有机发展的道路，从内容逐步过渡到形式。C. 多布罗贾努-盖雷亚则将“现代政治形式先于经济基础出现”的“特例”看作适用于落后国家的“规律”和“法则”，而所谓“无内容的形式”本身就是一种积极的发展机制。罗马尼亚的发展道路只能是从形式到内容的逆向变革，而非从内容到形式的有机演进。

（四）民粹主义——C. 斯泰雷

C. 斯泰雷（Constantin Stere，1865—1936）是罗马尼亚民粹主义的奠基人和主要代表，1906 年在雅西创刊的《罗马尼亚生活》（*Viaţa românească*）

① C. 多布罗贾努-盖雷亚：《新农奴制》，收录于《多布罗贾努-盖雷亚全集·第四卷》，布加勒斯特：政治出版社，1977 年版，第 365 页。

② 同上，第 362 页。

杂志则是宣扬民粹主义理念的主要阵地。民粹主义思潮与青年社思想、社会主义运动相互交织，与播种派则有着更大的交集。与播种派相比，民粹主义对农村现代化持更为开明和务实的态度，反对将乡村生活过于理想化。按照文学评论家、史学家 G. 克利内斯库（George Călinescu，1899—1965）的说法，“最主要问题是不仅要贴近民众，更要摒弃一切浪漫思想来提升他们。而这就是民粹主义”。[①]

当时罗马尼亚面临着两种选择，其一是“加速工业化和农民无产化”，其二是“实行有限的工业化，并巩固小私有制”。前者是右翼自由主义者和左翼共产主义者的共同选择，而民粹主义者则主张扶持城乡中产阶级和士绅阶层，用巩固小私有制来替代工业化，借此达到维护社会稳定、促进内需、增进民族团结的目的。总的来看，民粹主义是一种较为激进的资产阶级民主改革思潮，无论在理论上还是在对社会发展的预期上，都与马克思主义背道而驰。“民粹主义并非农民阶级自己的主张，而是其他阶级以农民的名义发出的主张。”[②] 在 C. 斯泰雷看来，马克思主义是可能将罗马尼亚带入危机的乌托邦，而罗马尼亚的社会民主主义政党本身就是一种“无内容的形式”，必须用一种更为务实的、有利于农民阶级的政治和经济改革来取代马克思主义，而这一改革进程应该由自由主义政党来主导。如果说 T. 马约雷斯库的关注点停留在语言和文化上，M. 埃米内斯库将“无内容的形式”命题延伸到经济层面的话，C. 斯泰雷则对马克思主义和社会主义思潮发起了猛烈攻击，有着更明显的政治意图。

民粹主义的最大贡献在于，它是第一种将“西方化”与“现代化”这两个被长期混淆的概念加以区分的罗马尼亚本土思想。[③] 与之相比，自由主义者不顾内容，一味追求形式上的西方化；以 T. 马约雷斯库为代表的青年社思想家们敏锐地发现了“无内容的形式”现象，但否认除了重走西方国家的老路之外还有其他发展模式；播种派对形式上的西方化和现代化一律抵制；社会主义理论本身就源自西方国家的发展经验。民粹主义者主张区别对待西方化与现代化这两个概念，认为“现代化”就是要挖掘罗马尼亚民族的文化和

① G. 克利内斯库：《罗马尼亚文学史源流》，布加勒斯特：王室文学艺术基金出版社，1941 年版，第 585 页。

② 同上，第 92 页。

③ 美国学者 S. Ph. 亨廷顿（Samuel Phillips Huntington，1927—2008）在 20 世纪也提出了同样的看法。

经济潜力，而对“西方化”则须本着批判精神有选择地接受，使其更为符合本国的政治需要和文化特点。

（五）两次世界大战之间对“无内容的形式”命题的解读

两次世界大战之间是罗马尼亚历史发展的“黄金时代”。1918 年 12 月，特兰西瓦尼亚与罗马尼亚统一，民族大统一的梦想成真。在欧洲新格局下，罗马尼亚政界和文化界就“国家应该走何种发展道路”的问题展开了大讨论。如何保留民族文化传统，如何缩小与西方的差距，如何选择社会发展模式等曾经困扰 1848 年革命者、青年社、播种派、社会主义者和民粹主义者的问题再次成为讨论的焦点。思想家们对“无内容的形式”提出了新的看法，其中以 E. 洛维内斯库（Eugen Lovinescu，1881—1843）和 G. 克利内斯库的观点最具代表性。

E. 洛维内斯库是两次世界大战之间罗马尼亚最重要的文学评论家之一，同时也是著名的社会学家和史学家。他提出的文化发展同步化理论公开反对青年社、播种派和民粹主义倡导的有机发展论。在辐射理论的影响下，E. 洛维内斯库认为现代文明产生于某几个中心地区，然后逐渐向边缘地区辐射。这种辐射在一个国家内部遵循着由上而下的次序，从精英阶层向社会底层推进，在不同国家之间则是从发达国家向落后国家延伸。落后国家对辐射的接受遵循着从文明到文化的次序，从吸收一些外在形式（例如时尚、标签、制度、法规）开始，进而将其融入本民族的思想和实践之中。接受辐射的过程，就是将外来文明元素逐渐内化为自身文化的过程。根据 E. 洛维内斯库的同步化理论，现代国家，尤其是欧洲国家间的相互依存关系日益紧密，并呈现出趋同倾向。推动这种趋同性的，是由主流知识、伦理、价值观等共同构成的“时代精神”。落后国家必须紧跟时代精神，尽快步入发达国家的发展轨道。

E. 洛维内斯库旗帜鲜明地反对青年社的立场，努力为“无内容的形式”辩护。他指出，落后国家已经失去了“有机发展”的最佳机遇，除了“革命”之外别无选择。这意味着必须首先从发达国家引进现代政治形式，然后刺激经济和文化层面相应内容的发展。对于罗马尼亚而言，“无内容的形式”是历史的宿命，只有从形式到内容的逆向发展才是唯一出路。他甚至将所有主张引进西方文明形式的思潮都称为“革命力量”，将青年社、播种派、民粹主义一律斥为保守的“反动势力”。

与 E. 洛维内斯库的激进立场相比，G. 克利内斯库的观点则显得较为温和。他试图发掘罗马尼亚民族传统文化与西方现代文化的同源性，从而调和外来形式与本土内容之间的矛盾。G. 克利内斯库指出，罗马尼亚人是“历史悠久的本土民族”，有着坚实的欧洲文化传统。罗马尼亚人的西方化进程并非像 E. 洛维内斯库所说的那样始于 19 世纪，而是在他们接受基督教之时就开始了。因此，不被认可的民间文化才是在罗马尼亚植根千年的欧洲文化。正是由于文化上的亲和性，罗马尼亚人才能如此轻易接受西方的现代化模式。罗马尼亚融入西方世界完全是自然的，而非刻意模仿。文学评论家 M. 马丁（Mircea Martin，1940—）这样阐释 G. 克利内斯库的理念：

“如果说第一次西方化（基督教化）意味着一个开始，那么第二次西方化则仅仅是一个阶段……现代文学虽然是一个新概念，但是它源自长期的积淀，它的根一直延伸到古老的乡村文化和民俗中。不可以因为相对的迟滞就抹杀发展的连续性，更不应将迟滞误认作精神空白和历史空白。文学要发生质的飞跃，离不开长久的积累和有效的文化传统。”①

可见，两人的主要分歧在于他们对待罗马尼亚传统文化的态度。在 E. 洛维内斯库看来，罗马尼亚的现代化进程始于从西方引进“无内容的形式”，以弥补罗马尼亚文化传统的断层和缺失。G. 克利内斯库则认为罗马尼亚人如果没有有序的文化传承和深厚的精神积淀，是不可能快速接纳西方文化形式并推出原创的现代文学作品的。这两种对立观点间的交锋直至今日仍在继续。

四、结语

“无内容的形式”命题阐释的内容并不复杂，但适用范围极广且意义深远，主要体现在以下三个方面：

从时间维度上看，这一命题是 T. 马约雷斯库在罗马尼亚立国之初提出的，迄今已近 150 年，但其意义并未因时间的推移而消散。一个多世纪以来，罗马尼亚经历了国家统一、法西斯统治、共产党执政、苏东剧变、加入欧盟等一系列重大历史变革，国家的发展道路一波三折。在罗马尼亚民族每一次面临重大历史抉择时，“无内容的形式”命题都会引发人们的关注。在欧洲

---

① M. 马丁：《G. 克利内斯库与罗马尼亚文学“情结”》，布加勒斯特：信天翁出版社，1981 年版，第 101 页。

一体化的大背景下，罗马尼亚为了达到入盟标准，努力在制度上与欧盟接轨。然而在2007年正式成为欧盟成员国之后，与欧盟老成员国的差距日益凸显，虽然已经在形式上实现了“回归欧洲”的夙愿，但在经济、社会、人文等“内容”层面真正做到“融入欧洲”依旧任重道远。“无内容的形式”已不仅仅是罗马尼亚等欧盟新成员国自身的问题，更成为整个欧盟不得不关注的问题。这一问题能否得到妥善解决，关系到欧洲未来的走向。

从空间维度上看，这一命题几乎适用于所有处于资本主义世界边缘，在现代化道路上苦苦求索的发展中国家。来自西方的民主思想、道德规范、政治体制、经济模式、文艺形式、价值观如何才能与本民族拥有的资源、能力、传统相契合，在外来形式与本土内容之间达成平衡，是这些国家共同面临的难题。正如I. 伯德斯库所言，“‘无内容的形式’命题引发了人们对社会发展普遍性与特殊性的关注。如何处理两者间的矛盾，是落后国家在现代化进程中面临的关键问题。”①

发展中国家应该选择何种发展道路，一直是各国学者讨论的热点。T. 马约雷斯库的最大贡献在于，他提炼出了“内容”与“形式”这一对矛盾并将其理论化，引发了罗马尼亚学界对此问题的持续关注。一代又一代的罗马尼亚思想家结合其所处时代的主要思潮，从各自的立场出发，围绕着“无内容的形式”命题进行论证，形成了较为清晰连贯的理论脉络，具有一定的参考价值。

参考文献

1. A. 马里诺：《“无内容的形式”理论的历史演变》，载《语言学和文学史年鉴》，雅西，1968年。（Adrian Marino，*Din istoria teoriei*，*formă fără fond*，în *Anuarul de lingvistică şi istorie literară*，Iaşi，1968.）

2. C. 多布罗贾努－盖雷亚：《新农奴制》，收录于《多布罗贾努－盖雷亚全集·第四卷》，布加勒斯特：政治出版社，1977年版。（Constantin Dobrogeanu Gherea：*Neoiobăgia*，1910，în Constantin Dobrogeanu，*Opere complete*，vol. IV，Bucureşti，Editura Politică，1977.）

3. C. 希菲尔内茨：《无内容的形式：罗马尼亚的标签》，布加勒斯特：Comunicare. ro 出版社，2007年版。（Constantin Schifirneţ，*Formele fără fond*，*un brand*

① I. 伯德斯库：《欧洲同步性与罗马尼亚批判主义文化》，第214页。

românesc, Bucureşti, Comunicare. ro, 2007.)

4. G. 克利内斯库：《罗马尼亚文学史源流》，布加勒斯特：王室文学艺术基金出版社，1941 年版。(George Călinescu, *Istoria literaturii române de la origini până în prezent*, Bucureşti, Fundaţia Regală pentru Literatură îi Artă, 1941.)

5. G. 杰奥尔久：《罗马尼亚现代文化史》，布加勒斯特：Comunicare. ro 出版社，2000 年版。(Grigore Georgiu, *Istoria culturii române moderne*, Bucureşti, Editura Comunicare. ro, 2000.)

6. I. 伯德斯库：《欧洲同步性与罗马尼亚批判主义文化》，布加勒斯特，科学与百科全书出版社，1984 年版。(Ilie Bădescu, *Sincronism european îi cultură critică românească*, Bucureşti, Editura Ştiinţifică îi Enciclopedică, 1984.)

7. M. 埃利亚德：《罗马尼亚预言 · 第二卷》，布加勒斯特：风之玫瑰出版社，1990 年版。(Mircea Eliade, *Profetism românesc*, vol. 2, Bucureşti, Editura Roza Vânturilor, 1990.)

8. M. 埃米内斯库：《埃米内斯库全集》，布加勒斯特：罗马尼亚社会主义共和国科学院出版社/罗马尼亚科学院出版社，1970—1993。(Mihai Eminescu, *Opere*, Bucureşti, Editura Academiei RSR/ Editura Academiei Române, 1970—1993.)

9. M. 马丁：《G. 克利内斯库与罗马尼亚文学"情结"》，布加勒斯特：信天翁出版社，1981 年版。（Mircea Martin, *George Călinescu şi, complexele" literaturii române*, Bucureşti, Editura Albatros, 1981.)

10. N. 约尔加：《文化新纪元》，载《播种者》，1903 年 5 月 18 日。（Nicolae Iorga, *O nouă epocă de cultură*, art. în *Sămănătorul*, 18 mai 1903.)

11. T. 马约雷斯库：《批评》，1874 年，收录于《马约雷斯库全集 · 第一卷》，布加勒斯特：密涅瓦出版社，1978 年版。（Titu Maiorescu, *Critice*, 1874, în *Opere*, I, Bucureşti, Editura Minerva, 1978.)

12. T. 马约雷斯库：《罗马尼亚诗歌和散文的新走向》，1872 年，收录于《马约雷斯库全集 · 第一卷》，布加勒斯特：密涅瓦出版社，1978 年版。（Titu Maiorescu, *Direcţia nouă în poezia îi proza română*, 1872, în *Opere*, I, Bucureşti, Editura Minerva, 1978.)

13. T. 马约雷斯库：《驳罗马尼亚当代文化走向》，1868 年，收录于《马约雷斯库全集 · 第一卷》，布加勒斯特：密涅瓦出版社，1978 年版。（Titu Maiorescu, *În contra direcţiei de astăzi în cultura română*, 1868, în *Opere*, I, Bucureşti, Editura Minerva, 1978.)

14. 《罗马尼亚简史》，北京：商务印书馆，1975 年版。

15. M. 康斯坦丁内斯库著，陆象淦、王敏生译：《罗马尼亚通史简编》，北京：

商务印书馆，1976 年版。

16. A. 奥采特亚著，Anna－E. 布杜拉等译：《罗马尼亚人民史》，北京：商务印书馆，1981 年版。

17. 冯志臣：《罗马尼亚文学》，北京：外语教学与研究出版社，1999 年版。

论科索沃独立后民族身份认同的建构

陈逢华
（北京外国语大学欧洲语言文化学院）

提　要：2008 年科索沃单方面宣布独立之后，科索沃民族身份认同问题产生两难选择，即阿尔巴尼亚民族认同还是科索沃国家认同的争议。本文试图分析这一难题背后的自觉与操控因素，解读科索沃利益在面临大国操控和周边国家张力共同挑战时的艰难状态，论证巴尔干民族纷争和认同的多元化和复杂性。

关键词：科索沃；民族身份；自觉；操控

Construction of the National Identity After Kosovo's Independence

CHEN Fenghua
(School of European Languages & Cultures, Beijing Foreign Studies University)

Abstract: After the unilateral declaration of Kosovo's independence in 2008, the ethnic identity of Kosovo has been confronted with dilemmas, that is to say, to choose between Albanian ethnic identity and Kosovo's national identity. This paper attempts to analyze the consciousness and control factors behind this difficult question, and to interpret difficulties when Kosovo is facing challenges as result of the control from major powers and the tension from neighboring countries, so as to demonstrate diversity and complexity related to Balkan ethnic struggle and their identities.

Keywords: Kosovo; national identity; consciousness; control

一

2008 年 2 月 17 日，科索沃单方面正式宣布脱离塞尔维亚独立①，这是1999 年科索沃战争结束之后，在国际社会干预科索沃近十年之际对科索沃未来地位问题作出的历史性抉择。1999 年 7 月 12 日，联合国安理会 1244 号决议提出要在南斯拉夫联盟（即当时的塞尔维亚和黑山）内实行科索沃的“实质性自治”（见参考文献 1 第 153 页），实质则是拖延科索沃地位问题的解决。此后直至 2008 年独立前，科索沃维和部队（KFOR）、联合国科索沃临时行政当局特派团（UNMIK）以及美国、欧盟等政府及组织虽然极力控制与维护科索沃安全局势，却难以给积怨已深的民族间紧张关系带来本质的改善，反而因迟迟未能明确科索沃未来地位招致了渴望独立的阿尔巴尼亚族和强调自治的塞尔维亚族双方的不满，使科索沃面临动荡与再次分裂的危险。其间，在美国和多数欧盟国家的支持下，阿尔巴尼亚族和塞尔维亚族双方于 2006 年展开了困难重重的科索沃地位问题谈判，但 2008 年科索沃还是在塞尔维亚及俄罗斯的强烈反对下宣布独立。国际社会并未能将科索沃地位问题拖延到“最佳时刻”加以解决，联合国安理会就科索沃问题的磋商也未能获得突破。由此可以看出，科索沃的独立本身就并非内部民族矛盾融和的产物，而更为棘手的是，伴随着科索沃国家形态的出现，科索沃国家认同的新难题又不可避免地摆在了国民的面前。

二

根据科索沃统计室（ESK）的《最新时期科索沃重要统计分析》② 和科索沃统计局（ASK）的《2011 年人口评估》，③ 科索沃在 1991 年、2001 年、2004 年及 2011 年人口普查的数据分别为 1956196 人、1841229 人、1962587

① http：//www. mfa – ks. net，依据科索沃共和国外交部网站数据，目前世界上已有 111 个国家承认科索沃独立，其中并不包括联合国常任理事国俄罗斯和中国。

② http：//esk. rks-gov. net，Analiza e Statistikave Vitale të Kosovës për periudhën më të re. pdf，2008 年出版。

③ http：//esk. rks-gov. net，Vlerësimi i popullsisë 2011. pdf，2013 年出版。

人和 1739825 人。而依据 2011 年 4 月 1 日的人口普查数据编撰的《性别、族群和居住地的人口》① 提供的科索沃境内居住的民族状况显示：阿尔巴尼亚族 1616869 人，占 92.9%；塞尔维亚族 25532 人，占 1.5%；剩余 5.6% 为罗姆族、阿希卡利人和埃及裔人等。需要说明的是，在 1999 年科索沃战争前后以及战争期间，当地均出现了大规模的人口流动，而且在人口数量变化频繁和民族矛盾尖锐的时期，民族的实际构成情况，特别是有关科索沃塞尔维亚族居民的人数问题，成为了敌对双方一个颇有争议的政治问题，人口统计数据的准确性演变为双方互相质疑的对象。然而，仅就科索沃官方的人口统计数据而言，我们也可以看出：2011 年最新的居民族群比例数据与 1991 年（阿尔巴尼亚族占 82%，塞尔维亚族占 10%）（见参考文献 1 第 2 页）和 2004 年（阿尔巴尼亚族占 88%，塞尔维亚族占 7%）（见参考文献 1 第 4 页）相比有了较大幅度的变化。也就是说，短时间内阿尔巴尼亚族在科索沃的比例迅速上升，反之，塞尔维亚族的比例急剧下降。即使暂且不论数据的准确程度，一个国家或地区内部民族比例的急剧变化不能不说是民族生存关系紧张的客观写照。而这样一种民族比例的变更，在由联合国和北约长期托管的地区转变为主权国家的复杂进程中有可能凸显或者被人为放大，从而使民族矛盾更加难以弥合，使构建非单一民族的“想象共同体”的难度进一步提升。

三

显然，民族想象共同体产生的两个重要历史条件，即世界性宗教共同体、王朝以及神谕式的时间观念的没落；资本主义、印刷科技与人类语言宿命的多样性这三者的重合，并不适用于在已有民族群体意识的科索沃去构建新格局下的想象共同体。科索沃境内的阿尔巴尼亚族和塞尔维亚族不仅拥有各自世代相传的不同的宗教信仰、语言和文化，而且在长期的历史对抗过程中不断强化了各自的民族差异，发展了各自的管理机构、独立的教育设施、媒体和出版社，还有独立的医疗卫生体系等等（见参考文献 1 第 6 页）。而现实存在的并行体系建构，反过来更加扩大了阿尔巴尼亚族和塞尔维亚族已经形成

① http：//esk. rks-gov. net，Popullsia Sipas Gjinisë Etnicitetit Dhe Vendbanimit. pdf，2013 年出版。

的意识鸿沟，使两个民族的界限变得更为难以逾越。因此，科索沃国家认同的建构无论在阿尔巴尼亚族还是在塞尔维亚族的群体意识中都失去了产生的历史基础。

作为政治权力机构的国家可以是新生的，而组成国家的民族想象共同体却具有历史依存性和延续性。民族归属，作为特殊类型的文化人造物，与历史文化的变迁相关，是根植于人类深层意识的心理建构。因此，毫无历史文化基础的科索沃国家认同的提出从一开始在阿尔巴尼亚族内部就颇具争议。历史上科索沃为获取生存权而皈依伊斯兰教，母语为阿尔巴尼亚语的阿尔巴尼亚族，在对抗塞尔维亚族的统治与压迫的历史境遇中，巩固并强化了自身的民族身份认同；而视阿尔巴尼亚族为奥斯曼土耳其统治余孽的塞尔维亚族的长期高压政策也对强化阿尔巴尼亚族的民族身份认同起了推波助澜的作用。如今，摆脱被镇压处境的阿尔巴尼亚族从民族心理层面上对包括塞尔维亚族在内的“科索沃国家认同”必然是难以接受的。而塞尔维亚族依据安理会的1244号决议，在法理上不能被称为少数民族，他们又何尝可以从民族心理的层面上接受以阿尔巴尼亚族为主体构成的“科索沃想象共同体”呢？

但是，现实世界中的民族与国家是一种复杂的政治互动关系，民族可以组成国家，国家也可以建构民族。民族是一种想象的政治共同体，并且，是被想象为本质上有限的，同时也享有主权的共同体（见参考文献2第6页）。如果由国家来建构民族，那么民族想象共同体的政治特征，其主权共同体的成员构成，从国家建构的层面上看，都应与其国家实体的民族构成相吻合。也就是说，民族国家，作为一个理想化的国家政体形式，无论是单一民族国家还是多民族国家，共同的群体利益都将逐步建构起以国家共同体为基础的民族共同体。因此，科索沃在2008年单方面宣布独立后至今，尽管主体民族阿尔巴尼亚族与从数量上已然是少数族裔的塞尔维亚族的比例关系发生了不少改变，而且阿尔巴尼亚族难以与塞尔维亚族化解历史现实的恩怨，实现真正意义上的相互融合——互相通婚、共同生活，也是不争的事实，但塞尔维亚族仍然被纳入了科索沃主权国家的民族想象共同体之中，“科索沃民族”仍然作为其民族身份认同建构的现实选择被提了出来。

“科索沃民族”共同体的建构，其诉求本质上说，源自于主权国家对领土完整和国家意识的捍卫。国土面积仅10908平方公里的科索沃并非单一民族的纯粹实体，如科索沃米特罗维察北部等地区是塞尔维亚族聚居的飞地。[①]如果以科索沃民族意识取代阿尔巴尼亚民族意识，就不会给依旧怀有分裂科索沃意图的塞尔维亚政府以充分的理由，造成国家内部民族对立的可能后果，从而避免科索沃领土遭到割裂的威胁。在国家利益与民族利益的博弈之中，主体民族以阿尔巴尼亚族为代表的科索沃国家默认了出让部分自身民族利益，以捍卫其通过长期艰辛努力换取的国家独立。

从历史上看，“科索沃民族”的想象共同体是在效仿铁托时代倡导的民族理念，即别出心裁地设立“南斯拉夫族”，鼓励人们放弃原有民族认同而去改宗这一新的群体（见参考文献3第246页），试图通过对阿尔巴尼亚民族认同的消解，在把阿尔巴尼亚族从民族弱化为族群的前提下，竭力创造并引导其主体民族接受“科索沃民族”共同体的想象。独立日当天普里什蒂纳街头飘扬的是各式各样的阿尔巴尼亚民族旗帜[②]，但是科索沃的国旗和国徽均选择了以蓝色为背景，下方是金色的科索沃版图，上方是六颗白色星，代表科索沃的民族多样性、领土的完整性以及其对欧洲和欧盟的渴望，而摒弃了阿尔巴尼亚族传统的红黑色彩和双头鹰符号。从其他方面看，科索沃的官方语言是阿尔巴尼亚语和塞尔维亚语，货币采用第三方的欧元，淡化宗教观，宣传民族间和谐共处、鼓励通婚。

可以说，以阿尔巴尼亚族为主体族群的科索沃，在谋求国家主权和领土完整的独立进程中，部分舍弃了其固有的民族文化传统，选择弱化或者说隐藏其民族与宗教的观念，其单一民族的利益诉求在整体国家的利益面前无可选择地被消解和掩盖。

四

毋庸置疑，“二战及二战后南斯拉夫的形成，我们地区的命运，这里也包

① 科索沃的塞尔维亚族主要生活在科索沃的北部地区及少量塞族飞地。约1/3的塞族人聚居于以塞族人为主的村镇，如兹维察尼（Zveçani，95%）、勒伯萨维奇（Leposaviqi，95%）、祖滨伯都库（Zubin Potoku，89.4%）、米特罗维察北部地区（Pjesa veriore e Mitrovicës，90%）。伊波尔河（Lumi Ibër）以南，塞族主要聚居于斯特尔波察（Shtërpca，75%）和罗沃博尔达（Novobërda，40%）。科索沃全境的其他城镇，塞族也有5%—20%的分布。以上数据引自科索沃总理府网站：http：//www. kryeministri－ks. net。

② 即阿尔巴尼亚共和国国旗。

括在南斯拉夫内部的阿尔巴尼亚人的问题，总的来说都是由大国联盟或是在他们全球和地区利益的基础上确定的”。（见参考文献4第357—358页）科索沃的独立是阿尔巴尼亚族和塞尔维亚族的民族冲突国际化的结果。科索沃地区历史上民族迁徙变化的事实在大国利益的角逐中被忽视。1913年的伦敦会议接受阿尔巴尼亚的有限独立而把其阿族聚居区直接划归周边各国的决定直接造就了如今巴尔干民族矛盾的乱局，而塞尔维亚民族主义的势力又不断挤压着阿尔巴尼亚族的生存空间，民族平衡在近百年间始终无法建立，科索沃战争、国际干预、国际托管乃至单方面独立便是其民族冲突不断升级的必然结果。先是联合国、美国以及西欧各国政府理想化地用“领土单位 = 单一族群 = 民族国家”的公式（见参考文献5第11页）支持了科索沃的独立，随之面对独立之后的科索沃，他们又将民族身份的认同建立在多民族国家的基础之上，而始终置于大国博弈阴影之中的科索沃，其国家认同的建构也自然成为了大国思维演变的试验场。

在如此的外部压力下，科索沃的国家认同自然不可能是阿尔巴尼亚族自身的身份认同，而且更有甚者，任何试图以阿尔巴尼亚族的民族身份替代科索沃民族身份认同的做法，认为“巴尔干没有两个阿尔巴尼亚民族”① 的观点都被视为单一民族国家的错误构想，阿尔巴尼亚和科索沃联合的意图也被驳斥为“大阿尔巴尼亚”的复活。很显然，大国对科索沃独立的推动不是要创造另一个阿尔巴尼亚族的国家，更不是要实现科索沃与阿尔巴尼亚的统一，而是要建造一个崭新的阿尔巴尼亚族和塞尔维亚族共同存在的国家典范。

联合国授权的科索沃临时行政当局特派团是以科索沃人作为其协助政治、社会和经济建设的对象，科索沃维和部队也是以维护科索沃社会的安全稳定为整体目标。其中重要的几项工作，如协助阿塞难民和被驱逐者返回家园、维护边境稳定的任务指向仍然是科索沃全体人民。此后在科索沃负责民主化、机构建设和巩固等具体工作的欧洲安全与合作组织驻科索沃使团、欧洲联盟科索沃法治特派团（EULEX）等也是如此，他们深入基层进行各项咨询和协调工作，派驻警察和司法人员也全部是以科索沃为整体目标。在某种程度上说，在科索沃国家形态中，当发生了阿尔巴尼亚族成为强势民族，塞尔维亚

① 转引自麦赫迪·希森尼教授（Mehdi Hyseni）2011年9月24日在http://www.albaniapress.com上发表的文章《“科索沃民族”，只有那些从未有过民族的人才能接受的主张》，来源为他的著作《科索沃民族——政治交易的乌托邦》（Kombi kosovar-utopi politico - tregtare）。

族转为弱势民族，其权力对比的颠覆性变化时，国际组织的天平更多地向塞尔维亚族倾斜，由维护阿族利益转向维护塞族利益。由此可见，在大国建立新兴国家的思想蓝图中，科索沃民族身份认同也必然以整体科索沃人为对象，是一种试图摒弃当地原有各自的民族认同，塑造全新的统一的民族认同的主导建构思路。

同时，阿尔巴尼亚民族认同的消解不是新生的科索沃主权国家内部的孤立问题，在其母国阿尔巴尼亚以及周边生活着大量阿尔巴尼亚族的马其顿和希腊等地也都引发了广泛的争论。从历史渊源上看，大多数阿尔巴尼亚人认为科索沃是阿尔巴尼亚不可分割的组成部分，本该是阿尔巴尼亚民族国家中的一个地区，所以科索沃民族的身份认同本身是不存在的，科索沃人只是一个地区概念，就像他们称呼地拉那人、爱尔巴桑人一样。换言之，用固有民族的消解来换取科索沃独立的选择与阿尔巴尼亚族在1912年独立之时所设想的阿尔巴尼亚人共同生活空间并不相符。而就科索沃自身而言，在寻找自身民族认同过程中所面临的你中有我、我中有你的纷乱局面没有通过独立取得本质性的改观，而“科索沃解放军”的解散、“科索沃民族”认同至少在形式上采取了“默认”的态度，还可能在实质上成为其政府或国民软弱可欺的罪证，而遭致周边阿尔巴尼亚族的困惑、不解与反对。如果再回顾阿尔巴尼亚共和国艰难的建国之路，阿尔巴尼亚民族独立性遭遇否认的历史过往，给阿尔巴尼亚人的民族认同所带来的心理变化，“……一部分阿尔巴尼亚人对他们的祖国很寒心，成百上千的阿尔巴尼亚人土耳其化，另一部分希腊化，阿尔巴尼亚人混乱的宗教归属，都证明一部分阿尔巴尼亚人不像他们表现得那么爱国。一些阿尔巴尼亚人轻易地变换国籍，一些人羞于说自己是阿尔巴尼亚人，其他人则为反阿尔巴尼亚的势力服务”（见参考文献6第14页），我们就不能不唏嘘于阿尔巴尼亚民族内部对科索沃民族身份认同的复杂情绪。这种纠结于内的民族认同情绪当然远非构建没有共同意识基础的民族想象共同体表面上的艰难所能概括。

阿尔巴尼亚共和国本身也是以美国和北约为依靠的弱小国家，其入盟的漫长征程刚刚迎来认可（成为候选国），而马其顿共和国由于国名之争在入盟问题上也屡屡受挫，自顾不暇的国内外局面并不容许这些生活着阿尔巴尼亚族人的国家在科索沃问题上拥有多少发言权，他们的众声喧哗很快且必然走向沉默与无奈。与此同时，塞尔维亚在欧美联合的打压下，国家地位与实力已远非当年的“南斯拉夫”，但其民族自尊心与民族历史的战争记忆也显然无法在短时间内被遗忘或低估，他们心中也是一番痛苦折磨："该死的科索沃，塞尔维亚人还将有多少次来征服你，又失去你?"（见参考文献7第9—10页）所以，尽管在塞尔维亚，亲美执政派别成为国家主流意识的代表，科索沃与塞尔维亚也在2013年6月签署了正常化协议，但科索沃属于塞尔维亚的呼声并没有因此彻底消亡。要使科索沃民族认同的共同体能够弥合阿塞两族之间固有的深刻思想分歧，寻找共同的未来空间，需要更杰出的人类智慧。当然这一切都反过来更进一步证明了、也更加体现出了强大并主导着国际事务的欧美国家才是巴尔干民族博弈的最终决定者，而科索沃民族认同的建构不过是其深刻操控的具体呈现之一。而不论历史上阿尔巴尼亚族一直不断强化自身民族认同的努力有多么执着，在弱肉强食、适者生存的竞争法则面前，都只能造就当今科索沃民族身份认同的多元化与复杂性。

五

科索沃单方面宣布独立之后，在其民族认同建构的道路上，自觉又迫于无奈，遭到操控以致内心暗藏着不甘，但从根本上，并不能改变其科索沃民族认同建构的大国选择。科索沃独立后，国家内部非单一民族的实体结构决定了其民族身份认同的建构必须建立在对阿尔巴尼亚民族认同解构的基础之上，同时其建构的过程又不可避免地置身于大国政治和母国及周边同族强烈张力的复杂环境之中，因此，科索沃民族身份认同的建构不是真空中的"理想共同体"，而是在其民族认同自觉与外来操控的博弈中不断调整产生的现实的全新共同体。当然，这一全新的民族共同体能否塑造统一的民族意识、民族情感和民族文化价值，能否使各民族从此"化干戈为玉帛"，就不是建立者一厢情愿的事情了。

参考文献

1. 赫尔穆特·克拉默、维德兰·日希奇著，苑建华、徐四季、张晓玲、李彬译：《科索沃问题》，北京：中央编译出版社，2007年版。

2. 本尼迪克特·安德森著，吴叡人译：《想象的共同体——民族主义的起源与散布》，上海：上海人民出版社，2005年版。

3. 金雁著：《从"东欧"到"新欧洲"20年转轨再回首》，北京：北京大学出版社，2011年版。

4. 艾塞姆·切库：《南阿外交背景下的科索沃 1945—1981》，普里什蒂纳：八一代出版社，2009 年版。（Ethem Çeku，*Kosova në sfondin e diplomacisë së Jugosllavisë dhe të Shqipërisë 1945—1981*，Brezi 81，Prishtinë，2009）。

5. 阿尔弗德雷·格罗塞著，王琨译：《身份认同的困境》，北京：社会科学文献出版社，2010 年版。

6. 伊·卡达莱：《下一个千年前夕的阿尔巴尼亚民族》，地拉那：欧努弗里出版社，2013 年版（Ismail Kadare，*Kombi shqiptar në prag të mijëvjeçarit të tjerë*，Botime Onufri，Tiranë，2013）。

7. 巴托·托马舍维奇著，达洲译：《生死巴尔干》，北京：新华出版社，2002 年版。

美第奇家族兴盛的历史背景探究

张宇靖
（对外经济贸易大学意大利语系）

提　要：研究美第奇家族对文艺复兴的贡献必须了解其家族兴盛的历史背景。本文通过对自由城邦、城市国家、权力仲裁、市民体制、城邦派别、僭主体制、雅典公爵、梳毛工人起义八个概念的阐述，探究美第奇家族兴盛的社会背景和政治背景。

关键词：文艺复兴；美第奇家族；历史背景

Study on the Historical Background of the Prosperity of Medici Family

ZHANG Yujing
(Department of Italian, University of International Business and Economics)

Abstract: If we want to study the Medici family's contribution to the Renaissance, we must understand the historical background of its prosperity. This article tries to explore the social and political background of Medici family's prosperity through eight concepts: free city-state, city state, power arbitration, civil system, city factions, Archon government, Duke of Athens and the uprising of carding workers.

Keywords: Renaissance; Medici family; historical background

导　　语

意大利文化的极盛时期就是文艺复兴阶段，佛罗伦萨作为意大利文艺复兴的发源地和文化中心，在意大利文化史上具有极其重要的地位。美第奇家族是意大利文艺复兴时期佛罗伦萨的统治者，是意大利文化积极的践行者和推动者。家族成员对文化的酷爱和对艺术家的保护，为意大利和佛罗伦萨文化艺术史留下了一笔珍贵的财富。如今，绝大多数人一想到意大利就会想到佛罗伦萨，想到托斯卡纳地区，想到美第奇家族在这座城市、这个地域的辉煌历史。这里收藏的艺术瑰宝价值连城，每年都吸引着世界各地数以百万计的游客到此参观游览。然而人们可曾知道，这些瑰宝都与美第奇家族有着千丝万缕的联系，是美第奇家族留给世界的宝贵财富。

美第奇家族在佛罗伦萨和托斯卡纳的统治可谓起伏多变，不时由于政治斗争被迫交权。美第奇家族曾几经劫难，却也不断巩固了自身的统治地位，前后统治佛罗伦萨长达 300 年之久。从老科西莫（1389—1464）到家族的最后一位统治者詹·卡斯托内（1671—1737），美第奇家族见证了这座城市的荣耀与辉煌。美第奇家族登上佛罗伦萨政治舞台不是一个偶然现象，而是历史的必然。本文希望通过八个历史概念探究美第奇家族兴盛并能够统治佛罗伦萨 300 年之久的历史背景。

一、自由城邦

公元后第一个千年到来前夕，在整个欧洲大陆上出现了中世纪曾经被边缘化了的城邦的复兴运动。这场运动的中心就是意大利所在的亚平宁半岛。随着运动的不断深入，意大利城邦的规模和数量都达到了相当的水平，意大利在当时被称为“百城之国”①，至今仍有人这么称呼意大利。从 11 世纪开始，城邦的政治、经济和文化水平得到了进一步发展，许多城市国家逐步脱颖而出，获得了越来越重要的社会和政治地位。威尼斯、热那亚、比萨、阿马尔菲、米兰、波伦亚、费拉拉、卢卡、佛罗伦萨等城邦的地位尤为重要。从地理分布上看，这些城邦大多地处意大利的中北部地区，可见当时南部地区的经济、文化发展都相对落后，时至今日意大利也仍然存在着南北差距问题。这些重要城邦过去一直都是主教的领地，因而也深受教皇的影响。在城邦中生活的人群不仅有商人、手工业者、从事自由职业的重要人物（如美第奇家族初期）、律师、公证员，也有许多贵族家庭。每当皇帝的权力地位出现

---

① 参见弗兰克·切萨迪：《美第奇——一个欧洲家族的历史》，第 7 页。

危机时，就无心理会意大利事务，贵族家庭就会趁机将原来理论上仅属于皇帝的权力据为己有，替皇帝管理城邦。在城邦中，最初最有影响的家族主要是贵族家庭，他们为了利益经常联合起来，共同行使城邦管理权力，集体管理城邦事务。他们所承担的管理职能具体可分为：警察职责，负责城邦社会治安；税收职责，负责征收赋税和对违法违规行为处以罚金，收取城门税；贸易职责，负责监督和管理贸易秩序；金融职责，负责铸造城邦流通货币等。由此可以看出，这些城邦管理机制已具备了现代国家管理体制的部分特点。

到了 12 世纪，神圣罗马帝国皇帝也开始意识到城邦的自治威胁到帝国的统治地位，于是决定对这种日益增长的城邦自治行为采取行动。出身于霍亨斯陶芬（Hohenstaufen）家族的帝国皇帝菲德里科一世，人称巴巴罗萨，即“红胡子”（barbarossa），亲自率领军队南下远征意大利，希望通过武力使所有城邦重回他的皇权统治之下。但意大利城邦并不示弱，他们联合起来，共同抵抗皇帝的军队。城邦的精诚团结和坚决抵抗挫败了皇帝的进攻，例如，1176 年，伦巴第地区的各城邦团结在联盟的旗帜下，在莱涅诺田野大战中打败帝国军队。此后的帝国皇帝并没有放弃征服城邦的努力，继续采取进攻行动，但都没有成功。[①] 到了 14 世纪初期，帝国体制失去它大部分的军事和政治职能，意大利自由城邦拥有了牢固的根基。

二、城市国家

随着城邦的增多，出现了一种独特的行政管理体制——城市国家体制。在城市国家的初期阶段，以城市权力机构——城市公民大会为基础，成立了由少数人代表的权力机构，即执政官。此时佛罗伦萨的城市管理是由八位执政官负责的。执政官是各城区推举的代表，每个城区可以推举二至三名代表。执政官拥有一个辅助机构，主要由律法专家组成，其任务就是协助执政官管理城邦公务。此外，城邦的管理机构还有一个商议会，由 100 多名成员组成，成员多来自非贵族阶层，其职能是对城邦事务进行协商和审议，但由商议会达成的决定并不具约束力。当时还设立了所谓的立法机构，即人民大会（又称市民大会），大会每年在圣·莱帕拉塔修道院举行四次会议，其主要职能是批准执政官的工作情况报告、审批通过相关条约以及制定明确城邦下属各机

① 参见弗兰克·切萨迪：《美第奇——一个欧洲家族的历史》，第 8—9 页。

构的职能和义务的章程。

如果单从佛罗伦萨城邦的管理机构的设置来看，城市国家体制仿佛已具有许多现代民主的特点，但这只是看到了事物的表面现象，并没有看到事物的本质。在这里需要弄清楚一个很重要的概念，就是参与国家管理的人数和阶层，也就是说哪些人可以参加市民大会？有权选举城市商议会成员和执政官的“市民”又是些什么人？事实上，在佛罗伦萨城邦并不是所有人都享有市民的资格，拥有参政议政的权利。拥有这些权利的是城邦的少数阶层，主要由贵族和富有的商人组成。他们对文化具有垄断权，对国家的命运、政权体制有决定权，长期影响着城邦的政治文化活动。

三、权力仲裁

随着时间的推移，这种实质上为寡头政治的执政官城邦管理结构慢慢地出现控制危机，特别是当地的富有家族之间的斗争加剧了这种状况。许多富人来自附近的城镇。新近从城外搬迁到城里的贵族为保护自身的安全，同时也为了攻击对手，在城中到处修建具有防御工事性质的塔楼建筑。塔楼由手持兵器的骑士们把守，他们定期从塔楼中出来攻击其对手。这种城邦内部的严重对立，再加上骑士阶层特有的傲慢和自以为是，导致城邦内部管理的混乱局面进一步加剧。

为了缓解这类根深蒂固的内部矛盾，恢复城邦安宁的社会生活，城邦管理阶层找到了一种自认为可以解决问题的办法，即设立类似行政长官的单一执政官，以避免多个家族之间的权力之争。在此之前，执政官是由市民大会推选，或者也可以由更小范围的机构选出，只代表有影响的大家族的利益，在行使权力的过程中，也主要依靠这些派别的力量，权力行使的公正性遭到城邦其他家族的质疑。因此，为了确保权力执行的公正性，城邦管理机构决定执政官只能由外来人担任。同时，城邦还通过制定一种类似行为规范的准则来限制执政官的权力，即《城市管理手册》——至今仍保存于佛罗伦萨的博物馆。[①]《城市管理手册》主要是针对贵族目无法纪、危害市民、扰乱治安和有政治野心而采取的法制手段。判断是否属于此类贵族在于其政治态度和实际行为，而出身门第尚在其次。《城市管理手册》标志着一种完美权力手

---

① 参见弗兰克·切萨迪：《美第奇——一个欧洲家族的历史》，第9页。

册的诞生。在执政官人选确认后，城邦政府就要提请市民大会核准其提名申请；在提名申请得到批准后，城邦政府就与事先选定的人选接触并商定报酬和上任日期。在就有关事项达成一致后，法官要在主教和市民面前主持隆重的宣誓就职仪式。自此，执政官正式走马上任。在执政期间，执政官要把与市民的接触减少到最低限度，以避免受到特别利益集团的影响（甚至有禁止其在市内进餐的规定）。① 为使执政官在为期一年的任期内更好地履行自己的职能，城邦政府还推举来自建筑、绘画、雕刻艺术等领域的七位执事对执政官进行辅佐。

四、市民体制

在探究市民体制之前，分析行会组织这一当时特殊的社会现象很有必要。行会是某一特定职业或行业的自由协会，是佛罗伦萨市民生活和经济活动中一个非常重要的现象。行会不仅自行管理本行业的商业活动，而且代表本行业在城邦政治生活中发挥作用。各行会都有自己的行规和组织机构，定期选举自己的会长或者旗手代表本行会开展活动。同时，各行会都有自己的会徽和保护神。早在13世纪初期，同业行会就成为城市经济生活中十分重要的组织。城市中的居民大多都有自己所隶属的行会，几乎每个行业都有自己的行会。在佛罗伦萨，行会有大行会和小行会之分。大行会有七个：羊毛行会、布商行会、丝绸行会、皮货商行会、医生和药剂师行会、公证人行会和银行家行会。小行会有14个，例如屠夫行会、鞋匠行会、铁匠行会、旅馆店主行会、锁具商行会、面包商行会、酒商行会等。在所有小行会中，只有圣·卢卡行会（其成员主要为画家）后来成为了社会中上层，其余13个小行会在政治和经济上都依附于大行会。行会的成员一般分为管理者、师傅以及学徒或帮工三类。行会的职能有多种，其首要职能是经济管理性的。行会通过学徒制度培养合格的工匠，合理分配原材料，对商品的生产和供给过程进行控制，监督产品质量和生产活动，促使成员采用新技术等。其次行会还有政治职能，与城市其他贵族一道分享管理城邦的权力。此外，行会还有重要的社会职能，特别是慈善救济和仪式功能。行会是早期社会重要的社会救助组织，他们救济社会弱势群体。在行会里，师傅的婚丧嫁娶不是个人的事情，而是整个行

① 参见弗兰克·切萨迪：《美第奇——一个欧洲家族的历史》，第9页。

会的工作。行会都有自己的保护圣徒，行会自己组织宗教节日庆典，也以集体的形式参加城邦组织的各类游行和庆典活动。

行会组织的兴盛及其在城邦生活中的重要地位，充分说明在 13 和 14 世纪，手工业和商业资本业者（银行家）在意大利许多地方特别是佛罗伦萨发展迅速。自称为“人民”的资产阶级开始在城市政治生活中追求更高的地位，也乐见城邦贵族阶层在城邦的统治地位的下降。经过多年斗争，在佛罗伦萨终于诞生了一种市民体制。按照这种体制，城市市民被划分为 30 个团体（compagnia），每个团体的划分是以居住地为标准。各团体都设有一个由 24 人组成的委员会，委员会成员由团体辖区内市民选举产生。各团体设旗手一人，由委员会选举产生。每个旗手有 4 个助手（rettore）。在发生战争的情况下，每个团体都有义务组建自己的市民武装，以抵御外来侵略。这在当时是一个伟大的创举，具有很重要的历史意义。因为在中世纪，宣布开战和结束战争是封建贵族的专利，市民是没有发言权的。市民武装由指定的武装部队指挥官指挥。在城邦处于危机的情况下，指挥官则手举旌旗（一面由红白两个横条组成的旗帜）下达命令，并敲响位于老桥附近的用于呼唤市民集合的雄狮钟楼的大钟。指挥官与最高执政官共同成为捍卫人民权利的卫士。

五、城邦派别

佛罗伦萨市民体制的章程，明显具有针对贵族阶层的对立倾向。如章程规定任何人揭发贵族中存在针对指挥官和一般民众的阴谋，就可以获得酬金等。[①] 城邦中出现了权力的二元对立，即资产阶级及其相关体制与贵族统治的旧体制之间的对抗。资产阶级体制想方设法要取代后者，而后者则为了自身利益进行坚决抵抗。

在当时，即 13 世纪上半叶，来自施瓦本家族（Svevia）的帝国皇帝兼意大利国王菲德里科二世（Federico Ⅱ）开始对意大利城邦政权发动战争。城邦也因支持帝国皇帝或支持教皇而分为两个政治联盟，城邦政权使用“圭尔菲”和“基贝利尼”来区分城邦中的政治派别。基贝利尼是指那些与皇帝菲德里科联盟的城邦（也称为皇帝党），而圭尔菲则代表由教皇支持的与皇帝

① 参见弗兰克·切萨迪：《美第奇——一个欧洲家族的历史》，第 10 页。

相对立的城邦（也称为教皇党）。“圭尔菲”和“基贝利尼”两词来自日尔曼语：施瓦本家族的克拉多三世（Corrado Ⅲ）（1137—1152）在位期间，家族内部出现了严重的派别对立，也就是霍亨斯陶芬公爵集团和巴伐里亚公爵集团的内部斗争；支持前者的被人们称为“waiblinger”（术语译为意大利语为ghibellini，基贝利尼或吉柏林），支持后者的被人们称为“welfen”，取自一个遥远的先人的名字（意大利语则为guelfi，圭尔菲）。[①] 一般来讲，基贝利尼派以各地的封建领主为主，圭尔菲派则以城市为基地，但也不尽然，到13世纪时，城邦内部的市民也有这两派之分，城内的封建贵族后裔和贵族化的富商豪族多跻身于基贝利尼派，市民群众多倾向于圭尔菲派，但圭尔菲派的中坚力量仍是殷实大户和上层市民。

城邦政权为什么不团结起来共同反对菲德里科二世的入侵，而出现这样对立的两个政治派别呢？原因在于许多贵族家族之间、城邦政权之间及其内部的相互对立和斗争从未停止过。从1220年开始，比萨城邦和西耶纳城邦加入基贝利尼派，与企图称霸整个托斯卡纳地区的圭尔菲派的佛罗伦萨城邦作对。佛罗伦萨和西耶纳为了争夺瓦尔德尔萨地区进行了多次较量，因为这一地区地理位置重要，而且还是重要的粮食作物小麦的重要产地。[②]

基贝利尼和圭尔菲政治派别的产生进一步使意大利城邦的政治生活变得复杂。在佛罗伦萨，既有圭尔菲派又有基贝利尼派，两派都有自己的办公场所，至今在佛罗伦萨仍保存有圭尔菲派大楼。圭尔菲派在这里指挥自己的武装力量和提出自己的政策主张。两派之间的对立使得整个13世纪城邦内部经常发生严重派别冲突，这种状况一直到14世纪的前半叶后期才得以停歇。以13世纪60年代发生的事件为例，足以看出城邦派别斗争的复杂性和残酷性。1260年，在蒙塔贝尔蒂（Montaperti），比萨、西耶纳和比斯托亚的基贝利尼派的军队，联合打败了佛罗伦萨圭尔菲派，于是基贝利尼派在佛罗伦萨执政长达六年之久。直到1266年，菲德里科的继承人曼弗雷迪（Manfredi）在贝内文托（Benevento）被教皇的同盟者、法国国王路易九世的弟弟查理·安茹打败，圭尔菲派才重新获得在佛罗伦萨的执政地位。三年后，托斯卡纳的基贝利尼派在瓦尔德尔萨山谷（Colle Valdelsa）再次遭受军事重创，损失惨重。

13世纪末期，佛罗伦萨城邦的圭尔菲派内部发生了新的分裂，使得佛罗

---

① 参见弗兰克·切萨迪：《美第奇——一个欧洲家族的历史》，第11页。

② 参见弗兰克·切萨迪：《美第奇——一个欧洲家族的历史》，第11页。

伦萨城邦内部的政治斗争变得更加残酷。新分裂产生了“黑派”和“白派”：这种对立来自两派资产阶级市民阶层的重要家族，黑派为首的是多纳蒂(Donati)和斯皮尼（Spini）家族，白派为首的是切尔基（Cerchi）家族和他的同盟者。圭尔菲派和基贝利尼派的对立，再加上黑白两派的内部争斗，使得对城邦控制权的争夺异常激烈。黑派受到教皇博尼法齐奥（Bonifacio）八世的支持，而白派没有如此的幸运，缺少同样的权威组织做后盾。残酷的内部争斗使得仇恨和复仇成为城邦生活的家常便饭。文艺复兴时期的文学巨匠但丁就是这种城邦内部仇恨的受害者，由于黑派势力的迫害，身为白派的但丁于1301年被驱逐，并再也没有回到祖国，于1321年流放期间客死拉文纳。

六、僭主体制

从14世纪上半叶开始，意大利城邦国家中所谓的民主体制走向没落，有逐步向僭主政体发展的趋势。“僭主政体”是一个政治学术语，在古希腊时代，不通过世袭、传统或是合法民主选举程序，而是凭借个人的声望与影响力获得权力的城邦统治者被称为“僭主”。在同一个国家中，可能分别被不同外部利益主体委托的多个僭主，或者同一个外部利益主体同时委托几名僭主候选人参与政府竞选。僭主政治通常只能在国家的经济运行中被察觉，而很难从具体政治主张或政治派别中识别，因为僭主是非常善于伪装的，是一种建立在一个家族的专权和僭主自身的权威基础之上的政府执政形式。

在这里需要说明的是，僭主体制的概念在佛罗伦萨指的不是一种个人权力，而是一种新的市民政府执政形式。这种新政府由八位执政官组成，其中六位来自建筑、绘画和雕刻艺术行业，两位来自工艺美术行业。执政官的选拔是通过抽签的方式从符合资格的人中选出，各行会中年满30岁的人都有被选举权。一开始执政官的任期只有两个月，后来延长至六个月。此外，从执政官当中再选出一个旗手，作为执政官政府的代表，代表政府开展活动。

在政府的实际运作中，遇到重要情况时，执政官要与另外的12位“贤人”和16位旗手协商。在其余的集体执法机构中，八人护卫队承担秘密警察的职能，六位市场督察负责对经济活动的监控。同样，这些人员也要通过抽签形式选出。此外，执政官还可以直接与民众对话：在战时，当需要作出重要的决策时，执政官就会通过老宫（Palazzo Vecchio）上的钟声把所有年满14岁的男性公民召集到僭主广场。如果出席的人数超过选举人数的2/3，就可以讨论成立十人权威机构（dieci di balia）。该机构具有战时特别权力，任务很明确，就是负责城市的防务。①

七、雅典公爵

经过体制的几度变迁，佛罗伦萨的政权机构变得异常复杂，然而恰恰是这种复杂性才能成为防止个人专制的最好保证。在接下来的大约一个世纪的时间里，佛罗伦萨的这种共和国体制成为阻止美第奇家族权力膨胀的巨大屏障。美第奇家族的老科西莫、豪华者劳伦佐，一直到阿莱桑德洛公爵，他们虽然作为佛罗伦萨重要的市民和最有影响的人物，但从没有担任过城邦行政首脑的职务。直到1569年，当科西莫一世创建托斯卡纳大公国后，美第奇家族统治才不仅从形式上而且也从实质上成为可继承的王权形式。

冰冻三尺，非一日之寒。佛罗伦萨所谓的民主政权体制的衰败也同样经历了一段长时间的危机。冲突的爆发始于城邦派别相争的年代，前面讲过，佛罗伦萨城邦参加圭尔菲派，反对意大利中北部的基贝利尼派的僭主：米兰的维斯孔蒂家族、维罗纳的德拉·斯卡拉家族和卢卡的卡斯特鲁齐奥·卡斯特拉卡尼家族。当时意大利圭尔菲派的代表人物是那不勒斯国王罗贝托·德·安基奥。他劝说佛罗伦萨临时接受他的僭主统治。他这样做的目的很清楚，就是在托斯卡纳地区统一圭尔菲派的军事指挥权。从某方面来讲，他开创了类似于罗马共和时期的个人专制专权的政权形式。

1325年，安基奥的僭主统治被他的儿子卡拉布里亚公爵查理所替代，但查理统治的时间并不长。查理公爵的统治方式不是直接统治而是由其代理人代为管理。1327年，公爵去世，城邦的控制权再度回到了以往的旧体制。为了防止类似情况再次发生，城邦政府作出重要决定，不再将城市的僭主统治权交给任何个人。但这些决定都是无谓的许诺：15年过后（即1342年），佛罗伦萨企图恢复自身的军事实力，向世仇卢卡开战，由于客观和自身的原因，战争遭到惨败。为了对付来自卢卡的威胁，城邦临时请求那不勒斯城邦政权派人帮助管理，于是佛罗伦萨迎来了一个新的外国僭主——法国人瓜铁黎·迪·布雷内（Gualtieri Di Brienne），人称雅典公爵。曾是法国国王查理的摄政官。雅典公爵通过软硬两手对佛罗伦萨实行专制统治。一方面，他希望与

① 参见弗兰克·切萨迪：《美第奇——一个欧洲家族的历史》，第13页。

民众的愿望达成一致，恢复了许多在当时已被取消的传统节日，并且还新设立了一些节日。此外，还许诺建立新的专属羊毛工人的行会组织，主要目的在于笼络那些“地位低微”的羊毛行业的工人；另一方面，通过大量使用警察恐怖以使其对手保持沉默。但一种暴力会引发另外一种暴力，这种状况并没有维持多久。1343 年，佛罗伦萨人民联合起来，发动了一场人民暴动，从而结束了法国人在佛罗伦萨短暂的统治。

八、梳毛工人起义

14 世纪末期，也就是在美第奇家族开始登上佛罗伦萨政治和经济舞台的前几年（1378 年），在佛罗伦萨爆发了著名的被称为“毛纺工人暴动”的事件。

在这个阶段，佛罗伦萨的政治体制还是两极结构：官方政权——也就是那个属于正义旗手和八位执政官的权力，以及圭尔菲派。在官方政权中，大行会的势力明显大于小行会。地位低微的商人和小工匠（小工艺人）群体没有组织行会的权利，被排除在政治活动之外，尤其是那些毛纺行业的领薪工人，他们没有任何权利可言，是生活在社会最底层的阶层。而与此相伴，在城邦政治生活中，出现了圭尔菲派。圭尔菲派的市民贵族身份得到社会承认，这些城邦新贵在城邦政治生活中行使着政治权力。

在那个年代，佛罗伦萨市民与贵族之间存在着激烈的矛盾冲突。这种斗争在 1375 年至 1378 年 7 月期间变得更加尖锐。当时，教皇派兵进占佛罗伦萨的近邻埃米利亚地区，为了反对教皇格里高利十一世，佛罗伦萨城邦政府决定对教皇军队发动战争。尽管在那时的佛罗伦萨，真正含义上的基贝利尼派已被无情地送上了流放之路，圭尔菲派还是不同意发动针对教皇的战争，他们对战争的发动者和基贝利尼主义的怀疑者发出警告，寻求抵制战争。

当时，佛罗伦萨市民阶层立即采取行动，对圭尔菲派的攻击进行反击。他们按照《正义法规》［1293 年在加诺 · 德拉 · 贝拉（Giano Della Bella）的领导下由行会政府颁布，后来被废除。加诺是佛罗伦萨出身名门的市民，德才兼备，家产殷实，在市民中拥有威信。《正义法规》主要是针对城邦中大族目无法纪、危害市民、扰乱治安和有政治野心而采取的法制手段］的规定，把那些被大议事会列入大族行列的家族，排除在政治生活之外。这时的佛罗伦萨大族指的是在世纪初期迁入城市来自城郊的封建主，也正是这些人构成了圭尔菲派的骨干。在1378年6月，正义旗手（confalonere di giustizia）萨尔维斯特罗·德·美第奇（Salvestro De Medici）——伟大的美第奇家族支脉中的一员——向大议事会提议恢复《正义法规》。面对大议事会中的反对意见，反对大族的一派号召人民起义，并且得到了手工艺界民众的坚定支持。6月21日是武装冲突和残酷暴力最激烈的一天，市民和普通大众的队伍获得了优势。迫于民众的压力，6月28日成立了新政府，但新政府并没有采取革新措施，以博得小行会和社会底层人士的支持，满足起义者的愿望。为此，反大族阵线的民众决定举行一次暴动，但密谋者被逮捕。举行暴动的民众作出了迅速和坚决的反应。7月18日，梳毛工人的政治示威发展为声势浩大的群众运动，三天后包围执政官会议所在的政府大楼，起义工人完全控制了城市。起义者撤换了全部政府成员，并推举毛纺工人的代表米凯莱·迪·兰多为新的正义旗手，又从工人组成的三个新行会（即工人选出的政治组织，包括梳毛工人、印染工人和裁缝工人的行会）选出四位执政官，和其他行会组织选出的四位执政官组成新一届执政官会议，任期仍为两个月。

这届以兰多为首的执政官会议实际上是一个过渡政府，工人们想通过它进一步组建更民主的工人政权，但这一努力未能实现。在兰多政府任期快满之时，工人们行动起来，要求仍具行会色彩的执政官会议把全部权力交给由工人组成的八人委员会。这种革命要求已经触及佛罗伦萨资产阶级政权的根基，行会资本家自然决不同意，甚至兰多之类的小资产阶级也害怕工人的激进，进而站在七大行会一边。8月31日，梳毛工人决定举行武装起义，但由于兰多变节，将工人队伍引进早已设置好的圈套，当起义队伍在政府大厦广场聚集时，所有路口均被封锁，参加起义的工人惨遭资产阶级政权残酷杀害。

在资产阶级统治下的佛罗伦萨，不容许工人有自己的组织已是天经地义之事，工人要掌握政府、掌管政权更是大逆不道之举，因此所有文艺复兴文化的代表人物都把此次工人起义视为暴民暴动，而背叛工人的兰多却成为他们心目中拯救共和国的英雄。另外，工人起义的悲惨结局也反映了一个明确的政治含义，即大商人资本家和金融家已成为城市的统治力量。美第奇家族作为他们的杰出代表，注定要成为统治佛罗伦萨的伟大家族。

结语

从自由城邦到梳毛工人起义等八个概念，也就是美第奇家族登上佛罗伦萨政治舞台前的八个历史发展阶段，基本反映出了美第奇家族发迹所处的社会环境和政治背景，勾勒出了佛罗伦萨城邦的初期创建史，对全面了解美第奇家族15世纪初在佛罗伦萨崛起所处的外在环境，全面评价美第奇家族对意大利文艺复兴的贡献，以及公正评价美第奇家族在意大利历史上的地位，都会有所帮助。这是全面认识美第奇家族必须研究和了解的内容，也是研究意大利文艺复兴必须深入思考的课题。

参考文献

1. 弗兰克·切萨迪：《美第奇——一个欧洲家族的历史》，曼德拉格拉出版社，1999年版。

2. 雅各布·布克哈特：《意大利文艺复兴时期的文化》，上海：商务印书馆，1982年版。

3. 姚介厚、李鹏程、杨深：《西欧文明》，北京：中国社会科学出版社，2002年版。

4. 张世华：《意大利文艺复兴研究》，上海：上海外语教育出版社，2003年版。

5. 王军、王苏娜：《意大利文化简史》，北京：外语教学与研究出版社，2010年版。

“追忆南斯拉夫时代的美好生活”

——浅析南斯拉夫怀旧情结

彭裕超

（北京外国语大学欧洲语言文化学院）

提　要：目前，在前南斯拉夫地区，可以察觉到一种怀旧思潮正在逐渐升温，而学界将这种怀旧思潮称为“南斯拉夫怀旧情结”。它是前南各国人民特有的一种心理和文化现象，它有两种截然不同的意义：一种是代表个人的积极的生活态度，另一种则是带有贬义的标签。本文将结合社会学调查数据，对“南斯拉夫怀旧情结”的形成原因、社会背景和积极意义进行分析。进而总结这种怀旧情结的现实意义：前南各国人民肯定过去、审视现在、展望未来的积极心理状态。

关键词：南斯拉夫怀旧情结；南斯拉夫；怀旧；塞尔维亚

“Cheers to the Good Life”
—A Brief Study on Yugonostalgia

PENG Yuchao

（School of European Languages & Cultures, Beijing Foreign Studies University）

Abstract: Nowadays, it’s not difficult to notice that a nostalgic trend is warming up in the Former Yugoslavian countries. This trend is known as “Yugonostalgia” to indicate this psychological and cultural phenomenon among citizens of the former Socialist Federal Republic of Yugoslavia (SFRY). While its anthropological and sociological aspects have not been clearly recognized, the term, and the corresponding epithet “Yugo – nostalgia”, are commonly used by the people in the region in two distinct ways: as a positive personal descriptive, and as a derogatory label. This paper studies its origin, development and social background referring to sociological survey data, so as to summarize its practical and positive significance: affirmation of the past, examination of the present and expectation of the future.

Keywords: Yugonostalgia; Yugoslavia; nostalgia; Serbia

一、"生活万岁——追忆南斯拉夫时代的美好生活"

2013年6月4日，一个名为"生活万岁（Živeo život!）——追忆1950—1990年南斯拉夫时代的美好生活"的展览在贝尔格莱德百货商店旧址开幕了。该展览通过多种技术手段（展品、装置、音频、视频、3D投影等）展示了1950—1990年间南斯拉夫平民百姓的日常生活，从油盐酱醋到高新技术，从物质文明到精神文明。各种展品全方位描绘了当时人们的生活面貌：富足、自豪、欣欣向荣。

策展人乌洛什·拉杜洛维奇（Uroš Radulović）花了多年时间收集展品和筹备此次展览，他表示："展览的宗旨在于，让年轻人得以体验上一辈人的生活；让上一辈人得以回味过去的美好生活；引发人们对国家命运的深刻思考。"①

展览在社会上引起了热烈反响。观众们深受感动。20世纪50—90年代，南斯拉夫工业生产紧跟世界潮流，迅猛发展，大量本土品牌陆续涌现，包括本土的"可口可乐"——柯克达（Cockta）饮料，本土的"菲亚特"——菲洽（Fića）汽车，本土的"雅马哈"——托莫斯（Tomos）摩托车，本土的"阿迪达斯"——亚萨（Jasa）运动装，等等。这些产品从各个方面满足了人们对生活品质的追求。它们的出现也说明南斯拉夫人民在20世纪50年代就解决了温饱问题。然而随着时间的推移、政局的变换，南斯拉夫最终分崩离析，这样的社会现实，又使人们的生活发生了巨大的变化——美好的生活成为了追忆。"生活万岁"展览向人们展现了南斯拉夫曾经有过的美好岁月。最近20年来，作为前南斯拉夫重要成员国的塞尔维亚发展状态低迷不振，此展览在引起观众的怀旧之情的同时，更多的是鼓舞人们追求美好的生活。

---

① 塞尔维亚电台电视台网站，http://www.rts.rs/page/stories/sr/story/16/Kultura/1473094/%22%C5%BDiveo+%C5%BEivot%22,+drugi+deo.html。

二、“铁托时期最幸福”

2010 年，塞尔维亚社会民主研究中心弗雷德里奇·艾博尔特（Fridrih Ebert）基金会开展了一个名为“社会主义向资本主义转型 20 年”的社科研究项目，其中一项内容是对 2000 位年龄区间为 16—70 岁的塞尔维亚居民进行问卷调查，问卷中包括 109 道问题。统计和分析的结果为：约 80% 的受访者认为南斯拉夫社会主义联邦共和国（SFRJ）时期（铁托时期）的人民生活最为美满；10% 的受访者认为目前的人民生活最为美满；6% 的受访者认为米洛舍维奇时期的人民生活得最好。

2014 年，塞尔维亚媒体机构“尼纳传媒”（Ninamedija）对居民的生活满意程度进行了更为深入的调查。在 1200 名受访者中，72.8% 的受访者对铁托时期的生活最为满意；11.4% 的受访者对铁托之后、米洛舍维奇之前的时期的生活最为满意；8% 的受访者认为塞尔维亚的生活从未让人满意过；6% 的受访者对米洛舍维奇时期的生活最为满意；4.5% 的受访者认为 2000 年 10 月米洛舍维奇政权被推翻之后的生活最为美满；2.3% 的受访者认为奥布兰诺维奇·卡拉乔治维奇（Obrenović Karađorđević）[①] 时期的人民生活得最好；2.2% 的受访者认为其他时期的人民生活得最好。（见表 1）

表 1　哪个时期人民生活最幸福

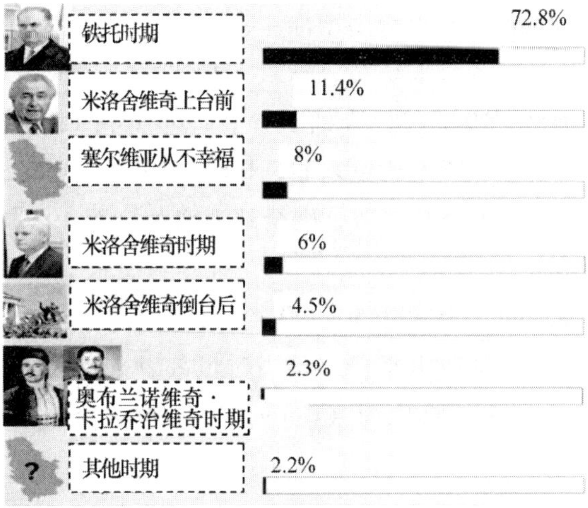

① 奥布兰诺维奇·卡拉乔治维奇（ObrenovićKarađorđević），于 1815—1839 年和 1858—1860 年当塞尔维亚王子。参加过第一次塞尔维亚人起义，领导发起第二次塞尔维亚人起义。在他的领导下，塞尔维亚在奥斯曼帝国获得了自治权。

研究员之一的斯雷茨科·米哈伊洛维奇（Srećko Mihailović）认为这样的民意调查结果并不让人感到意外。他认为人们普遍觉得在社会主义时期过得最好，是因为当时人们有稳定得多的工作和大得多的公民权利，且当时有强而有力的政府。①

甚至是现在，大部分的塞尔维亚人民都认为南斯拉夫是国家安全与生活保障的代名词。大量的数据表明，在铁托时期，塞尔维亚的社会生产力大幅发展，政府深得人心，人民生活质量稳步提升，人民心理满足感很高。更有趣的是，年青一代没有经历过铁托时期的塞尔维亚人，同样认为铁托时期是塞尔维亚历史上的“太平盛世”。世界杯期间，人们还调侃道：如果南斯拉夫没有分裂，就有机会捧起大力神杯了；如果南斯拉夫没有分裂，塞尔维亚早就进入欧盟了。以下，我们将从三个方面来看为什么人们认为铁托时期是最幸福的时期。

（一）大幅发展的社会生产

在经济发展程度方面，南斯拉夫在1954—1980年间，社会总产值年平均增长率为6.5%，其中工业平均增长率为9.1%，农村人口的比重从战后初期的77%降到30%左右，20世纪70年代末的时候人均年收入已达1400美元，是一个中等发达程度的工业国家。南斯拉夫的就业人数不断增加，人民的生活水平也大幅提高。在1947—1975年间，个人纯收入总额提高了5倍以上，国家用于提高人民生活水平的费用增加4倍，用于社会服务和住户建设的经费增加6倍。用恩格尔系数来衡量，饮食支出占个人消费支出的比重，1952年为54%，属温饱型；1973年已降到39%；1986年降到37.7%，属富裕型。从个人消费在国民收入中所占比重来看，1965—1980年平均占63%，如加上教育、文化、医疗卫生等公共消费，则全部消费基金至1980年时已占国民收入的72%—75%。②

正如上文所提到的，20世纪50—90年代，南斯拉夫涌现了大量的本土品牌，无论设计水平还是制造水平，都是当时世界领先的。其中，较有代表性的为利兹（Riz）电视机、格伦涅（Gorenje）家用电器、乌特瓦（Utva）航

① 塞尔维亚《时代报》，http://www.vreme.com/cms/view.php?id=113931。

② 数据来源：章永勇：《列国志：塞尔维亚和黑山》，北京：社会科学文献出版社，2005年版，第180页。

空工业①、中央纺织（Centrotekstil）和尼什电工（EI Niš）等。另外在军事工业方面，较为突出的是塞尔维亚的坦克制造。塞尔维亚坦克本可在欧洲乃至世界市场占有一定份额，无奈的是，在南斯拉夫分裂之后，这些项目都纷纷被叫停了。

在汽车工业方面，南斯拉夫也有着良好的基础。南方（Jugo）、旗帜（Zastava）等汽车品牌凭借着优秀的品质迅速博得大众的喜爱，它们也成为了南斯拉夫汽车的代言品牌。然而到了20世纪90年代，随着南斯拉夫分裂，政治动荡和战争不断使旗帜汽车蒙受巨大损失，从此旗帜汽车便一蹶不振，苟延残喘。近年来，现代汽车、起亚汽车、雪铁龙汽车、标致汽车纷纷在斯洛伐克等中东欧地区国家设厂，大力拉动了当地的生产和经济。塞尔维亚经济学家佐澜·波波夫（Zoran Popov）带着怀旧的感伤情绪说道：“塞尔维亚原本可以拥有这一切（汽车工业）。”

曾经的南斯拉夫，作为一个联邦国家，生产资料得到了很好的利用。比如汽车制造的过程中，塑料部件可以在塑料工业发达的克罗地亚生产，电子部件可以在电子工业发达的斯洛文尼亚生产，而整体装配可以在钢铁工业较为发达的塞尔维亚进行，如此一来，既可以节约生产成本，又可以提高生产效率。另一方面，作为联邦国家的南斯拉夫，也有着更大的消费市场，这有助于推动经济发展。在那个稳步发展的时代，南斯拉夫人民有着稳定的工作，有着稳定的收入，可以从银行申请到贷款以购买房屋和汽车，政府为人民提供免费的教育和医疗保障，人民每年夏天可以去海边度假，冬天可以去山上滑雪。另外，值得一提的是，铁托时期的南斯拉夫轻工业得到了很好的发展，因此妇女的就业率也很高，从而使妇女社会地位得到了大幅提高。

社会生产的发展给人民带来了富足的生活资料，欣欣向荣的社会景象为人民带来了积极的生活态度，见表2。因此我们不难理解，铁托时期的南斯拉夫，在物质和精神两个层面上让人们的生活洋溢着幸福感。

---

① 乌特瓦航空工业坐落于塞尔维亚潘切沃（Pančevo），专注于民用飞机的制造生产。1999年北约轰炸期间，厂房受到严重毁坏。

表 2　1952—1970 年宏观经济增长（年度变化的百分比）①

	1952—1960	1961—1965	1965—1970	1952—1970
实际国内生产总值	6. 7	6. 2	4. 8	6
制造业和采矿业	12. 3	10. 7	6. 1	10. 1
建筑业	4. 9	9. 5	4. 7	6. 1
消费	4. 8	4. 7	6. 3	5. 2
实际个人收入	1. 3	9	5. 9	7
出口额	12. 5	12	8. 2	11. 1
进口额	8. 4	8. 3	11. 7	9. 8
固定投资总额	9. 7	7. 5	6. 3	8. 2
经济投资	77. 6	67. 1	60. 1	63. 6
非经济投资	22. 4	32. 9	39. 9	36. 4

（二）深得人心的政府，良好的社会保障

弗雷德里奇·艾博尔特基金会调查研究的数据表明：45%的受访者认为铁托时期的南斯拉夫政府是值得信赖的；23%的受访者则认为佐澜·金吉奇（Zoran Đinđić）时期的政府具有公信力；仅有19%的受访者表示对现在的政府怀有信心。

20世纪70年代，南斯拉夫凭借国民经济的迅速发展，成功跻身于欧洲中等发达国家的行列。当时的南斯拉夫人享有广泛而丰厚的社会福利待遇。以医疗保险为例，20世纪70年代，社会用于医疗保健方面的资金就占国民收入的6.5%。享有医保权的不仅是职工、退休金和残疾人生活费领取者，而且还包括他们的直系亲属，以及个人劳动者。1978年，享有医保权的人数就达到1663.7万人（据1971年人口普查，该年全国总人口为2052.2972万人）。医保范围也十分广泛：住院期间住院费和伙食费一律免交，去世时还可以获得安葬费和家庭抚恤金。15岁以下儿童可以享有免费医疗和预防性医疗保护；15—26岁的全日制学生还可以免费治疗各种传染性疾病，如结核

① 数据来源：约翰·R. 兰普：《南斯拉夫史》，中国出版集团东方出版中心，2013年版，第327页。

病等①。

在其他社会福利保障方面，南斯拉夫人享有以下补贴：职工在病、伤、怀孕、生育和护理家庭成员期间，有权获取个人收入补贴；获低退休金者，可获保护性补贴；因调到低工资岗位或缩短劳动时间而使收入降低者，可获相应补贴；非工伤引起的伤残职工可获得一定的救济等。南斯拉夫人还享有带薪假期：职工每年可带薪休假16—30天，特殊情况可延至60天；产妇享有带薪休假180—365天的权利。孩子不满一周岁的母亲可以每天工作半天且不减薪；孕妇和有不满三周岁子女的母亲不得上夜班和加班等。政府为弱势人群设立免费的幼儿园、保育院、孤儿院、退学青少年工作机构、敬老院、残疾人护理院、成人收养所、综合护理院等。对人均收入低的家庭，国家给予家庭中的儿童以专门的补贴。

综上所述，铁托时期的南斯拉夫人不仅享有比较优越的物质生活，还享受着完善的社会保障。南斯拉夫国民生活水平在东欧一度领先。他们还有较为宽松的民主、自由权利，可以自由到国内各地或国外去旅游度假或出国谋职和学习。

（三）南斯拉夫怀旧情结

弗雷德里奇·艾博尔特基金会的问卷调查结果还呈现出一个有趣的现象，就是大部分塞尔维亚人对南斯拉夫时期有一定的怀旧情结。贝尔格莱德大学心理学教授扎尔科·特雷布叶莎宁（Žarko Trebješanin）表示：“对过去的理想化想象，是人性的一个方面。”

20世纪80年代末到90年代初，东欧各社会主义国家经历政治体制和社会制度的剧变之后，都出现了严重的经济倒退，某些国家的经济倒退更是毁灭性的。各国在剧变后多年，经济才得以复苏。以GDP为例，波兰在1995年才恢复到1989年的水平，而斯洛文尼亚在1998年、马其顿在2000年才得以恢复。而另外有些国家，时至今日都还没有恢复过来，比如乌克兰和塞尔维亚。目前，塞尔维亚的经济问题主要是高企的失业率（20.8%）和巨额的外债（256亿欧元）。值得注意的是，目前塞尔维亚的外债比过去整个南斯拉夫联邦的外债（250亿美元）都要高。参见表3、表4。

---

① 章永勇：《列国志：塞尔维亚和黑山》，北京：社会科学文献出版社，2005年版，第180页。

表 3 前南各国 GDP 世界排名（2013 年）①

国家	人均 GDP 排名	人均 GDP/美元	GDP 排名	GPD/亿美元
斯洛文尼亚	34	22657	83	468
克罗地亚	52	13655	74	591
黑山	78	7318	154	45
塞尔维亚	92	5667	88	437
波黑	98	4866	111	188
马其顿	97	5050	133	106

表 4 前南各国平均工资与退休金②

国家	工资/欧元	退休金/欧元
斯洛文尼亚	1040	604
克罗地亚	735	326
黑山	505	255
波黑	399	168
塞尔维亚	326	210
马其顿	321	244

面对严峻的经济局面，再加上与过去“歌舞升平”的南斯拉夫的对比，就不难理解塞尔维亚人对“那些年”的怀念了。上述问卷调查的统计结果显示，18—29 岁的受访者群体中，有 62% 认为铁托时期的生活是最幸福的，尽管他们从未体验过。特雷布叶莎宁教授分析道：“当前的生存状况堪忧，未来的生活前途渺茫，这两点进一步加深了年青一代对过去的向往。年青一代从父母的口中了解到了铁托时期的太平盛世——人们有着稳定的就业、享受完善的教育和医疗保障，可以自由地出国求学或谋职，每年享有一次带薪休假，再联想到他们自己的童年时期的国家遭遇：国际制裁、北约轰炸和通货膨胀，势必得出今不如昔的结论。”

社会学家博利斯 · 亚索维奇（Boris Jašović）则评论道：“尽管哲学家、社会学家、政客从不间断地围绕着南斯拉夫人的自由和民主问题进行争论，但不可否认的是，南斯拉夫是一个福利完善的国家，对于大多数人来说，在

① 数据来源：维基百科，http：//en. wikipedia. org/wiki/List_ of_ countries_ by_ GDP_ (nominal)。

② 数据来源：塞尔维亚《闪光报》，http：//www. blic. rs/Vesti/Tema – Dana/242183/Bez – Juge – svi – smo – gubitnici。

社会生活的各个方面中南斯拉夫就是国家安全与社会保障的代名词。伴随我们成长的是免费的教育和医疗、稳定的就业以及安宁的社会环境。而今天，我们是得到了更大的自由和民主，但生活朝不保夕，负债累累，随时要以出卖国家尊严而换取利益。因此，残酷的社会现实让我们不得不怀念过去的美好。”

民主研究中心主任德拉格鲁布·米楚诺维奇（Dragolju Mićunović）做了一个形象的比喻：“在我看来，过去人们就像是生活在笼子里的动物，而现在这些动物被放生了，却无从觅食，犹犹豫豫，进退维谷，最终还是想回到笼子里。”这个比喻残酷而准确地形容了当前普遍的社会心理。

三、结语——“南斯拉夫怀旧情结”何去何从

在国外学界中，早已有学者对“追忆南斯拉夫的美好日子”有深入研究了。这种特殊的怀旧情感有一个专有名词——“南斯拉夫怀旧情结”（Yugonostalgia）。① 学者妮可·林德洛姆（Nicole Lindrom）在论文《前南斯拉夫的怀旧思潮：复辟与反思》（*Yugonostalgia: Restorative and Reflective Nostalgia in Former Yugoslavia*）中对“南斯拉夫怀旧情结”如此定义：一种对南斯拉夫理想化的怀旧情感。它涉及的方面有经济保障、社会主义意识形态、多元文化主义、国际主义和不结盟政策、历史、习俗与传统以及一种更有益的生活方式。②

实际上，这种怀旧思潮并不是单纯的感性认识，而是一种立体的理性认识。它是一把双刃剑，有着积极和消极两个方面的作用。

它的积极作用之一是促使人们对1989年以前的文物比如政治宣传片进行重新收集和有效维护，从而有效地保护了南斯拉夫的物质、精神文明产物免受破坏。另一方面，怀旧思潮的积极性在于，它不断对南斯拉夫继承国家塞尔维亚的社会生活各个方面的倒退进行尖刻拷问。塞尔维亚还没有从南斯拉夫战争中完全恢复过来，同时还经受着政治经济体制转型的艰辛，社会生活的倒退现象非常明显，其中包括狭隘主义、侵略主义、腐败猖獗、民怨沸腾、

---

① http://en.wikipedia.org/wiki/Yugo-nostalgia。

② Nicole Lindrom, Yugonostalgia. *Restorative and Reflective Nostalgia in Former Yugoslavia*, *East Central Europe*, 第32卷，第229页。

社保缺失、经济萧条、贫富悬殊、犯罪率高企，以及政府部门结构混乱、办事不力等。因此，南斯拉夫怀旧思潮的升温，能够引起国家部门对民生问题的关注和对自身问题的检讨，促进社会发展，提高人民生活水平。最后，怀旧思潮的升温，从某种程度上缓解和改善了前南斯拉夫成员国间的紧张关系，增强了各国之间的文化交流和经济合作。近日，斯洛文尼亚和克罗地亚媒体纷纷号召建立“南斯拉夫经济圈”（Ekonomske SFRJ），以结合前南各国的经济力量共同应对国际挑战，并指出这是改善目前经济困境最简单有效的举措。

南斯拉夫怀旧思潮也有其消极的方面。一些“后分离主义”势力不断想用民族主义来分裂国家，故利用怀旧思潮作为理论武器，对他们的批评者进行攻击，称他们是时空错乱的、不切实际的、无爱国心的叛徒。南斯拉夫战争期间以及之后，塞尔维亚和黑山当局和媒体纷纷利用怀旧思潮来转移外界的批评，某种程度上使得政治舆论受到破坏。事实上，也许当初正是塞尔维亚官方当局创造出“南斯拉夫怀旧思潮”（Yugonostalgia）一词，通过政治手段控制媒体将这样的思潮进行宣传，从而抨击斯洛文尼亚和克罗地亚的独立。

过去，人们甚至不敢承认自己有“南斯拉夫怀旧情结”，因为当时的社会舆论认为，“南斯拉夫怀旧者”是懦弱的、沉湎于过去的、无法应对新社会环境的、无法适应民主和自由的人群。20 年过去了，人们逐渐理性地看待这种情怀了。现在，塞尔维亚人更多的是将“南斯拉夫怀旧情结”解读为对未来生活的良好愿望。怀旧情结并非对过去的无限缅怀，而应是对当下、对未来的乐观展望。另外，塞尔维亚人普遍承认尽管过去的南斯拉夫是“太平盛世”，但它绝非一个完美的国度，它也存在着各种问题。况且，在弗雷德里奇·艾博尔特基金会的问卷调查中，也不排除受访者的判断会受到想象力的影响。因此，笔者认为，弗雷德里奇·艾博尔特基金会的问卷调查的重要价值并不是呈现数据，而是展示人们肯定过去、审视现在、展望未来的积极心理状态。无论是“生活万岁”展览，还是问卷调查，均为人们重新展现了过去的美好回忆。艰难时期，人们正需要美好回忆来支持生活和构建未来。

泛斯拉夫主义在南部斯拉夫民族地区：历史由来与当下走向

彭裕超

（北京外国语大学欧洲语言文化学院）

提　要：简单说来，泛斯拉夫主义是一种提倡各斯拉夫民族在语言、文化、政治、军事等方面实现联合的社会思潮和运动。这种思潮在各斯拉夫国家引起过不同的反响。本文以克罗地亚和塞尔维亚为例，对泛斯拉夫主义在南部斯拉夫民族地区的历史由来、发展过程进行了梳理和分析，并对泛斯拉夫主义与克罗地亚的伊利里亚主义和塞尔维亚的大塞尔维亚主义的内在联系进行了研究，进而探索泛斯拉夫主义的现代意义。

关键词：泛斯拉夫主义；伊利里亚主义；大塞尔维亚；南部斯拉夫；克罗地亚；塞尔维亚

Pan-Slavism in Southern Slavic Countries: Its Historical Origin and Modern Meaning

PENG Yuchao

(School of European Languages & Cultures, Beijing Foreign Studies University)

Abstract: Generally, Pan-Slavism is a social thought and movement that aims at unity among all Slavic peoples. It has differnt influence on different Slavic countries. Taking Croatia and Serbia as examples, this paper looks at the historical origins and the developments of Pan-Slavism in Southern Slavic countries, and the inner relations between Pan – Slavism, Illyrism in Croatia and

Great Serbiaism in Serbia. Furthermore, this paper aims to summarize Pan-Slavism's possitive meanings in this mordern era.

Keywords: Pan-Slavism; Illyrism; Greater Serbian nationalism; Southern Slavic countries; Croatia; Serbia

一、泛斯拉夫主义的总体发展

泛斯拉夫主义是形成于19世纪的社会文化思潮。最早是以民族文化复兴运动的形式，出现在19世纪初期奥地利的西斯拉夫民族的知识阶层，提倡斯拉夫民族语言文学研究的融通并形成统一的斯拉夫语言，其目的在于避免被德意志人和马扎尔人同化。后来到了19世纪三四十年代，泛斯拉夫主义在捷克、匈牙利、奥地利、德国政论家的著作中被加以利用和发展。由此，泛斯拉夫主义从一种语言文化运动转向了政治社会层面。

捷克、斯洛伐克、乌克兰、塞尔维亚、克罗地亚等斯拉夫民族国家的民族复兴主义者受到启发，认为各国在欧洲并不是孤立的，而是属于斯拉夫民族这一大家庭，于是开始尝试通过与其他斯拉夫国家进行联盟的方式，来争取政治和文化自由。归根到底，在19世纪三四十年代，泛斯拉夫主义就是斯拉夫人联合的思想，更是奥地利帝国属下的斯拉夫人民族解放运动的思想，它的反日耳曼、反西方性质是与生俱来的。这一性质对于泛斯拉夫主义日后在俄国得到广泛接受和宣扬，有着十分密切的关系。

另一方面，俄国在1812年卫国战争中打败了拿破仑后，在欧洲的威望得以大幅度提高。毫无疑问，俄国是当时最为强大的斯拉夫国家，同时也是唯一具有独立地位的斯拉夫国家。从某个方面来看，俄国被西南斯拉夫人当成“老大哥”，因此理所当然地成为了泛斯拉夫主义运动的寄望所在。然而俄国并没有从一开始就对泛斯拉夫主义抱以极大的热情，直到在19世纪50年代的克里米亚战争中严重受创之后，俄国才清晰地认识到自己在巴尔干地区的战略利益，以及南部斯拉夫与地中海地区出海口的重要性。此时俄国意识到泛斯拉夫主义的可作为性，使之成为处理斯拉夫问题和调整对巴尔干政策的出发点。

1861年，俄国政论家伊凡·阿克萨科夫在报纸《日子》中如此阐述：

“把斯拉夫人民从物质和精神的压迫下解放出来，给予他们在俄罗斯之鹰有力臂膀庇护下的独立的精神和政治生活——这是历史的使命、道德的权利和俄国的责任。”① 自此，俄国的泛斯拉夫主义倾向日渐明确。尽管伊凡·阿克萨科夫的观点不断在变化，但他对斯拉夫问题一如既往的关注是毋庸置疑的。他是斯拉夫人互助互爱的积极捍卫者、斯拉夫民族联合的追随者。他的理想是帮助斯拉夫人从异族的压迫下解放出来。19世纪下半叶，“东方危机”② 出现，同时俄国希望走出克里米亚战争失利的阴影，“在欧洲奉行积极的外交政策”③，伊凡·阿克萨科夫的“促进斯拉夫人联合的活动得到发挥”④，他的立场是努力促进和巩固斯拉夫民族独立这一成果，而俄国社会应当支持斯拉夫人互助的理想，并且在政府的“东方政策”⑤ 中施以影响。因此可以认为，伊凡·阿克萨科夫把泛斯拉夫主义思想推向了繁盛。19世纪70年代，巴尔干半岛爆发危机，塞尔维亚在与奥斯曼土耳其的交战中失利，1877年4月24日，俄国打着“拯救土耳其帝国压迫下的基督徒”和“保护斯拉夫兄弟”的旗号向土耳其宣战，发动了第十次俄土战争，并取得胜利。学界普遍认为，这次战争是泛斯拉夫主义发展的巅峰。

二、伊利里亚主义和大塞尔维亚主义

泛斯拉夫主义在南部斯拉夫各地区（塞尔维亚、克罗地亚、斯洛文尼亚、黑山、波斯尼亚和黑塞哥维那等）的发展可以说是大相径庭，其中最具有代表性的是克罗地亚的伊利里亚主义和塞尔维亚的大塞尔维亚主义。

（一）伊利里亚主义

1. 伊利里亚主义的历史形成

伊利里亚是欧洲历史上的一个地区，位于今巴尔干半岛西部，亚得里亚海东岸，大约为今克罗地亚、塞尔维亚、波黑、黑山和阿尔巴尼亚地区。

---

① 叶果罗夫：《斯拉夫派的民族主义和泛斯拉夫主义》，http：//www. auditoriun. ru。

② 近代欧洲列强为争夺奥斯曼帝国及其属国的领土和权益所引起的一系列国际问题及潜在的战争危机。从欧洲来看，奥斯曼帝国地处其东，故称“东方危机”。

③ 戴桂菊：《俄罗斯历史》，北京：外语教学与研究出版社，2008年版，第198页。

④ 白晓红：《俄国斯拉夫主义》，上海：商务印书馆，2006年版，第211页。

⑤ 给予土耳其武力打击，但不将其消灭，让土耳其成为自己的傀儡，以牵制西方列强，从而保证俄国利益的最大化。

在拿破仑战争时期，拿破仑以“伊利里亚”作为他的帝国的一个省的名称，即伊利里亚省。拿破仑的伊利里亚省只包括亚得里亚海东岸的一条狭长地带，从1809年存在到1813年。后来奥地利帝国又在其内部设置了一个“伊利里亚王国”，直到1867年奥匈帝国成立。19世纪巴尔干地区的民族主义者重新拾起了“伊利里亚”这个古老的民族名称，用来表达他们摆脱外国控制的愿望和泛斯拉夫主义的政治思想。

19世纪三四十年代，泛斯拉夫主义思想还是比较单纯的斯拉夫民族文学、语言、文化的思想，主要以奥地利帝国属下的斯拉夫人民族解放为理想。这样的思想极大程度启发了面临着“社会改革任务”[①] 的克罗地亚人，克罗地亚很快就作出了响应。

18世纪末到19世纪初，克罗地亚没有明确的语言政策，语言环境相对混乱。1740年，玛利亚·特雷西亚女王实施国家集权改革，广泛推行日耳曼化，克罗地亚平民百姓开始以德语作为日常语言。1784年，神圣罗马帝国国王约瑟夫二世（1741—1790）颁布法律，规定官方语言为拉丁语。仅过去六年，国王约瑟夫二世逝世，关于以拉丁语作为官方语言的法律就被推翻，匈牙利为了进一步同化克罗地亚人，开始在克罗地亚学校里教授匈牙利语。如此混乱的语言环境，引起了克罗地亚知识分子和青年政治家的注意。他们认为，南部斯拉夫地区方言繁多，并没有统一的语言，难以形成统一的民族意识，斯拉夫民族的存亡危在旦夕。在这样的社会历史环境下，语言文化和社会政治的改革显得迫在眉睫。

正在这个时候，斯洛伐克人扬·克拉尔（Jan Kolar）把泛斯拉夫主义思想理念带到了克罗地亚，并引发了强烈的反响。泛斯拉夫主义中的斯拉夫人联合、解放帝国列强统治下的斯拉夫人的思想核心与当时的克罗地亚社会现实一拍即合，克罗地亚的泛斯拉夫主义活动应运而生，并迅速发展到文学、文化、社会、政治、经济等各个领域。值得一提的是，克罗地亚的泛斯拉夫主义取名为“伊利里亚主义”，因为当时的克罗地亚运动者认为，南部斯拉夫人是巴尔干原居民伊利里亚人的后代，并希望以此把没有共同性意识的各地区人民统一起来。“伊利里亚”成为了南部斯拉夫的代名词。

---

① 19世纪初，克罗地亚面临如下任务：统一克罗地亚领土；把等级国家改造成现代的公民国家，实现政治活动的组织化和制度化；废除封建主义等。参见左娅：《列国志·克罗地亚》，北京：社会科学文献出版社，2003年版，第61页。

19世纪30年代，克罗地亚青年语言学家、政治家、著名记者和作家路德维特·盖伊（Ljudevit Gaj，1809—1872）从语言问题入手，开展了一系列的克罗地亚民族复兴活动。1830年，他发表了著作《克罗地亚－斯拉沃尼亚语正字法概要》，书中规定了克罗地亚语的标准拼写法，为南部斯拉夫地区方言的统一提供了重要依据。随后的1832年，扬科·德拉什科维奇（Janko Drašković）发表了文章《致嘉宾和特使的讲话》，该文的中心思想围绕着以下三个方面：促使民族语言成为官方语言；为南部斯拉夫民族争取更大的自主权；为人民群众争取更多的教育机会。德拉什科维奇的这篇文章具有伟大的政治纲领性质，倡导把克罗地亚、斯拉沃尼亚、达尔马提亚、里耶卡、波斯尼亚、斯洛文尼亚统一为一个国家（大伊利里亚），标志着伊利里亚主义从语言文学走向政治领域。为了纪念盖伊和德拉什科维奇伟大的功绩，后人称他们为“克罗地亚民族复兴启蒙者”。1835年，盖伊开始出版《克罗地亚新闻》杂志及文学副刊《克罗地亚、斯拉沃尼亚和达尔马提亚的晨星》，从而确定了克罗地亚人新的、具有深远影响的民族战略。除了语言文学和新闻方面的活动外，伊利里亚运动的目的还在于，要建立统一的文化团体，以便通过它集中地开展这项民族事业。1838年，在瓦拉日丁、卡尔洛瓦茨和萨格勒布等城市出现了多个伊利里亚阅览室。1842年，阅览室发展成“伊利里亚学会”（后改名为“克罗地亚学会”，尚存至今），以更好地统筹和管理日渐繁多的伊利里亚活动。1847年，克罗地亚议会将克罗地亚语确立为官方语言。1847年和1852年，“克罗地亚学会”分别出版了重要读物《科罗舞》和《金盏花》，它们为伊利里亚主义的宣传立下了汗马功劳。除此之外，这期间，克罗地亚还建立了克罗地亚－斯拉沃尼亚商会、克罗地亚第一储备所、国家博物馆、第一所男教师学校等。活动以萨格勒布为中心，向北部的伊斯特拉半岛和南部的达尔马提亚辐射开来，景象甚是繁荣，伊利里亚运动达到高潮。

然而好景不长，伊利里亚运动很快被镇压了。匈牙利掌权者感受到了伊利里亚运动带来的威胁，并命令警方对伊利里亚运动者实行逮捕、审讯、迫害、监禁、酷刑。维也纳当权者则称伊利里亚运动为叛国运动，对其加以制止和镇压。而部分克罗地亚权贵则公开支持匈牙利的立场，竭力洗脱与伊利里亚运动的干系。1843年，匈牙利当局颁布禁令，禁止以一切形式使用“伊利里亚”的名称和标记。原本以“伊利里亚”命名的机构、出版物和活动，都改名为“克罗地亚”并沿用至今。1844年，一些伊利里亚运动者离开了克罗地亚，转移到塞尔维亚的贝尔格莱德，发行了《斯拉夫卫报》（*Branislav*）；但是由于塞尔维亚人热衷于发展大塞尔维亚主义，对伊利里亚主义并不感兴趣，所以伊利里亚运动在塞尔维亚没有形成浪潮。

伊利里亚运动在斯洛文尼亚引起了一定的反响，以诗人弗兰茨·普雷圣伦（France Prešeren，1800—1849）为首的文人政客虽然支持斯拉夫人联合的伊利里亚主义，却拒绝斯洛文尼亚人改用克罗地亚语的语言政策，因此伊利里亚运动在斯洛文尼亚没有广泛流行。另一方面，“斯洛文尼亚的民族复兴者比较谨慎，唯恐维也纳宫廷的干涉，更不敢接近俄国，因而拒绝了泛斯拉夫主义，主张把民族复兴运动局限在奥地利帝国境内”。[①]

总的来说，尽管以伊利里亚主义为代表的泛斯拉夫主义在南部斯拉夫地区取得了一些成功，但是在政治舞台上，只能算是一位匆匆过客，并没有发光发亮。

2. 伊利里亚主义的历史影响

伊利里亚主义及其运动巩固了克罗地亚语的地位，使克罗地亚语言文学在多方文化同化危机中得以生存。在伊利里亚运动的影响下，1850 年，克罗地亚语言学家伊万·曼祖安尼奇（Ivan Mažuranić）和塞尔维亚语言学家武克·斯特凡诺维奇·卡拉季奇（Vuk StefanovićKaradžić）在维也纳签订了文学语言协议，协议确定了南部斯拉夫各地区方言的斯拉夫同根性，同时为现代塞尔维亚语、克罗地亚语、波斯尼亚语、黑山语、斯洛文尼亚语的标准化奠定了基础。另外，伊利里亚主义下的语言改革还带来了克罗地亚语正字法、克罗地亚语语法等语言标准化依据，保障了克罗地亚语的生存和发展。

与此同时，伊利里亚主义及其运动在很大程度上刺激了克罗地亚文学和新闻业的发展，使克罗地亚民族文化迎来了春天。由于所处地理位置的特殊性，18、19 世纪的克罗地亚不断在各欧洲列强间易手，民族文化艰苦地抵御着各方侵蚀——奥地利的日耳曼化、匈牙利的马扎尔化，斯拉夫语言则不断被边缘化。在伊利里亚主义运动的影响下，大批克罗地亚人用母语进行文艺创作，而在伊利里亚浪潮下发行的一系列刊物和成立的一系列机构（阅览室、学校、学会等），在传播伊利里亚思想的同时，更为母语文艺作品提供了交流平台，使文学界出现了欣欣向荣的景象。另一方面，“伊利里亚学会”在推

① 刘祖熙：《多元与冲突——俄罗斯中东欧文明之路》，北京：人民出版社，2011 年版，第 151 页。

动民族意识和民族文化发展的同时，保持着与各个“斯拉夫学会”① 的密切联系，充当着泛斯拉夫主义与克罗地亚之间的桥梁。

伊利里亚主义及其运动还在某种程度上加强了南部斯拉夫各国之间的联系，为20世纪各种形式的南斯拉夫联合体提供了参考经验。尽管伊利里亚主义在克罗地亚以外的地区没有引起激烈的反响，但它是泛斯拉夫主义在南部斯拉夫地区的首次尝试，为南部斯拉夫地区的社会发展提供了新的可能性。正是这场克罗地亚本土化的泛斯拉夫主义运动，使数个世纪以来南部斯拉夫人联合的构思从乌托邦式空想转化成现实的政治追求。经过几代人的奋斗，一直到了20世纪，南部斯拉夫人联合的理想才得以实现。1905年，《扎达尔宣言》中指出“克罗地亚人和塞尔维亚人在血统和语言上同属一个民族”，克罗地亚－塞尔维亚联盟正式成立，并迅速发展。1918年10月29日，“斯洛文尼亚人、克罗地亚人和塞尔维亚人国”成立；同年11月，伏伊伏丁那宣布加入塞尔维亚，黑山与塞尔维亚正式合并；12月1日，“塞尔维亚－克罗地亚－斯洛文尼亚王国”在贝尔格莱德宣布成立，在巴尔干生活了1000多年的南斯拉夫各民族第一次建立起自己的统一的独立国家。1929年，“塞尔维亚－克罗地亚－斯洛文尼亚王国”改名为南斯拉夫王国。1945年，南斯拉夫社会主义联邦共和国成立，往后的半个世纪②，南斯拉夫在铁托的带领下走向繁荣，在国际舞台上发挥着重要作用。20世纪的南部斯拉大各民族各地区，终于紧紧地联合在一起，泛斯拉夫主义的理想在南部斯拉夫得以实现；尽管这个时候，泛斯拉夫主义作为一种社会思潮，已经从历史舞台上渐渐淡出。

3. 伊利里亚主义的局限性

伊利里亚主义及其运动是以语言文化改革为主，其政治性质相对薄弱，

---

① 塞尔维亚学会（Matica srpska，成立于1826年），捷克学会（Matica česka，成立于1831年），斯洛伐克学会（Matica slovačka，成立于1863年），斯洛文尼亚学会（Matica Slovenska，成立于1864年）。

② 20世纪80—90年代，随着东欧社会主义国家经济衰退、民族主义的复活与东欧剧变，南斯拉夫各民族之间的矛盾逐渐激化。民族间的不和及分裂，伴随着暴力的、排斥其他民族的行为逐渐升级。在此之后，南斯拉夫联邦走向解体。从南斯拉夫独立出来的新国家之间因民族问题产生了一系列的暴力冲突，并发展为南斯拉夫内战。时至1992年，除了塞尔维亚和黑山之外，其他加盟国均退出南斯拉夫联邦，剩下的两国则组建成新的“南斯拉夫联盟共和国”，南斯拉夫社会主义联邦共和国宣告终结。2008年后，前南斯拉夫的领土分裂出马其顿、塞尔维亚、波斯尼亚和黑塞哥维那、克罗地亚、斯洛文尼亚、黑山六个受联合国承认的国家，以及只得到部分国家承认的科索沃。

政治目标并不明确。19 世纪三四十年代的伊利里亚主义属于“民族意识觉醒和民族复兴运动”，将其与泛斯拉夫主义的发展时间轴对应起来的话，正是泛斯拉夫主义发展的初期。在这个阶段，哪怕在西斯拉夫地区，泛斯拉夫主义同样也只是在语言和文化领域中比较活跃，还没有发展到政治领域。到 19 世纪中后期，当泛斯拉夫主义在俄国的作用下转化成为整个斯拉夫世界的有力的政治工具时，南部斯拉夫的伊利里亚运动已经在奥匈等列强的打压下渐渐平息，伊利里亚主义没有等到它的春天，它的政治潜能并没有充分发挥。

作为一个运动思潮，伊利里亚主义始终处于奥匈帝国的严密控制下，缺少土壤，缺乏机遇。伊利里亚主义的活动中心克罗地亚从 1527 年起到 1918 年一直受哈布斯堡王朝的统治，直至奥匈帝国崩溃。尽管在伊利里亚主义的影响下，伊利里亚联盟（克罗地亚民众党前身）得以成立，但在哈布斯堡王朝的统治下，克罗地亚掌权者和贵族得到优厚的待遇，并且受到较大程度的西方文化的教育和同化，所以政治上对西方的服从大于抵抗。这是伊利里亚主义及其运动难以取得克罗地亚掌权者的支持，也难以进入克罗地亚政治生活的重要原因。

伊利里亚主义及其运动没有得到其他斯拉夫民族的大力支持，斯拉夫人联合的条件并不成熟。首先，由于伊利里亚运动强调了克罗地亚在南斯拉夫民族统一运动中的领导地位，因而不可避免地与塞尔维亚民族主义运动迎头相撞。“这时的塞尔维亚已经建立自治公国，塞尔维亚民族主义力量已有相当发展，他们有自己的联合南部斯拉夫同胞的统一方案。”① 其次，如上所述，伊利里亚运动在斯洛文尼亚引起了一定的反响，但最终并没有广泛流行。最后，波斯尼亚和黑塞哥维那、马其顿在奥斯曼土耳其统治下，许多波斯尼亚人由基督教改信伊斯兰教，渐渐形成了波斯尼亚穆斯林民族。虽然当地的穆斯林与塞尔维亚族人都使用塞尔维亚语，但在民俗习惯、道德标准和价值观念等方面却存在着较大的差异，可以认为其斯拉夫民族性被大大地削弱。民族复兴在波黑和马其顿发展非常迟缓。此外，南部斯拉夫人宗教信仰的差异也为联合统一造成了一定障碍。

（二）大塞尔维亚主义

1877—1878 年发生在巴尔干的第十次俄土战争，被看作泛斯拉夫主义发

---

① 余建华：《民族主义、国家结构与国际化——南斯拉夫民族问题研究》，北京：民族出版社，2004 年版，第 51 页。

展的高潮。学界普遍认为，俄国将泛斯拉夫主义作为政治工具，以“拯救土耳其帝国压迫下的基督徒”和“保护斯拉夫兄弟”为由向奥斯曼土耳其宣战，并且击败了对手，使作为斯拉夫兄弟的塞尔维亚和作为“斯拉夫表亲”①的保加利亚脱离了土耳其的控制而得以独立。这样的战争结果，不仅是俄国扩张的胜利，也是泛斯拉夫主义在巴尔干的胜利。

然而，在接受泛斯拉夫主义这个问题上，塞尔维亚的态度是比较暧昧的。泛斯拉夫主义在塞尔维亚的发展，是一个有趣的过程。

1. 塞尔维亚民族觉醒和大塞尔维亚主义的形成

在18世纪末和19世纪初，塞尔维亚人向土耳其统治者发起过几次重要的武装反抗，这些抗争的经验，激起了整个塞尔维亚民族的独立意识，让塞尔维亚人意识到民族的解放是要依靠自己的努力来实现的。1815—1817年，米洛什·奥布雷诺维奇领导的第二次塞尔维亚起义取得成功，解放了塞尔维亚大部分地区，使塞尔维亚获得长达20年的自治权，这成为了塞尔维亚人追求民族彻底独立的起点。

19世纪初期，塞尔维亚紧随其他斯拉夫国家的步伐，也掀起了民族复兴的热潮。其中最具代表性的人物是武克·斯特凡诺维奇·卡拉季奇（Вук Стефановић Караџић，1787—1864）。卡拉季奇所领导的民族复兴运动同样以语言问题作为切入点，他提出“怎样说就怎样写，怎样写就怎样读”的语言学原则，创造了新的塞尔维亚文字，编写了文字改革后第一部塞尔维亚语字典，编著并出版了一系列塞尔维亚民谣、民间故事集、历史著作等。他还指出，使用同一种语言的人们才会是同一个民族，他将民族的基础归结为语言的共同体，“从而将塞尔维亚民族概念同宗教分割开来”。② 他希望通过在语言和文化方面所做的努力，使塞尔维亚人的民族复兴事业与使用同样语言的克罗地亚人的民族复兴事业联合起来。卡拉季奇以塞尔维亚人的民族传统和光辉历史唤醒了塞尔维亚人的民族意识，大大地推动了民族复兴事业。从19世纪初期到40年代，形形色色的社会团体和政党在社会各个领域陆续成立，文学作品和各种刊物相继问世，各种文化机构，包括各类学校和出版单位迅速组建，其宗旨都是培养民族意识，激发民族感情，增强民族凝聚力，激励

① 保加利亚主要民族为保加利亚族，但世代以来为斯拉夫人所同化。

② 余建华：《民族主义、国家结构与国际化——南斯拉夫民族问题研究》，北京：民族出版社，2004年版，第41页。

民族独立与奋进的精神，“这一切的最终目标是追求现代塞尔维亚民族的形成和新型国家的建立”。①

而将南部斯拉夫人联合的构想带到政治领域的，是塞尔维亚内政大臣伊利亚·加拉沙宁（Илија Гарашанин，1812—1874）。1844 年，他发表了一部长期纲领——《备忘录》（*Начертаније*），主张为摆脱土耳其统治，要建立一个以塞尔维亚为中心的，包括波斯尼亚、黑塞哥维那以及阿尔巴尼亚北部的国家，并与脱离奥斯曼帝国的保加利亚保持某种联系。1866 年，他又强调塞尔维亚与克罗地亚同属一个民族，主张在此基础上建立联邦国家。同年，塞尔维亚相继与黑山、希腊和保加利亚结盟。1866 年 9 月，加拉沙宁还同克罗地亚民众党达成建立一个既独立于奥地利又独立于奥斯曼帝国的南部斯拉夫国家的协议。他强调塞尔维亚与克罗地亚同属一个民族，主张在此基础上建立联邦国家。显然，加拉沙宁所要建立的是一个“以塞尔维亚霸权为特征的巴尔干联邦，反映了大塞尔维亚主义的欲望”。②

从 19 世纪下半叶的塞尔维亚政策来看，民族复兴活动进入政治生活后，很快就偏离了早期泛斯拉夫主义中“各斯拉夫民族平等、自由地建立联盟”的构想，并发展成激进的大塞尔维亚主义。塞尔维亚希望与南部斯拉夫地区建立联系以抵抗土耳其的统治，但是这种联系必须以塞尔维亚为中心，必须保障塞尔维亚的最大利益。在这样的政治环境下，泛斯拉夫主义不会作为政治思潮被塞尔维亚接受，而会被当作政治工具加以利用。

2. 泛斯拉夫主义在塞尔维亚的发展

泛斯拉夫主义在巴尔干各个国家的发展道路是大相径庭的。克罗地亚的泛斯拉夫主义的宗旨是，建立南部斯拉夫人的联盟，通过共同的努力，将斯拉夫人从奥匈统治者和土耳其统治者的手下解放出来。而大塞尔维亚主义者则认为，建立斯拉夫人联盟的前提是以塞尔维亚为中心。这样无法调和的矛盾使泛斯拉夫主义无力赢得南部斯拉夫人的广泛认可，也使克罗地亚与塞尔维亚之间的不满情绪日益加深。

塞尔维亚在 1817 年获得自治权和公国资格后，变得十分活跃。塞尔维亚在短暂自治中，依然不断受到奥匈统治阶级和土耳其的骚扰，不胜烦恼。塞

---

① 章永勇：《列国志·塞尔维亚和黑山》，北京：社会科学文献出版社，2005 年版，第 42 页。

② 孙丰怡：《浅析大塞尔维亚主义》，载于《现代企业教育》，2009 年 9 月下期。

尔维亚统治者米洛什·奥布雷诺维奇通过外交和政治手段加强了同俄国的合作。19 世纪四五十年代，塞尔维亚根据卡拉季奇的文化政策和加拉沙宁的《备忘录》纲领，联合了生活在邻国的塞尔维亚族人，并试图联合邻国的斯拉夫人。然而，19 世纪的巴尔干地区政治环境复杂，南部斯拉夫人分属不同的列强势力范围，要建立统一的联盟非常艰难。

1875 年，土耳其统治下的波斯尼亚和黑塞哥维那爆发人民起义。1876 年 4 月，保加利亚发生起义。土耳其军队残酷镇压这些起义。同年 6 月 30 日，塞尔维亚和黑山向土耳其宣战。10 月，塞尔维亚被土耳其军队击败，大公米兰向亚历山大二世紧急求援。俄国国内泛斯拉夫主义情绪高涨，沙皇政府遂支持大公米兰维护塞尔维亚主权的行动。1877 年 4 月 24 日，亚历山大二世对土耳其宣战。1878 年 1 月 13 日，在土耳其军队遭到俄军沉重打击的情况下，苏丹致书亚历山大二世求和。1878 年 3 月 3 日，土耳其签订《圣斯特法诺条约》。该条约改变了巴尔干半岛的政治版图，规定罗马尼亚、塞尔维亚、黑山完全独立，其领土也有所扩大；保加利亚成为自治王国，仍向苏丹纳贡；黑塞哥维那和波斯尼亚自治；俄国取得南比萨拉比亚、巴统、卡尔斯、阿尔达罕、巴雅扎特等地；土耳其赔款 31000 万卢布。尽管战争的结果在 1878 年 7 月 13 日签订的《柏林条约》中有所变更，但塞尔维亚和黑山的独立得以保持。

表面上，这次俄土战争是泛斯拉夫主义高潮的标志，但实际上，却是俄国利用泛斯拉夫主义作为政治手段实行扩张的典型例证。另一方面，对于塞尔维亚来说，也不过是借助泛斯拉夫主义寻获军事援助，以挣脱奥斯曼土耳其统治的成功尝试。

美国学者塔拉斯·亨扎克是这样评价这场战争的：

俄国的亲斯拉夫运动在 1876 年的夏季逐渐增强。虽然这一运动从没能成为一种群众性运动，但它成功地在各大城市中吸引了一些受过教育的人，这是它的重要性和影响所在。他们中有教师、教授、新闻工作者、作家、政府官员和其他专业人员，他们有能力宣传自己的理想，从而对俄国的舆论产生深刻的影响。

他们写给政府很多函件，要求政府在解决东方问题时考虑俄国自身的利益。阿克萨科夫也是从俄国的利益出发来考虑问题的。他在给米海伊尔·切尔尼亚耶夫的信中告诫这位雄心勃勃的人不要卷入塞尔维亚与保加利亚事务的纠纷中去，以使塞尔维亚人反对保加利亚人。

俄罗斯泛斯拉夫语言研究者的愿望并没有逃过细心观察家的注意。南斯拉夫人的领导对他们的野心并不公开加以评论，因为唯恐引起自己所要依赖的人的愤怒。换句话说，双方是在泛斯拉夫团结的幌子下，为了各自的利益彼此利用。然而在私下里，一些南斯拉夫人表示了自己的不满情绪，其中有塞尔维亚外交部长约万·李斯蒂茨。他说：俄罗斯斯拉夫文化优越论者“实际上是俄罗斯文化优越论者，他们把弱小的斯拉夫民族当作满足贪得无厌欲望的佳肴”。

俄罗斯泛斯拉夫主义者和南斯拉夫人在危机时期形成的狭隘的国家目的，暴露出泛斯拉夫主义所代表的超国家团结的真正性质。泛俄罗斯主义和其他民族主义运动之间有着根本的不同，俄罗斯人不同于其他斯拉夫人，他们有一个强大的国家以及由此而产生的使命感。他们的民族主义是过分自信和带有侵略性质的，是要求俄国在斯拉夫人中享有领导权的民族主义。在泛斯拉夫主义的伪装下，泛俄罗斯主义加强了俄国扩张性的对外政策，这样一来，由四百年来的扩张传统所加强了的国家目的，证明比斯拉夫团结的理想更重要。像其他伟大和杰出的空想家一样，泛斯拉夫主义者由于看不到人们对自身利益的重视，而脱离现实生活。①

通过对史料的研究，我们可以发现塞尔维亚与克罗地亚两国在对待泛斯拉夫主义的态度上有着很明显的区别。

泛斯拉夫主义在克罗地亚形成了思潮，并有着清晰的发展脉络。尽管它最终没有带来政治上的胜利，但我们可以判断它是一种真诚而美好的，为斯拉夫人谋求平等、自由与独立的理想主义。泛斯拉夫主义间接为克罗地亚带来了民族觉醒、民族复兴，带来了政治上独立和强大的憧憬。

然而在塞尔维亚就不一样了。塞尔维亚的民族意识是在斗争之中自主萌发的，虽然与泛斯拉夫主义的发展在时间上平行，但并不是泛斯拉夫主义所引发。尽管塞尔维亚的民族意识和泛斯拉夫主义有着相同的宗旨——摆脱列强的统治，但是其发展道路却大相径庭。塞尔维亚民族自求复兴、自求解放，

---

① 塔拉斯·亨扎克：《从伊凡大帝到十月革命的俄国帝国主义》，新泽西州拉特格斯大学出版社，1974 年版。

泛斯拉夫主义对塞尔维亚民族来说，不是思想根基，而是寻求民族利益的身外之物。1877—1878 年俄土战争之中，塞尔维亚期望的是奥斯曼土耳其的崩溃，无论来自于俄国方面还是奥匈列强方面的帮助，塞尔维亚都会欣然接受。① 所以，既然俄国拔刀相助，无论它是出自理想化色彩的泛民族主义还是自利的民族主义，塞尔维亚都会同样接受。

正是 1878 年这场泛斯拉夫主义之巅的俄土战争，彻底地将塞尔维亚从土耳其长达四个世纪的统治中解救出来。1882 年，塞尔维亚王国成立，从此走向了自由和独立。泛斯拉夫主义的最终理想，竟然在对泛斯拉夫主义态度最为暧昧的国家得到了实现。这给泛斯拉夫主义研究留下了很多话题，也留下了很多争议。

俄土战争之后，泛斯拉夫主义走向低潮。

三、泛斯拉夫主义的现代意义

泛斯拉夫主义在过去是一种很强大的理念，同时又充满了争议。很多斯拉夫国家由于担心泛斯拉夫主义会演变成大俄罗斯主义，都抑制了泛斯拉夫主义活动。比如波兰，干脆就把泛斯拉夫主义当作大俄罗斯主义来抵制了。

笔者认为，现今人们对待泛斯拉夫主义的态度比以往更加清醒、更加理智了。我们现在想到泛斯拉夫主义，并不是想到要建立统一的斯拉夫人的国家、联邦、联盟或者军事公约组织。几乎所有的斯拉夫国家，都为自己的主权和领土付出过沉重的代价，并将为保护本国的资源竭尽全力。互相尊重主权领土，坚持和平发展道路，已经成为现今国际合作的前提。在这一方面，过去的泛斯拉夫主义中一些具体内容，已经过时了；而泛斯拉夫主义的理念核心，在新时代中也许会形成新的发展方式。

现今的泛斯拉夫主义，我们可以理解为斯拉夫国家间的人员、物品的自由流动，文化自由交流的同时，又充分尊重各国发展道路的多样性。在这方

① 塞尔维亚摄政布拉日那维奇向奥匈帝国求助，表示俄国不是他们唯一的选择，只要奥匈帝国出手相助，塞尔维亚愿意摆脱掉俄国。由于俄国援军及时赶到，彻底击溃了土耳其军队，奥匈帝国才没有能够插足塞尔维亚。参见陈界：《19 世纪泛斯拉夫主义与俄土战争》，载《史学集刊》，2003 年第 3 期。

面，克罗地亚和俄罗斯给出了很好的例子：俄罗斯走向复兴，重新成为世界强国；而克罗地亚加入了欧盟，参与到欧洲大西洋一体化进程当中，在新的平台上发挥作用。尽管走在不同的路上，两国的友谊却不断加深。东南欧自由贸易、互免关税等协议的签订又非常有效地缓和了克罗地亚和塞尔维亚的紧张关系，使得一系列悬而未决的问题得到了落实。在不久的将来，经贸合作和文化交流会越来越丰富，并有望成为彻底解决这两个巴尔干斯拉夫国家世代恩怨的关键。自古以来，巴尔干半岛的各国（斯洛文尼亚、克罗地亚、塞尔维亚、黑山、波斯尼亚和黑塞哥维那、马其顿、保加利亚）处于东西方文化交汇的十字路口，这些国家之间的关系很大程度上影响着东西方文化的交往。因此，发展巴尔干各国的友好关系是至关重要的。

简而言之，今天我们所谈的泛斯拉夫主义，已不再是与西方的对立，将不再侵犯任何一个斯拉夫国家的主权和领土，而是要通过各斯拉夫国家的政治力量，来加强各国的经济合作和文化交流，着重在以下几个方面取得成果：

（1）解决斯拉夫国家之间悬而未决的历史遗留问题；

（2）促进斯拉夫国家之间的文化、经济和政治合作；

（3）建立有效的安全机制，以杜绝斯拉夫国家间的一切战争隐患。

这样的发展方向，更加顺应时代潮流，更加符合斯拉夫各国的利益。促进和平、文化、文明、危机化解和经济增长，是泛斯拉夫主义在新时期的发展方向。这样的泛斯拉夫主义不会是威胁，也不会是危险，相反，是巨大的机遇。而且，这样的发展方向符合世界各国，包括欧盟成员国的利益，更是符合全世界人民的利益。

参考文献

1. 白晓红：《俄国斯拉夫主义》，上海：商务印书馆，2006 年版。

2. 左娅：《列国志 · 克罗地亚》，北京：社会科学文献出版社，2003 年版。

3. 刘祖熙：《多元与冲突——俄罗斯中东欧文明之路》，北京：人民出版社，2011 年版。

4. 余建华：《民族主义、国家结构与国际化——南斯拉夫民族问题研究》，北京：民族出版社，2004 年版。

5. 章永勇：《列国志 · 塞尔维亚和黑山》，北京：社会科学文献出版社，2005 年版。

6. 孙丰怡：《浅析大塞尔维亚主义》，载《现代企业教育》，2009 年 9 月下期。

7. 陈界：《19世纪泛斯拉夫主义与俄土战争》，载《史学集刊》，2003年第3期。

8. 戴桂菊：《俄罗斯历史》，北京：外语教学与研究出版社，2008年版。

9. 约翰·R. 兰普：《南斯拉夫史》，北京：中国出版集团东方出版中心，2013年版。

当今保加利亚土耳其人和罗姆人的文化适应

——以教育和就业情况为例

陈　巧

（北京外国语大学欧洲语言文化学院）

提　要：本文主要探讨土耳其人和罗姆人文化在与保加利亚主流文化碰撞过程中所体现的文化适应。文章一方面阐述主流文化群体对少数民族文化适应的影响，另一方面则分析少数民族自身的文化认同态度，最终得出结论：要达到一个较好的文化适应程度，主流文化的影响与少数民族的文化认同态度都非常重要。土耳其人与罗姆人在文化认同态度上存在较明显的差异，其文化适应情况也不同。

关键词：文化适应；保加利亚；罗姆人；土耳其人

The Acculturation of Turks and Roma in Bulgaria

—A Case Study of Education and Employment

CHEN Qiao

(School of European Languages & Cultures, Beijing Foreign Studies University)

Abstract: In this paper we mainly discuss the acculturative situation of Turks and Roma who live in Bulgaria and have cultural collision with Bulgarian mainstream groups for a long time. On the one hand we describe the influence of the mainstream groups on the cultural adaptation of the minorities, and on the other hand analyze the attitudes of the minorities themselves towards the mainstream culture. We conclude that in order to achieve a higher acculturative level, the influence of the mainstream groups and the attitudes of the minorities are both very important. Turks and Roma have obvious differences in the attitudes towards the mainstream culture, so their acculturative levels are also different.

Keywords：acculturation；Bulgaria；Roma；Turks

一、引言

保加利亚是一个拥有众多少数民族的国家，例如土耳其人、罗姆人和马其顿人等。其中土耳其人和罗姆人是保加利亚最大的两个少数民族，他们虽然居住在保加利亚，但都拥有自己独特的民族文化。在国家的历史变迁中，少数民族的文化不断与保加利亚主流文化碰撞摩擦，也就渐渐产生了两种文化的互相适应过程。但由于人口数量上的弱势，文化适应问题就主要表现在少数民族身上。文化适应一般分为社会适应与心理适应，主流文化群体对少数民族的态度对其文化适应有着不可忽视的影响。

当然，少数民族在文化适应上的态度通常是矛盾的。一方面，他们想尽快融入当地的主流文化当中，以更快地适应当地的生活；另一方面，他们又担心这样会失去自身独特的传统文化与民族性。因此，在对主流文化的适应中，少数民族的文化认同态度起着基础性的作用。保加利亚的土耳其人和罗姆人对主流文化持截然不同的认同态度。土耳其人越来越积极地学习保加利亚语言和文化，尽可能融入社会的各个方面。他们甚至活跃在保加利亚的政治生活中，主要由土耳其人组成的争取权利与自由运动党近年来在保加利亚政坛的影响力越来越大。而罗姆人尽管享有政府的多项鼓励与帮助政策，却仍然保持着其传统的游牧生活方式，被大多数保加利亚人视为“他者”。

作为民族心理学研究的一个重要部分，文化适应的研究越来越引起世界各个多民族国家的关注，也成为研究民族问题的一个重要视角。

二、文化适应的概念

（一）文化适应的基本概念

研究文化适应，首先要知道文化这个人类社会特有的现象，是人们为了满足自身的需求而创造的物质和非物质产品的总和。当人类周围环境有所改变时，人类就需要用自己的文化去适应环境的改变。

人类学家率先提出了文化适应的概念。1936 年，雷德菲尔德(Redfield)、林顿（Linton）和赫斯科维茨（Herskovits）对文化适应提出的定义是："文化适应是来自不同文化的成员直接接触后所产生的文化模式的变化，它既可能是单向的，也可能是双向的变化。"① 跨文化心理学家贝里（Berry）于 2005 年提出："文化适应具有交互性，涉及每个参与交际的人员，它不仅会导致文化的融合与同化，而且还会引起认同的逆转与文化的回归。"② 简单地说，当两种不同的文化发生交流碰撞时，双方会做出相应的自我调整，来适应新的社会环境。而当其中一方在当地占据主要社会影响（即其中一方为社会主流文化）时，文化适应则大多体现在另一方的身上。卡斯特罗（Castro）2003 年指出："尽管文化适应具有双向性，但它主要是指第二文化的习得。"③ 例如在保加利亚，由于经历了 500 年的土耳其统治，保加利亚在词汇、饮食、服装等很多方面都受到了土耳其文化的影响，可以说，保加利亚在一定程度上也表现出了对土耳其文化的适应。但这并不是本文要研究的对象，鉴于在人口、社会影响上的优势，本文主要研究的是当传统的保加利亚文化与土耳其文化、罗姆文化等少数民族文化发生碰撞时，体现在少数民族身上的文化适应现象。

（二）主流文化群体的社会支持

探究文化适应的影响因素对研究文化适应的整体概念有着基础性的作用。一方面，少数民族的文化适应与主流文化群体的影响有着密切关联。文化适应既然是一个相互影响、相互吸收的双向过程，那么在这样一个过程中，主流文化群体的态度、政策及行为方式对少数民族的文化适应进程有着直接的影响。也就是说，主流文化群体的社会支持与少数民族的文化适应程度紧密相关。当今学者对于社会支持这个概念仍然持有许多异议，没有达到统一。例如有的研究者认为："在笼统的含义上，我们可以把社会支持表述为各种社会形态对社会脆弱群体即社会生活有困难者所提供的无偿救助和服务。"④ 另有研究者认为："从一般意义上说，社会支持指人们从社会上所得到的、来自

---

① 转引自：戴晓东、顾力行：《跨文化适应（一）：理论探索与实证研究》，上海：上海外语教育出版社，2012 年版，第 1 页。

② 同上。

③ 同上。

④ 转引自：陈成文、潘泽泉：《论社会支持的社会学意义》，载《湖南师范大学社会科学学报》，2000 年第 6 期，第 1 页。

他人的各种帮助。”① 尽管说法不一，但这些观点都说明了社会支持对社会弱势群体的帮助，也间接表明了其对于少数民族文化适应的影响力。一般来说，社会支持与社会文化适应呈显著正相关。② 也就是说，主流文化群体所提供的社会支持越多，即对少数民族的帮助和鼓励越多，少数民族的文化适应就越容易。

（三）少数民族的文化认同态度

另一方面，少数民族自身对新文化的认同模式也直接决定着其文化适应的程度。贝里在 1997 年提出了“濡化”的概念：“濡化策略是指移民者对原有文化保留和对新文化接受程度的态度和行为。具体来说，包括整合、同化、分离、边缘化。”③ “整合”是指文化适应中的个体既重视保持传统文化，也注重与其他群体进行正常的交往。“同化”是指个体不愿意保持他们原来的文化认同，却与其他文化群体有频繁的交往。“分离”是指个体重视自己的原有文化，希望避免与其他群体进行交流。而“边缘化”则是指个体既不能保持原有文化，又不被其他群体文化所接受。不同的民族在面对新的文化时，由于民族心理、传统文化、接受能力等自身条件的不同，会在保持本民族原有文化与接受新文化之间有着不同的权衡，也就是文化认同态度模式因民族而异。

三、保加利亚土耳其人与罗姆人概况

根据保加利亚国家统计局 2011 年的人口统计，在保加利亚，土耳其人与罗姆人是人口最多的两个少数民族。其中土耳其人大约占保加利亚总人口的 8.8%，而罗姆人占 4.9%（见表 1）。两个民族都有自己独特的历史、语言和文化，在与保加利亚主流文化的碰撞中，两个民族呈现出截然不同的接受度，其文化适应程度也呈现出较为明显的差异。

---

① 转引自：陈成文、潘泽泉：《论社会支持的社会学意义》，载《湖南师范大学社会科学学报》，2000 年第 6 期，第 1 页。

② 范兴华：《流动儿童歧视知觉与社会文化适应：社会支持和社会认同的作用》，载《心理学报》，2012 年第 44 期，第 11 页。

③ 转引自：戴晓东、顾力行：《跨文化适应（一）：理论探索与实证研究》，上海：上海外语教育出版社，2012 年，第 163 页。

表 1 保加利亚不同民族人数统计表

民族（人民自我归属）	人数	占总人口百分比
总计	6 680 980	—
保加利亚人	5 664 624	84.8%
土耳其人	588 318	8.8%
罗姆人	325 343	4.9%
其他	49 304	0.7%
未确定自我归属	53 391	0.8%

数据来源：保加利亚国家统计局 2011 年人口普查。[①]

（一）土耳其人概况

土耳其人在保加利亚的形成是一个相对复杂的过程。马细谱在其《保加利亚的土耳其人问题》[②]一文中，将土耳其人的起源大致分为三类。第一类与14—19 世纪奥斯曼土耳其人的入侵和统治有关。在此期间，统治者按照宗教信仰将保加利亚的其他民族伊斯兰化以达到土耳其化的目的。第二类是伴随着奥斯曼帝国的移民政策从今土耳其本土和小亚细亚地区移民至保加利亚的土耳其人。1878 年保加利亚解放后，一部分土耳其移民留了下来。第三类则是保加利亚境内的一些吉普赛人，他们因宗教和语言的关系也被划分为土耳其人。

土耳其人因其较复杂的历史过程，在不同的历史时期与保加利亚主流文化有大大小小的摩擦。如 1878 年保加利亚解放以后，政府允许土耳其语教育和宗教信仰自由，但尽量避免土耳其人获取较高的政治或经济地位；而 1944年保加利亚共产党执政以后，对土耳其人的态度经历了设置“相应的民族教育”到强制性同化的大转弯。比如 1958 年以后，政府下令关闭了所有土耳其语学校，不准学习土耳其语，或要求土耳其人改名换姓等。[③]这种摇摆不定的政策使保加利亚的土耳其人在对保加利亚的文化适应中经历了动荡的发展过程。

现今土耳其人主要居住在保加利亚的南部及东北地区，其民族文化也处在一个相对稳定和宽松的保护环境中。由于不可忽略的人口数量，加之其与

① 保加利亚国家统计局：《人口普查 2011（最终数据）》（http：//www. nsi. bg/sites/default/files/files/pressreleases/Census2011final. pdf）。

② 马细谱：《保加利亚的土耳其人问题》，载《世界民族》，1996 年第 3 期。

③ 同上。

保加利亚周边国家的历史渊源，如何对待土耳其人及其文化是保加利亚政府需要着重关注的问题之一。

（二）罗姆人概况

罗姆人是一个散居全世界的流浪民族，特别是欧洲地区的罗姆人居多。大约在12—14世纪的时候，第一批罗姆人来到了保加利亚①。他们在保加利亚一直保持着传统的生活方式，居无定所。

罗姆人大多聚居在乡村或城市周围的一些棚户区，那里的生活条件极差，缺乏基本的供水供电条件。罗姆人过着极其简陋粗糙的生活，他们多数人以乞讨捡垃圾为生，有时还与其他民族起冲突，造成其聚居区及周围地区严重的卫生、环境、治安等问题。并且罗姆人的居住区近年来在不断扩大，这给保加利亚的居民生活环境、城镇建设、交通运输、卫生条件以及社会治安等方面带来了巨大的挑战。也正是因为这样，罗姆人在多数保加利亚人的眼里被看作反面的形象，被人认为是乞丐、扒手或小偷。解决罗姆人的问题，对于保加利亚的政治、经济、社会环境各方面的综合治理有举足轻重的影响。

四、主流文化群体的影响

（一）《保加利亚共和国宪法》对少数民族权利的保障

《保加利亚共和国宪法》② 中多项条例都涉及少数民族的教育问题。它明确规定保加利亚语为国家官方语言（《宪法》第3条），但是又同时保证了母语不是保加利亚语的公民，在学习保加利亚语的同时，拥有学习和使用自身母语的自由（第36条）。《宪法》还规定16周岁及以下的公民享有义务教育。在学校可按照国家相关规定接受少数民族母语教育（第53条）。在就业方面，《宪法》明确提到保障和保护就业（第16条），所有公民都有权利就业，国家创造条件使这种权利得到实现（第48条）。可以说，《宪法》在教育和就业方面为少数民族提供了消除歧视、权利平等的环境保障。

（二）一般政策保障

除《宪法》外，保加利亚政府制定了很多政策来保障少数民族的教育和

---

① “开放性社会”索非亚研究所：《保加利亚的罗姆人》，2008年，第8页。（http：//ethnos. bg/data/file/Documents/Researches/RomaGuideFinal. pdf）。

② http：//www. parliament. bg/bg/const。

就业权利。无论实施效果如何，这些政策都在一定程度上发挥着积极的作用。

1. 《少数民族儿童教育一体化战略》①

该战略在 2004 年 6 月经保加利亚教育部通过。它分析了当前少数民族教育存在的一些问题，并提出了解决方案。其中针对罗姆人和土耳其人，《战略》提出了具体的措施和目标。例如，对于罗姆人，该战略提出保证罗姆人儿童进入民族混合班级学习；保证民族混合班级教师的专业性；在民族混合幼儿园及学校中禁止歧视等。② 对于土耳其人，该战略提出要完善土耳其语教育的条件；完善和发放土耳其语教育的教材和教辅工具；创造必要的条件和环境消除成见和仇恨言论等。③

2. 《保加利亚罗姆人一体化战略（2012—2020）》④

如上所述，罗姆人是一个比较散漫的游牧民族，其松散的生活方式对保加利亚社会治安、经济发展、教育就业等多方面都造成了一定的影响。和土耳其人相比，如何让罗姆人更加快速地实现与保加利亚正常社会生活一体化是政府长期以来面临的更加困难的课题。因此，罗姆人在近年来享有政府的一些特别政策。2012 年出台的《保加利亚罗姆人一体化战略（2012—2020）》提出了促进罗姆人教育和就业的具体措施。

在教育方面，保加利亚政府将眼光主要集中在新一代罗姆人身上，致力于把罗姆族青少年的教育纳入正常的教育体系，希望他们在多元文化的环境里得到高质量的教育。因此，该战略提出了以下具体措施⑤：

（1）保证其获得高质量教育的平等权利。鼓励罗姆儿童进入民族混合幼儿园及中小学获得教育；

（2）提高城市和乡村地区罗姆人幼儿园及中小学校的教育质量；

（3）通过保护和发展罗姆儿童的文化认同来营造宽容和无歧视氛围；

（4）防止辍学，帮助成年的罗姆人文盲扫盲；

（5）运用多种方法帮助学习困难和辍学的罗姆儿童；

（6）包容和接纳罗姆人家长，提升他们在儿童教育中的参与度；

---

① http：//www. nccedi. government. bg/upload/docs/strategy_ integration. pdf.

② 《少数民族儿童教育一体化战略》，第 6—7 页。

③ 《少数民族儿童教育一体化战略》，第 7 页。

④ http：//www. romadecade. org/cms/upload/file/9323_ file2_ roma_ bulgaria_ strategy_ bg. pdf.

⑤ 《保加利亚罗姆人一体化战略（2012—2020）》，第 11—12 页。

（7）通过提升校长、教师及其他教育人员在多元文化环境下的专业素质来改善素质教育的办学环境；

（8）将教育中介机构的实践引入预科和中等教育体系中。

同样，保加利亚政府也大力促进罗姆人的就业，希望提高罗姆人的就业率。《战略》里提出①：

（1）保证罗姆人进入劳动力市场和自主就业的权利，对失业和就业的罗姆人进行符合市场需求的培训和再培训；

（2）通过开设面向失业人群的重点能力培训课来刺激就业；

（3）鼓励创业，促进开展和管理自主业务；

（4）与雇主、工会和罗姆人组织合作建立具体机制，以保证罗姆人的可持续就业；

（5）鼓励社会交流来促进罗姆人就业；

（6）引进法律和经济机制来鼓励雇主雇佣罗姆员工，其中包括引进企业社会责任、补贴性就业等机制；

（7）通过就业中介来促进长期失业的罗姆人就业；

（8）通过鼓励环保产业，创造高质量的就业机会，同时也能保护环境，以提供更多的绿色就业机会。

（三）社会团体

除了政府的努力之外，保加利亚还出现了一些社会团体，他们自发地做一些社会调查，研究多种方法来帮助少数民族融入社会。特别是致力于改善罗姆人环境的社会团体居多。如成立于1990年的“开放性社会”索非亚研究所②，它的五大研究项目之一就是罗姆人；成立于1992年4月的国际少数民族与文化相互作用研究中心③，其目的是探究东南欧不同文化、种族和宗教间的关系和相互作用，并以此促进少数民族的保护、发展和一体化。又如“罗姆人健康”基金会④，一直致力于为罗姆人社区引进卫生系统，改善罗姆人的健康状况。

---

① 《保加利亚罗姆人一体化战略（2012—2020）》，第14—15页。

② Институт“Отворено общество” –София（http：//www. osf. bg/？cy =25）.

③ Международен център за изследване на малцинствата и културните взаимодействия（http：//imir –bg. org/？lang =bg）.

④ Фондация“Здравето на ромите”（http：//romanyhealth. hit. bg/bg/index. html）.

五、少数民族文化适应情况比较

（一）教育方面

由于保加利亚对少数民族的政策改善，保加利亚少数民族的受教育水平近年来也有明显提高。但和土耳其人相比，罗姆人的受教育状况并不是很乐观（见表2）。①

表2　保加利亚人、土耳其人、罗姆人受教育状况比较

教育程度	保加利亚人/%		土耳其人/%		罗姆人/%	
	2001年	2011年	2001年	2011年	2001年	2011年
高等教育	19.2	25.6	2.4	4.9	0.2	0.5
中等教育	47.6	52.3	21.9	29.7	6.5	9.0
基础教育	24.9	18.0	46.9	44.5	41.8	40.8
启蒙教育	6.9	3.4	18.6	13.4	28.3	27.9
未完成启蒙教育、文盲和未入学	1.4	0.9	10.2	7.5	23.2	21.8

从总体情况看，很大比例的土耳其人和罗姆人都能接受保加利亚的基础教育。但可以看出，土耳其人在接受完基础教育后，还有相当一部分能够继续接受中等教育。而罗姆人在接受完基础教育后，中等教育的比例陡然减少。这说明大部分罗姆人几乎在完成基础教育之后就选择了停止学业。近十年来，土耳其人和罗姆人接受中高等教育的比例都有所增加，但罗姆人的增幅相比土耳其人呈现出非常微弱的态势，总体情况并没有得到很大改善。中高等教育是培养高素质人才的基本途径，土耳其人和罗姆人在接受中高等教育比例上的差异决定了其劳动力在社会分工方面的明显差异。

从文盲情况看，土耳其人近年来文盲率下降了近3%，而罗姆人不参加学业的比例或文盲率始终是20%以上，减幅不太明显。此外，罗姆人接受基础教育和启蒙教育的比例有一定的减少，这从一定程度上反映了罗姆人较早辍学或不入学的现象基本没有得到改善。从年龄来看，保加利亚土耳其人7—15岁这个年龄段的群体有11.9%未受到教育，而罗姆人这个比例则更大，

① 《保加利亚罗姆人一体化战略（2012—2020）》，第7页。

为23.2%。①

(二)就业方面

通常情况下，就业和教育情况是成正比的，一个民族受教育程度越高，其参与社会经济政治活动的程度就越高。和土耳其人相比，罗姆人因其较低的受教育水平、受歧视的社会地位等而面临低竞争力、高失业率等问题。根据保加利亚国家统计局2011年的统计，土耳其人和罗姆人的就业情况依旧呈现出非常明显的差异（见表3）。

表3　保加利亚土耳其人和罗姆人就业情况比较

民族	经济活动人口/总人口	就业人数/经济活动人口
保加利亚人	53.5%	87.7%
土耳其人	45.4%	74.3%
罗姆人	38.8%	50.2%

数据来源：保加利亚国家统计局2011年人口普查。

经济活动人口是指在一定年龄以上，有劳动能力，参加或要求参加社会经济活动的人口，包括就业人员和失业人员。为了方便比较和分析，保加利亚国家统计局2011年人口普查将这一部分人口确定在15—64岁这个年龄段。②

从经济活动人口来看，土耳其人的经济活动人口没有达到其总人口的一半，而罗姆人这一比例则更少。少数民族的经济活动能力相对于社会主流群体有一定的弱势。

从非经济活动人口来看，土耳其人非经济活动人口超过了其总人口的一半，但其中有46.4%能够领取退休金，12.6%是学生，23.1%是家庭主妇。而相比之下，罗姆人有超过3/5（61.2%）的人口为非经济活动人口。其中，因为大多数老人在年轻的时候也是处于长期失业的状态，所以只有近23.5%的人能够领取退休金，而学生也只占7.3%，家庭主妇则占到了36.5%。③ 非经济活动人口既不能参加社会劳动领取酬劳，也无法获得退休金等，这在一定程度上加剧了罗姆人的贫困。

① 保加利亚国家统计局：《人口普查2011（最终数据）》，第6页。

② 保加利亚国家统计局：《人口普查2011（最终数据）》，第33页。

③ 《保加利亚罗姆人一体化战略（2012—2020）》，第6—7页。

（三）少数民族对主流文化的认同态度差异

虽然主流社会的态度对少数民族的文化适应有着非常重要的影响，保加利亚主流文化群体的社会支持也呈现出一种总体向好的状态，但要真正达到一个较好的文化适应程度，更多的在于少数民族自身对于周围主流文化的心态。土耳其人在面对保加利亚主流文化时，较多地呈现出了“整合”的文化认同态度。他们既重视自身原有的土耳其文化，也积极融入保加利亚的教育和就业系统中去。比如在教育方面，2012 年 6 月，国际少数民族与文化相互作用研究中心（IMIR）针对保加利亚土耳其人的教育问题做了一个半标准化的访谈调查[①]。访谈的主要对象是保加利亚 19 所中小学的 72 名土耳其学生和他们的家长，主要内容是关于保加利亚语教育、土耳其语教育、保加利亚历史教育等。结果显示，土耳其学生对于保加利亚语言和历史的接受呈现出积极乐观的状态。不管是学生还是他们的家长，都一致认为学习保加利亚语是非常重要的。家长们甚至认为，因为生活在保加利亚语的环境中，学好保加利亚语是孩子们的第一要务，因此他们让孩子从小就看保加利亚语电视，读保加利亚语报纸等。在大城市以及一些高素质水平的土耳其家庭，孩子们都能很好地掌握保加利亚语和土耳其语。[②]

而相比之下，罗姆人则显现出“分离”的文化认同态度。他们虽然没有土地和国家，不断地流浪在世界各地，但对自己的文化高度认同并且加以最顽固的保护，要达到一个较高的文化适应程度有一定的困难：

（1）罗姆人保持着以家庭和族群为基础的社会结构，在相对封闭的罗姆人社区中严格恪守传统的民族价值观，抗拒外来文化的渗透[③]。尽管政府不断尝试帮助他们，但他们认为这些政策是对罗姆文化的破坏。

（2）罗姆人为保持民族血统的纯洁，坚持实行族内婚，严守民族界限[④]。他们坚决不与外族通婚，而且是早婚多育，这也间接导致了罗姆人小孩接受教育的困难性。罗马尼亚的罗姆人市长库提塔卢在抱怨法国政府驱逐罗姆人

---

① 国际少数民族与文化相互作用研究中心：《保加利亚学校中土耳其儿童的教育问题》，2012 年（http://imir-bg.org/wp-content/uploads/2014/01/Obrazovanie-na-malcinstvata_2.pdf）。

② 国际少数民族与文化相互作用研究中心：《保加利亚学校中土耳其儿童的教育问题》，2012 年，第 29—32 页。

③ 田烨：《罗姆人与犹太人比较研究》，载《世界民族》，2012 年第 2 期，第 3 页。

④ 田烨：《罗姆人与犹太人比较研究》，载《世界民族》，2012 年第 2 期，第 3 页。

事件时也承认：“教育是逃离贫困的唯一出路，但是，我们甚至无法为每一个学生提供一把椅子。我们的生育率实在太高，平均每个家庭有七个孩子。”①

（3）在罗姆社会中，重男轻女的制度是导致一些罗姆人小女孩辍学的重要原因。②

（4）罗姆人因为是个不断迁徙的流浪民族，所以在每个居住地，他们都会找一些不需要投入太多精力的工作来维持生计。比如，罗姆人中的男性多以乐师、铁匠、贩卖家畜、驯兽为职业，而女性则多以歌舞表演、占卜、卖药、行乞等为职业。③ 这些很不稳定的职业导致了其失业率长期高涨不下，也就决定了其贫困的生活和行乞流浪，被主流社会群体轻视的现象。

当然，我们也不能把罗姆人对主流文化适应程度不高的原因全部归结到罗姆人自己身上。比如主流社会的歧视现象也不可忽视，在一些地方，罗姆儿童的受教育权利并未得到充分的保障。罗姆人基础教育基金会的苏尔杜（Mihai Surdu）说：“特别是东欧和东南欧国家的教育系统不重视孩子享有同等待遇的重要意义。在入学测试时，大多数罗姆儿童被淘汰。主要原因是他们以前没上过幼儿园，对这类测试不适应。这些测试并没有考虑文化差异，而只是为多数居民制定的标准。”④ 但罗姆人自身对外来文化和主流社会帮助政策的抗拒在更大程度上决定了其较低的文化适应程度。

六、结语

文化适应是一种相互的过程，社会主流群体和少数民族对文化适应都有着重要的影响。保加利亚在少数民族问题上，采取了一系列消除歧视、宽容平等的政策措施，希望少数民族能够尽快融入保加利亚的社会生活中。虽然目前还有歧视、不平等、不重视的情况存在，但当今保加利亚政府在少数民族政策方面日益具体化。

从目前来看，保加利亚土耳其人和罗姆人对保加利亚主流文化的适应程度都不是太高，但土耳其人和罗姆人在对主流文化认同态度方面有着明显的

---

① 转引自张旭：《无处逐放的欧洲吉普赛》，载《小康》，2010 年第 10 期。

② 《保加利亚罗姆人一体化战略（2012—2020）》，第 7 页。

③ 田烨：《罗姆人与犹太人比较研究》，载《世界民族》，2012 年第 2 期，第 3 页。

④ 转引自田烨：《罗姆人与犹太人比较研究》，载《世界民族》，2012 年第 2 期，第 4 页。

差异。土耳其人更多的是“整合”的态度，他们希望通过自己的努力，积极融入主流文化中。现在，土耳其人不仅在教育、就业方面有很大的改善，更是以政党的方式积极融入保加利亚的政治生活中。而罗姆人在文化适应方面则略显慵懒，呈现出“分离”的认同态度，在接受保加利亚主流群体对自己救助的同时，也仍然维持着自己的一套生活方式，不愿意改变。

当面对一个新的文化群体，面对新的语言习俗和行为方式时，只有以积极的心态做出自我调整，自我适应，才能与新的文化展开交流，互相学习，从而更加完善自己的文化。保加利亚主流文化群体应该以宽容尊重的态度对待少数民族文化，而少数民族更应积极吸取保加利亚主流文化的精华，积极适应保加利亚社会。唯有这样，保加利亚主流社会和少数民族之间才有机会和谐共处，互相促进。而土耳其人、罗姆人怎样更加积极地去适应保加利亚主流文化，这是保加利亚必须探讨的课题，也是少数民族自己需要认真对待的问题。

本文局限

作者认为，社会主流文化群体除了代表官方态度的政府和社会团体之外，还应包括主流群体的社会民众。但因为条件有限，如果能找到反映主流社会民众对于少数民族态度的数据或调查结果，将会使研究主流群体对少数民族的影响更为科学。

参考文献

1. 戴晓东、顾力行：《跨文化适应（一）：理论探索与实证研究》，上海：上海外语教育出版社，2012 年版。

2. 陈成文、潘泽泉：《论社会支持的社会学意义》，载《湖南师范大学社会科学学报》，2000 年第 6 期。

3. 范兴华：《流动儿童歧视知觉与社会文化适应：社会支持和社会认同的作用》，载《心理学报》，2012 年第 44 期。

4. 马细谱：《保加利亚的土耳其人问题》，载《世界民族》，1996 年第 3 期。

5. 田烨：《罗姆人与犹太人比较研究》，载《世界民族》，2012 年第 2 期。

6. 张旭：《无处逐放的欧洲吉普赛》，载《小康》，2010 年第 10 期。

7. 《保加利亚共和国宪法》（http：//www. parliament. bg/bg/const）。

8. 保加利亚国家统计局：《人口普查 2011（最终数据）》（http：//www. nsi. bg/sites/default/files/files/pressreleases/Census2011final. pdf）。

9. 《保加利亚罗姆人一体化战略（2012—2020）》，2012 年（http：//www. romadecade. org/cms/upload/file/9323_ file2_ roma_ bulgaria_ strategy_ bg. pdf）。

10. 国际少数民族与文化相互作用研究中心：《保加利亚学校中土耳其儿童的教育问题》，2012 年（http：//imir - bg. org/wp - content/uploads/2014/01/Obrazovanie - na - malcinstvata_ 2. pdf）。

11. “开放性社会”索非亚研究所：《保加利亚的罗姆人》，2008 年（http：//ethnos. bg/data/file/Documents/Researches/RomaGuideFinal. pdf）。

12. 《少数民族儿童教育一体化战略》，2004 年（http：//www. nccedi. government. bg/upload/docs/strategy_ integration. pdf）。

中国与欧洲

China and Europe

回顾与展望

——中阿65年文化交流纪实

郑恩波

二战结束以后，以苏联为首的社会主义阵营出现于欧亚大陆上。中华人民共和国成立后的第二天，苏联就正式承认了新中国，并与我国建立了外交关系。在苏联的积极影响下，社会主义阵营各国蜂拥而起，很快也都和我国建立了外交关系。在世界地图上，形成了覆盖半个欧亚两大洲的红彤彤的一大片，这就是当时被世人敬羡地称谓的社会主义大家庭。在这个大家庭里，有一个国土面积最小（28748平方公里）、人口最少（当时仅有200余万人，现今也未超过400万人）的国家，那就是后来颇有名气的享有“山鹰之国”美称的阿尔巴尼亚。

大概是历史过于厚爱我们中阿两个国家，在长达半个多世纪的漫长岁月里，我们两国各自都走过了不寻常的、险巇的发展道路。开始时彼此的关系较为平常，并无灿烂耀人之光，但不久就成了亲密无间、志同道合的盟友、铁哥们。后来，由于双方志向有了变异，于是便板起面孔，别扭了一阵子。再后来，双方有所新悟，觉得还是应当彼此相亲相敬，尊重各自选择的道路为好，于是又相互靠近，逐渐热乎起来。由于原来毕竟是患难兄弟，友谊的根子扎得很深，因此这种热乎劲，不可与一般的热情、友好同日而语。

中阿两国彼此之间的热乎程度，在双方的文化交流中体现得最为充分，在不同的历史时期里有不同的显现。

一、中阿建交后的最初年代

自1949年10月1日中华人民共和国成立到20世纪50年代末，阿尔巴尼亚与我国的文化交流情况同东欧其他社会主义国家与我国的文化交流情况相比，并无太大差别，属于一般的正常文化往来。1954 年，新中国首批留学生范承祚、蔡祖淼、夏成之、熊元杰、崔仁舜、冯秀纯六人赴阿学习。阿尔巴尼亚也派了纳兹米、法蒂巴等六人来华学习，他们是中阿文化交流的第一批先遣军。

在文艺作品译介方面，阿尔巴尼亚首先在 1953 年翻译出版了李季的长篇叙事诗《王贵与李香香》（译者是阿尔奇·克里斯托）；紧接着，又翻译了周立波荣获斯大林文学奖的长篇小说《暴风骤雨》，鲁迅、郭沫若、赵树理、孙犁、刘绍棠等人的作品集《中国中短篇小说集》，《茅盾选集》（阿文译名为《夏天的一夜》，译者为韦达特·科科纳，由俄语转译），赵树理的《小二黑结婚》（译者为萨米·穆拉蒂），《郭沫若短篇小说和戏剧选》（译者为韦达特·科科纳，由俄语转译），袁静、孔厥的长篇小说《新英雄儿女传》（译者为毕洛·道道扎尼，由法语转译）。

这一时期，我国翻译出版的阿尔巴尼亚文学作品有《弗拉舍里诗选》《恰佑比诗选》《米耶达诗选》《西里奇诗选》《吉亚泰诗选》《米吉安尼诗选》《恰奇诗选》《他们不是孤立的》《丹娜》《五封信》《哈利利和哈依丽亚》《我们的土地》《渔人之家》。由于我国最初缺乏阿语翻译人才，所以这些作品都是戈宝权、高莽、杜承南等翻译家通过俄语转译的。

在戏剧、电影方面，阿尔巴尼亚翻译、上映了中国影片《白毛女》《战斗里成长》《女篮五号》。因为中阿两国人民有着类似的历史和命运，所以这些影片在阿尔巴尼亚的上映，在观众中引起了强烈的反响，产生了巨大的轰动效应。

在文艺家互访方面，1958 年，阿尔巴尼亚作家斯泰里奥·斯巴塞和法特米尔·加塔访问了我国；回国后，加塔出版了《在中国的大地上》长篇访问记。在中国方面，1957 年，阿尔巴尼亚作家与艺术家协会召开第一次全国代表大会时，中国作家协会派著名翻译家、社会活动家戈宝权出席了此次盛会。戈宝权回国后翻译了上述的一系列阿尔巴尼亚诗歌作品。

二、中阿友谊蓬勃发展的年代

1960 年 6 月，在罗马尼亚共产党代表大会上，中苏两党代表团对国际共产主义运动的一些重大问题的看法产生了严重的分歧，双方进行了激烈的辩论。赫鲁晓夫攻击中共是“疯子”，要发动战争。中共代表团理所当然地对赫鲁晓夫的攻击和谩骂予以了强有力的回击。在此关系国际共产主义运动的成败和人类命运的重要时刻，阿尔巴尼亚劳动党代表团坚决、果敢地站在中共一边，旗帜鲜明地支持中共代表团的观点。就是从这时候起，中阿两党、两国和两国人民变成了一个战壕里的战友、真正的朋友。在此之后的中苏大论战中，中阿两党进行了十分和谐密切的合作，中共发表的“九评”大块文章，阿方的党报《人民之声报》或党刊《党的道路》篇篇都予以转载；阿方报刊上刊载的许许多多理论色彩很强的长文，我国《人民日报》也是转载无误，或是一字不漏地全文照发，或是刊登详细摘要。在连续十多年的时间里，我国《人民日报》国际版几乎无一天不发关于阿尔巴尼亚的消息、通讯，各种纪念文章或专文刊发国际版头条或其他版面的重要位置，也是常有的事。双方派出各种代表团、考察团进行互访，使两国在对方的使馆整天处于手忙脚乱的境地。有好几年，中国驻阿尔巴尼亚大使馆一年接待的国内派往阿尔巴尼亚的各种团、组竟达到七八十个之多。中国人在阿尔巴尼亚受到的欢迎和接待是无与伦比的，在城市里也好，在农村也罢，你走到任何人家，只要你说自己是中国人，那户人家立刻就会把门打开，以最高规格的礼仪款待你。阿尔巴尼亚任何级别的代表团，哪怕是《人民之声报》常驻北京的记者到工厂或农村访问，接待单位都会锣鼓喧天、鞭炮齐鸣，如同庆祝盛大节日似的欢迎客人。那真是名符其实的火红的年代！那真是中阿友谊之花空前绚丽醉人的年代！

这种友谊之花一直盛开了18年（自1960年到1978年）。迎着这种花香，中阿文化交流取得了全面而迅猛的发展。

先说书籍出版方面的佳绩。在这18年里，阿尔巴尼亚先后翻译出版了以下中国的政治著作：五卷本的《毛泽东选集》(1963)、毛主席的《在延安文艺座谈会上的讲话》(1964)、毛主席的《关于正确处理人民内部矛盾的问题》(1964)、《中国共产党第九次全国代表大会上的报告》(1969)、《毛泽东论哲学、艺术和文化》（毛泽东著作选段汇编，1973年出版，阿尔巴尼亚出版中心编辑出版，印了两万册）。

在文艺作品翻译出版方面，18年中，阿尔巴尼亚先后翻译出版了60多部中国文学和戏剧名著，其中主要有《中国唐代古典诗歌》（1961年出版，由伊斯玛依尔·卡达莱通过俄文转译）、屈原的《离骚》(1960年出版，安得莱阿·瓦尔菲由俄文转译)、曹禺的《雷雨》四幕话剧（1961年出版，由在中国留学的纳兹米·恰密利直接译自汉语）、杨沫的《青春之歌》(1961年出版，获米特尔·巴斯科由俄语转译)、郭沫若的诗选《女神》(1962 年出版，万都斯·云恰尼由俄语转译)、周而复的长篇小说《孽海花》(1963 年出版，彼特洛·热依由俄语转译)、叶圣陶的长篇小说《倪焕之》(1964 年出版，泽夫·西茂尼由俄语转译)、巴金的长篇小说《爱情三部曲——雾·雨·电》(1964 年出版，伊·杰奇泽译)、峻青的《黎明的河边》(1966 年作为小学生课外读物出版，印数为 25000 册，创中国文学作品在阿尔巴尼亚出版最高纪录)、伊勇的《愚公移山》(1967 年出版，由英语转译)、《雷锋的故事》(1966 年出版，教科书出版社从中选出四段，冠以《劳动人民的好儿子雷锋》的标题，作为教材选入阿尔巴尼亚七年级文学读本中)、京剧《红灯记》剧本(1969 年第 7 期《十一月》文学月刊发表，恩维尔·费超由英语转译)、金敬迈的长篇小说《欧阳海之歌》片断(1966 年第 7 期《7 月 10 日》文学月刊发表，海达尔·麦克西直接译自汉语)。

在这 18 年里，我国出版了不少关于阿尔巴尼亚的书籍。政治方面的书籍主要有克利斯托·弗拉舍里的《阿尔巴尼亚史纲》(1964 年三联书店出版，樊集由俄语转译)、阿尔巴尼亚劳动党中央委员会马克思列宁主义研究所编的《阿尔巴尼亚劳动党历史》(1971 年出版，人民出版社翻译)、恩维尔·霍查《在中国驻阿尔巴尼亚大使馆国庆 19 周年招待会上的讲话》(1968 年出版，人民出版社翻译)。

同样，我国也翻译出版了一些阿尔巴尼亚文学作品，其中有《阿尔巴尼亚现代短篇小说选》(英文转译)、《阿尔巴尼亚短篇小说选》(1973 年出版，人民文学出版社，马六妹、陆中言等译)、阿尔巴尼亚当代诗歌选《山鹰之歌》(1964 年出版，作家出版社，戈宝权、范承祚译)、《阿果里诗选》(1974 年出版，人民文学出版社，郑恩波直接由阿文翻译)、斯泰里奥·斯巴塞的长篇小说《火焰》(1975 年出版，高韧、李晔、翟世雄译，郑恩波校，人民文学出版社)、恩道兹·巴甫莱卡的长诗《丝库莱塔之歌》(1968 年第 3 期《红卫兵文艺》刊发，郑恩波译)。为宣传阿尔巴尼亚社会主义建设的成就，郑恩波还在《人民日报》国际版上发表了数十首阿尔巴尼亚诗人们的短诗。

电影是各国人民交流思想感情最好的媒介。在中阿友谊深入人心的年代里，中阿电影界对两国电影的交流，都做了大量卓有成效的工作。毫不夸张地讲，"文革"前的那些年，我国电影院上映的国产影片，在阿尔巴尼亚广大城乡的电影院里都能看到(阿语字幕、汉语对白)。非常受欢迎的影片有

《冰山上的来客》《天山的红花》《我们村里的年轻人》《哥俩好》《甲午风云》《小兵张嘎》《年青的一代》等。

阿尔巴尼亚电影叙事简洁，情节曲折迷人，场景简易朴素，对话明快幽默，很受国人青睐。如果说20世纪60年代最初几年的《特殊任务》《最初的年代》给我们的感受还比较一般，那么，到了十年浩劫期间，当我们遇到了电影荒，眼巴巴地盼望解除看电影的饥渴的时候，这20多部阿尔巴尼亚电影可是帮了我们的大忙。看阿尔巴尼亚电影，成了当时我们文化生活不可缺少的一部分。迄今我们还清楚地记得《第八个是铜像》《地下游击队》《海岸风雷》《宁死不屈》《战斗的早晨》《广阔的地平线》《幸福的道路》（即《在平凡的岗位上》）《城市来的太太》《小奔尼自己走路》《小姑娘》等风格颖异、民族特色鲜明的阿尔巴尼亚影片给我们留下的激动、振奋的畅想。

在那些许许多多人为中阿友谊而劳碌的岁月里，两国的文艺家代表团、歌舞团的互访也很频繁。来华访问的阿尔巴尼亚著名作家有德里特洛·阿果里、伊斯玛依尔·卡达莱、莱索尔·培多、辽尼·巴巴、阿纳斯塔什·孔道等。来华访问演出的阿尔巴尼亚艺术团体有阿尔巴尼亚国家歌舞团、阿尔巴尼亚人民军歌舞团、地拉那“一手拿镐、一手拿枪”业余艺术团等。前两个团都不止一次来过中国，有的名作甚至四次登上我国的舞台。著名的男高音独唱家曼道尔·泽玛里、阿乌尼·穆拉、俞生·科奇亚，著名的女高音歌唱家瓦切·泽拉高亢圆润、深沉洪亮的歌声，佐依查·哈卓、阿格隆·可里阿依、格尼梅特·雯特莱莎绮丽多姿、轻曼灵活的舞蹈，都给我国的听众和观众留下了深深的永世难忘的印象。而天才般的作曲家迪斯·达依亚来华访问时谱曲的毛主席语录歌《真正的朋友》是那样的雄劲、激越，通俗易学，成为赞颂中阿友谊最美最动听的歌。

在中阿友谊的火焰刚刚燃起的那几年（1961—1965年），我国向阿尔巴尼亚派出的文艺家代表团、歌舞团或文艺界人士有：1964年，以著名的老红军女战士李伯钊为团长的中国戏剧代表团；1963年，以江西省作家协会主席李定坤为团长的中国作家代表团；1965年，中国科学院文学研究所副所长、著名文学评论家毛星。北京军区战友文工团，南京军区前线歌舞团，中国人民解放军总政歌舞团、空政歌舞团、海政歌舞团，广州杂技团都到阿尔巴尼亚访问演出过。各个歌舞团著名的歌唱家有马玉涛、刘秉义、马国光、寇家伦、张德福、耿莲凤等，著名的作曲家有晨耕、生茂、沈亚、唐诃威等。其中女高音歌唱家马玉涛赴阿演出三次，她演唱的《马儿啊你慢些走》《众手浇开幸福花》《看见你们格外亲》《老房东查铺》等歌曲，深受阿尔巴尼亚人民喜爱，传遍了山鹰之国的山山水水，成了中国当代声乐的符号。

在中阿文化交流与合作中，还有五件事值得特书几笔。

第一件事：1966 年 3 月至 7 月，我国文化部派遣中国芭蕾舞剧团编导蒋祖慧和演员张策到阿尔巴尼亚国家歌剧芭蕾舞剧院教授阿尔巴尼亚演员表演我国现代芭蕾舞剧《红色娘子军》，成功地将此剧搬上了阿尔巴尼亚舞台。1967 年 9 月至 10 月，阿尔巴尼亚国家歌剧芭蕾舞剧院两个台柱子赏佐依查·哈卓和阿格隆·阿里阿依来北京，与中国芭蕾舞剧院的演员合作，在蒋祖慧编导，张策、赵汝蘅等演员的辅导下，实现了与中国同行联袂演出《红色娘子军》的夙愿。哈卓饰演“琼花”，阿里阿依饰演“老四”。《红色娘子军》问世半个多世纪以来，在国内外产生了巨大的影响，但被搬上外国舞台并且中外演员同台演出的，只有阿尔巴尼亚艺术家。哈卓和阿里阿依曾受到世纪伟人毛泽东主席的接见。

第二件事：差不多在同一时期，受我国文化部派遣，广州军区文工团导演、当年延安的红小鬼宋兴中赴阿尔巴尼亚，在该国人民剧院导演话剧《南海长城》，与阿尔巴尼亚艺术工作者密切合作，成功地将《南海长城》搬上阿尔巴尼亚话剧舞台。

第三件事：受我国教育部派遣，中央音乐学院钢琴教授陈比纲到阿尔巴尼亚音乐学院执教四年（1963—1967 年），为培养阿尔巴尼亚音乐人才作出了重要贡献。他教出的学生，有的毕业后成了著名的钢琴演奏家、作曲家。

第四件事：从 20 世纪 50 年代到 1978 年，在近 30 年的时间里，阿尔巴尼亚劳动党中央机关报社人民之声报社曾先后派六名记者到中国，平均每四年换一个。这六名记者是阿列克斯·恰奇、俞迈尔·敏兆吉、哈桑·贝特莱拉、绍玛·纳切、尼科·尼什库、伊尔凡·布莱古。他们在华的工作、衣食住行（包括家属在内）全部由我国的人民日报社负责。这些记者工作积极、认真，尽到了记者的责任。回国后有的还出版了专门宣传中国社会主义建设成就的诗集、小说和纪实文学作品集等。如恰奇就出版过《中国诗抄》和《人民公社纪行》，贝特莱拉发表了多篇有关中国题材的短篇小说，出版了纪实文学作品集《东方红》等。

第五件事：截止到 1978 年 7 月，阿尔巴尼亚在我国连续多年出版发行了具有很高印刷质量的《新阿尔巴尼亚画报》，有力地宣传了阿尔巴尼亚人民生活、工作的情况，增进了阿中友谊。

三、友谊之花重新绽放的年代

由于众所周知的原因，自1978年7月到1990年8月，中阿两国的关系出现了曲折，经历了严寒的冬季，两国的文化往来与交流全部中断。但是1985年恩维尔·霍查病逝以后，慢慢地出现一点转暖的迹象。1990年8月，中阿文化交流停止了近13年之后，第一次传出了令人欢欣鼓舞的信号：应阿尔巴尼亚对外文委的邀请，我国阿尔巴尼亚学学者、作家郑恩波赴地拉那参加了世界性的阿尔巴尼亚学研讨会并在阿尔巴尼亚全国访问一个月，受到阿尔巴尼亚作家与艺术家协会主席德里特洛·阿果里十分热情、友好的接见。阿果里还代表协会赠送给他八名阿尔巴尼亚当代最重要、最著名的作家每人一套装帧美观、雅致的精装本文集（总共50卷）。访阿期间，对外文委和作家与艺术家协会还安排阿基姆·柴尔加（专业作家）、穆萨菲尔·扎吉乌（教授、诗人）、纳绍·约尔加奇（教授、作家）专门陪同郑恩波参观、访问，甚为友好、亲热。郑恩波回国后，很快又在《人民日报》上发表文章《阿尔巴尼亚印象》。郑恩波的笔名叫“红山鹰”，中阿友谊蓬勃发展的20世纪六七十年代，“红山鹰”在报刊上发表了一大批文学气氛浓厚的“阿尔巴尼亚通讯”，成为一个时期中阿友谊的象征。此时发表的《阿尔巴尼亚印象》，显然又成了中阿关系冰化春来的第一个信号。很快他又在《欧美同学会会刊》上发表了篇幅较长的更富有激情的散文诗《东佳迭达，地拉那!》（意为“你好，地拉那!”）。

差不多在同一时间里，中国对外文化交流集团在地拉那成功地举办了“中国民间工艺作品展”。

1994年12月，应我国文化部的邀请，当年在中国留过学，后来成了著名作家的法道斯·孔戈利，来华访问半个月。

2004年10月，应阿尔巴尼亚文化部邀请，郑恩波在地拉那出席了世界著名阿尔巴尼亚文学翻译家招待会。

2007年10月，中央电视台著名主持人崔永元率领《电影传奇》摄制组对阿尔巴尼亚进行了工作访问，后对六部阿尔巴尼亚经典电影重新改编组合，在《电影传奇》栏目里成功播出。之后，阿尔巴尼亚电影工作者也组团访问了我国。

在世纪之交，阿尔巴尼亚著名歌唱家阿乌尼·穆拉之女，近年来在阿尔巴尼亚和欧洲乐坛享有很高声誉的女高音歌唱家茵娃·穆拉三次来华访问，其嘹亮甜润、优美动听的歌喉，震动了北京音乐界。

就这样，中阿文化交流的春天，又慢慢地到来了。

如果说20世纪六七十年代中阿文化交流是全面开花，那么近20多年，这一交流主要体现在两国文化人的著书立说上。

在阿尔巴尼亚方面，当年的《人民之声报》驻京记者俞迈尔·敏兆吉曾到过西藏，新时期开始后他又来到中国访问，之后撰写、出版了对中国人民充满深情厚谊的《中国，世纪的挑战》（德里特洛·阿果里作序，2003年地拉那伊拉尔印刷企业出版）。

1994年12月，法道斯·孔戈利访华归国后，创作、出版了关于中国的小说《象牙龙》（1999年恰拜依出版社出版）。

1999年，曾在中国留学，后从事新闻、外交工作的伊利亚兹·斯巴秀出版了反映中国改革的通俗读物《中国试验》（1999年本戴奥出版社出版）。

2013年11月，在地拉那成立了孔子学院，以便让青年人了解、学习汉语及中国的儒家学说和思想。

中国方面，新时期以来，改革开放的春风吹遍了各个领域，在宣传外国先进文化，译、研外国文学的声浪日渐高涨的形势下，我国出版了一系列与阿尔巴尼亚关系密切的著作。

政治性作品有范承祚的回忆录《往事如诗》（2008年南京出版社出版）、王洪起的《山鹰之国亲历》（2008年新华出版社出版）、郭毓华的《回首山鹰之国》（2003年中共党史出版社出版）。

文艺性作品有范承祚诗集《万里千诗》（1996年北京出版社出版）、郑恩波与范承祚的散文、诗歌集《难忘的岁月》（2004年中国文史出版社出版）、郑恩波散文随笔及报告文学集《我与阿尔巴尼亚的情缘》（2013年世界知识出版社出版）。

学术方面有郑恩波撰写的《中国大百科全书·外国文学卷》中全部阿尔巴尼亚文学内容（1982年中国大百科全书出版社出版）、郑恩波撰写的《外国名作家大辞典》中全部阿尔巴尼亚作家内容（1989年漓江出版社出版）、郑恩波撰写的《世界妇女文学辞典》中全部阿尔巴尼亚妇女文学内容（1989年漓江出版社出版）、郑恩波撰写的《新编20世纪外国文学大辞典》中阿尔巴尼亚文学内容（1998年译林出版社出版）、郑恩波与高韧撰写的《阿尔巴尼亚文学史》（郑完成四分之三篇幅，1990年重庆出版社出版）、郑恩波撰写的《阿尔巴尼亚文学简史》（1993 年海南出版社出版）、郑恩波撰写的《20 世纪阿尔巴尼亚文学史》（共 4 卷，1995 年、1998 年北京大学出版社出版）、郑恩波撰写的《阿尔巴尼亚当代文学史》（1998 年中央编译出版社出版）、郑恩波与马细谱合著的《阿尔巴尼亚》（“列国志”之一种，2004 年社会科学文献出版社出版）、郑恩波与他人共同撰写的《新编东欧文学史》（《新编欧洲文学史》之一部分，1999 年、2001 年北京大学出版社出版）。

阿尔巴尼亚文学翻译作品有郑恩波翻译的《阿果里诗选》（1974 年人民文学出版社出版）、郑恩波翻译的法道斯·阿拉比的长诗《血的警报》（见《世界反法西斯文学书系·阿尔巴尼亚卷》，1992 年重庆出版社出版）、郑恩波翻译的科尔·雅科瓦的长诗《维果的英雄们》（见《世界反法西斯文学书系·阿尔巴尼亚卷》，1992 年重庆出版社出版）、郑恩波翻译的纳依姆·弗拉舍里的长诗《畜群和田园》（见郑恩波 50 年诗文珍藏本《春华秋实》，2008 年中国新闻联合出版社出版）、郑恩波翻译的伊斯玛依尔·卡达莱的长诗《群山为何而深思默想》（见郑恩波 50 年诗文珍藏本《春华秋实》，2008 年中国新闻联合出版社出版）、郑恩波翻译的伊斯玛依尔·卡达莱的长诗《山鹰在高高飞翔》（见飞白主编的《世界诗库》，1994 年花城出版社出版）、郑恩波翻译的《世界短篇小说精品文库》中全部阿尔巴尼亚小说（1996 年海峡文艺出版社出版）、郑恩波翻译的飞白主编的《世界诗库》中全部阿尔巴尼亚诗歌（1994 年花城出版社出版）、郑恩波翻译的伊斯玛依尔·卡达莱的长篇小说《亡军的将领》（1992 年作家出版社、2008 年重庆出版社出版）、郑恩波翻译的荻米特尔·祝万尼的长篇小说《重新站起来》（1990 年重庆出版社出版）、郑恩波翻译的德里特洛·阿果里的长篇小说《居辽同志兴衰记》（2009 年重庆出版社出版）、郑恩波翻译的阿尔巴尼亚电影《亡军还乡》（上、下集，1991 年中央电视台首播）、郑恩波翻译的阿尔巴尼亚电影《12 号》（2008 年北京法国文化中心播映）、张淑慧翻译的卡达莱的长篇小说《破碎的四月》（2007 年重庆出版社出版，从英文转译）、高兴翻译的卡达莱的长篇小说《梦幻宫殿》（2009 年重庆出版社出版，从英文转译）、郑恩波翻译的阿果里诗选《母亲阿尔巴尼亚》（2012 年中华文化出版社出版）。

四、对中阿文化交流的几点看法

从 65 年中阿文化交流的历史中，首先，我们清楚地看到，中阿文化交流的领域是很广阔的，潜力是巨大的。这一领域应包括文学、戏剧、音乐、美术、影视、舞蹈、体育、杂技等艺术门类。在以往漫长的岁月里，中阿两国文化工作者曾用汗水和智慧培育出许多美好的文化果实。这些丰硕的果实十分宝贵，值得我们很好地珍惜。我们应当从各个方面了解、研究中阿文化的历史和现状，进而深入理解阿尔巴尼亚人民忠诚、讲信用、勤俭、纯厚、刚毅、顽强的民族精神和中国人民爱国、创新、包容、厚德的民族魂。

其次，中阿文化交流的目的，不仅仅是为了增加对彼此文化的了解，更重要的是为了学习对方的长处，进一步发展本国的民族文化。就我们来说，阿尔巴尼亚电影就有不少可取之处值得我们学习。崔永元自豪地说："我是看阿尔巴尼亚电影长大的。"山西省有位叫郭华的青年作家，他模仿电影《第八个是铜像》的名字，给自己的一篇小说起名为《前面第十三块石头是纪念碑》，可见阿尔巴尼亚电影对我国影视工作者和作家的影响不小。这种影响是多方面的。健康向上的革命内容，崇高的爱国主义、革命英雄主义精神，丰富多彩的艺术表现手法，鲜明颖异的艺术风格和民族特色，简便、经济的制作方式，都是值得我们认真借鉴和学习的。

再如，在建筑方面，阿尔巴尼亚的许多重要建筑、别墅、旅馆、纪念碑，都是很精致、讲究的艺术品。阿尔巴尼亚不少艺术造诣颇深的建筑家，将古朴、庄重的民族风格与希腊、意大利、阿拉伯的建筑特色和谐地、富有创造性地结合起来，形成独特的令人耳目一新的建筑样式，美观、小巧玲珑，不要说居住，即使看上几眼，都是莫大的艺术享受。每栋楼、每座别墅、每个旅馆、每座纪念碑都有自己特殊的模样，绝不与别的同类建筑雷同。甚至每道门、每个凉台、每道栅栏、每条甬道、每排灯，都是一家一个样，看上去真是千姿百态，色彩纷呈，艺术品位十足。这与那些在僵化、凝滞的思想指导下设计、建造成的古板、单调、清一色、大一统的军营式房舍比较起来，实在是一种进步与解放。

地中海周边出歌唱家，地中海沿岸的国家音乐都比较发达，这是举世公认的事实。阿尔巴尼亚歌曲，特别是根据民歌弦律改编的抒情歌曲十分婉转悦耳，清扬动听。一首首柔和甜润的抒情歌曲，不仅阿尔巴尼亚人民非常喜爱，而且在中国音乐人中间也大受欢迎。当年"五·七干校"遍布全国时，在京郊小汤山"红艺五七干校"我就听到一些男高音晨练时放声高歌《党，祖国的春天》《为了你，祖国》《自由的山鹰》几首优美的阿尔巴尼亚歌曲。音乐会上歌唱家或歌手演唱电影《宁死不屈》插曲，更是司空见惯。阿尔巴尼亚有好几位震动欧洲歌坛的男高音、女高音，他（她）们演唱的技艺和经验，很值得我们的音乐界同行认真地研究与借鉴。

各国人民的优秀、先进的文化，是全人类共同的财富。回顾65年来中阿文化工作者在文化天地里取得的丰硕成果，我们感到无比的骄傲和幸福；展望美好、光明的未来，我们充满了胜利的自信。愿我们中阿文化工作者在巩固和进一步发展中阿两国文化交流与合作的神圣事业中取得更加卓著的成就，创造出能使我们的后代感到更加自豪的辉煌。

从布达佩斯到北京

——中匈关系的过去①

［匈］邵莱特·盖尔盖伊
（匈牙利帕斯玛尼·彼得天主教大学）

马扎尔民族②的东方起源意识由来已久。在匈牙利人的心目中，亚洲不仅仅是一个遥远的、充满异域风情的地方，从某种意义上说，那里有我们远古时代的故乡。有史料记载的第一位到达中国的匈牙利人是一个名为盖尔盖伊的匈牙利僧侣。1341 年，他随一个教皇代表团到了元大都，受到了中国皇帝的亲自接见。盖尔盖伊于 1346 年回到欧洲。不久，一名布达③保罗派（或多米尼克派）的修道士圣埃什孔戴伊·马泰曾深入中国内地，于 1399 年左右殉道。据传，马泰是中国境内第一位西方殉道者。随后的几个世纪，由于奥斯曼土耳其帝国封锁了通往远东的道路，两个民族之间的联系被迫长久中断。另一位知名的旅行家是耶稣会的格鲁拜尔·亚诺什，他是埃尔代伊大公二世奥保菲·米哈依的宫廷牧师。1658 年，他在澳门登陆，并在北京生活数年。格鲁拜尔回国后在纳吉索姆鲍特大学做了一系列关于中亚的报告。此后较为知名的匈牙利传教士还有遣使会的埃尔代伊·伊格纳茨，他从 1861 年起在中国传教，一直到 1885 年去世。

一、冒险家、学者

从 18 世纪起，一些周游世界的旅行家也曾到达中国。裁缝学徒出身的冒

① 此文原载匈牙利罗兰大学孔子学院通讯 2009 年第 2 期。

② 匈牙利人自称“马扎尔人”。

③ 中世纪匈牙利都城。今日匈牙利首都布达佩斯是 1873 年由位于多瑙河两岸的佩斯、布达和老布达合并而成的。

险家耶尔基·翁德拉什（1738—1783）数度险境逃生之后流落到了澳门，后来在广州为荷兰人工作过一段时间。拜纽夫斯基·莫里兹（1741—1786）是18世纪最著名的冒险家之一，他从堪察加半岛的俄罗斯战俘营逃出之后，凭借一艘偷来的船航行到台湾，并在那里逗留数周。在到达台湾之前，拜纽夫斯基甚至还在马达加斯加当了一段时间“国王”。

随后的几个世纪里，除了传教士和探险家之外，匈牙利的学者也到达了中国。科勒什·乔马·山道尔（1784—1842）从匈牙利纳吉埃涅德出发，前往充满传奇色彩的东方，目的是探寻匈牙利民族的起源。经过长途跋涉，乔马一直到达了西藏。19世纪20年代，乔马在西藏的许多寺院都长期居住生活过。虽然最终并没有找到匈牙利人祖先的痕迹，但凭借所编写的藏英词典、藏语语法及其他大量工作，乔马日后成为国际西藏学界受人崇敬的开山鼻祖。匈牙利自由战争被镇压后，安德拉什·毛诺（1821—1891）伯爵流亡到了东南亚，1949年曾在香港、澳门和广州短暂停留过。安德拉什伯爵将自己在中国和印度的见闻结集成精美的彩色画册出版，他本人也因此被推选为匈牙利科学院院士。

另一位学者旅行家是桑图斯·亚诺什（1825—1894）。匈牙利自由战争失败后，自然学家及民族志学家桑图斯流亡到了美国。他从美国携带一批自然科学收藏品回国后创建了佩斯博物馆，桑图斯也是后来的民俗博物馆的奠基人。作为1868年出发的奥匈帝国东南亚探险队成员之一，桑图斯到过中国。在探险途中，桑图斯搜集了丰富的资料。后来桑图斯与探险队的领队就所搜集的资料应归属维也纳博物馆还是匈牙利佩斯博物馆的问题发生意见分歧，桑图斯离开了探险队，独自一人继续探险活动。

二、奥匈帝国与中国

在奥匈帝国旗帜下进行的共同探险活动——桑图斯也是参与者之一——是二元制帝国成立后匈牙利在国际舞台上的首次亮相（探险经费的三分之一由匈牙利承担）。奥匈帝国①与中国的第一个条约就是这个代表团签署的：1868年9月2日，双方在北京签署了通商和航行条约，该条约有效期至1917年。随后，奥匈帝国在上海开设总领事馆，1896年在北京设立公使馆。直至

① 奥匈帝国旧译“奥斯马加”。

1902 年，中国才向维也纳派遣了第一位专使，在此之前，该职务由驻德或驻俄使臣兼任。

这一时期最为重要的匈牙利探险队由“最伟大的匈牙利人”之子①塞切尼·贝拉伯爵（1837—1908）带领。1877—1880 年，历经 29 个月的旅途，塞切尼与另外三名旅伴，即世界著名的地质学家罗茨·拉约什、奥地利地图制图学家古斯塔夫·克莱特纳尔以及语言学家巴林特·加博尔一同走遍了中国大部，并到达东亚、东南亚的许多地区。考察队在中国绘制了长江三角洲、甘肃、青海和云南地图。此次考察结果被编制成三部巨帙。匈牙利组织了 20 余位学者对探险队所搜集的大量学术资料、矿石和化石进行鉴定整理。考察队关于中国地理的描述在此后的几十年里都具有极大的影响。塞切尼之行的唯一一个政治活动是，他受到了当时中国最具影响力的人物之一、直隶总督兼北洋大臣李鸿章的接见。李鸿章向塞切尼询问了俄罗斯与奥匈帝国之间的关系。塞切尼以那个时代罕有的方式指责了殖民者的野蛮行径，在被西方人烧毁的圆明园废墟前，他写道：“看到这样的摧毁，我的脸上一阵灼热。在中国人面前，我为自己是欧洲人感到羞耻，而恰恰是我们在向他们讲文化。”

三、斯坦因·奥莱尔

罗茨·拉约什是首位向西方介绍位于古丝绸之路上的敦煌佛窟的人。1902 年在德国汉堡国际东方学会议上，罗茨做了关于莫高窟所保存的精美壁画和雕塑的报告。斯坦因·奥莱尔正是在听了他的报告之后踏上了前往敦煌的旅途。探险家斯坦因出生于匈牙利，后来成为英国公民。彼时他为寻找中亚消失的文明已考察了数年。1907 年，斯坦因终于到达敦煌。敦煌曾是一个繁荣的商贸和宗教中心，但斯坦因所见到的敦煌已变成沙漠边缘的一个荒凉的、几乎完全被废弃的绿洲小城。千佛洞位于敦煌东南，开凿在石崖上的大约 500 个洞窟装饰有彩色壁画和塑像，是中世纪中国和中亚的佛教艺术宝库。更为珍贵的宝藏被隐藏在一个秘密的、被墙壁封筑的窟室里——从 4 世纪到 11 世纪的历代经卷、文书、纸画、绢画、刺绣等 5 万多件文物在这个密室里被藏匿了近千年。密室是在斯坦因到来之前不久被佛窟的看守者王姓道士发

---

① “最伟大的匈牙利人”指塞切尼·伊什特万，塞切尼·贝拉是他的儿子。

现的，王道士希望通过出售一些文书为道观改建筹款。斯坦因最终从王道士那里获得了24箱经卷文书、5箱绘画和刺绣，并把所得运到了伦敦。在斯坦因之后，还有一些外国学者也到过敦煌寻找写本和绘画。由此，无法估价的珍贵文物散落到了世界各地的博物馆以及收藏家手中。如今学者们在国际项目的框架内试图在互联网上"复原"完整的敦煌遗产，希望使流散的甚至是被撕裂成多个部分的手稿至少能够做到虚拟的整合。

另外值得一提的是齐奇·耶诺1898年的中国考察。这位匈牙利伯爵历尽坎坷于1898年9月由陆路到达北京。齐奇此行的目的是在北京的档案馆里寻找传说中的阿尔帕德时代①的文献资料，这些资料据说是被拔都可汗从匈牙利掠夺走的。由于恰逢"百日维新"后期的政变，齐奇最终未能进入档案馆。当然，后来我们得知，北京的档案馆里并没有匈牙利的文献。

四、最早到达匈牙利的中国人

1900年，奥匈帝国参与了对义和团的镇压，通过这一不光彩的行动，其在中国的影响力得到了加强。奥匈帝国在天津取得了租界，并在天津以及山东芝罘设立了领事馆。这种关系并不是单边的。如上文提到的，1902年，中国在维也纳设立了外交代表处。1906年，在一位清朝贝勒的带领下，一个高级别中国代表团访问了奥匈帝国，并参观了位于匈牙利切佩尔岛的怀斯·曼弗雷德弹药工厂；1910年，清朝军咨大臣载涛贝勒率领的陆军代表团考察了匈牙利的军工厂。1912—1916年间，两国共签署了七个相互条约。除了官方的代表团外，还有一个访问过匈牙利的中国名人也值得一提——百日维新的核心人物康有为（1858—1927）在其1904年欧洲之行期间曾游历了匈牙利。

五、两次世界大战之间

1917年8月14日，中国对奥匈帝国宣战，两国中断了外交关系，之前的条约也全部宣告失效。两次世界大战之间，中匈几乎完全失去联系。驻匈牙利的中国外交代表由荷兰人担任。当然，这段时期仍有匈牙利人在中国生活：

---

① 从公元1000年匈牙利建国至公元1301年，是匈牙利第一个封建王朝阿尔帕德王朝统治时期。

许多被俄罗斯俘虏的匈牙利战俘在归国途中逗留于上海，有的在上海永久定居下来。后来还有一些匈牙利犹太人逃亡到了上海。这一时期著名的人物有出生于拜斯泰尔采巴尼奥的建筑师胡杰茨[①]·拉斯洛（1893—1958）。1920年，邬达克到达上海，并于1925年成立了自己的公司。邬达克为这个国际大都会一共设计了65座建筑。他的建筑作品——包括著名的国际饭店——对于上海城市面貌的形成具有重要意义。

至20世纪上半叶，大发现的时代结束了。最后一个学者旅行家是利盖蒂·拉约什。1928年起，他在内蒙古连续生活了三年，从事传统蒙古文字以及语言学研究。在这段时期，前往中国的匈牙利人主要是一些艺术品收藏家，他们中不少人日后成为了世界知名的中国艺术品收藏家。与早先那些冒着巨大危险前往神秘未知地区的探险家不同，他们是一些懂艺术的行家和热爱艺术的商人。霍普·费伦茨（1833—1919）就是这样一个旅行家。作为一名佩斯的光学仪器商，霍普积累了大量的财富。他多次前往中国，并获得了许多极具价值的艺术珍品。霍普临终时将这些艺术品连同他的别墅一同捐献给了国家，以他名字命名的霍普·费伦茨远东艺术博物馆就是在此基础上建立起来的。霍普的艺术顾问费尔文齐·陶卡奇·佐尔坦（1880—1964）日后成为博物馆的第一任馆长，费尔文齐毕生致力于远东艺术藏品在匈牙利的扩大、整理和研究工作，直至离世。

20世纪20—40年代亦有许多匈牙利传教士在中国传教。其中耶稣会、方济会以及卡洛乔女修道院都在中国建立了传教区。1949年后，他们离华回国。

六、新的时期

第二次世界大战后，中匈关系开启了全新的时代。解放战争胜利后，中国共产党取得了执政党地位。匈牙利则归于苏联影响范围之内，实行“人民民主”。两国在新的世界秩序中同属一个阵营，由此形成了建立在新基础之上的、发展迅速的双边关系。紧随着1949年10月1日新中国的成立，匈牙利于10月4日宣布承认中华人民共和国，10月6日，两国建立外交关系。匈牙利驻华公使夏法朗柯·埃芒努埃尔以及中国驻匈牙利大使黄镇分别于1950年

① 中国人将其姓氏译为“邬达克”。

2月15日及1950年8月4日递交了国书。双方开始构筑两国关系的协议基础，这些协议是中匈之间的首批平等条约。在接下来的几年里，双方又签署了易货贸易、文化合作、通信、植物保护等一系列条约。1959年5月6日，两国在北京签署了《中匈友好合作条约》，将这一进程推向了高潮。

20世纪50年代初，两国间政治、经济关系以及文化、教育和科学交流全面启动。第一批匈牙利留学生于1950年秋开始在北京学习，随后陆续有留学生到中国接受大学教育。高恩德、梅萨罗什·维尔玛、尤山度、保约尔·盖佐、米克洛什·帕尔、塔洛什·鲍尔瑙、波洛尼·彼得、考尔马尔·埃娃等都曾在中国留学，他们与匈牙利自己培养的杰出的学者们（如杜克义和陈国等）共同奠定了匈牙利汉学的基础，并繁荣了匈牙利汉学。这些汉学家将古典及现代的中国文学名著翻译成匈牙利文。与此同时，中国也向匈牙利派遣了留学生，为在中国介绍匈牙利作出了贡献。

20世纪50年代前半段主要为相互了解的时期。尽管双方关系扩展迅速，但往来并不频繁。1956年革命期间，中方希望了解匈牙利的意愿增强，原因是中国领导层将匈牙利发生的事件看作前车之鉴。1956年革命之后，中国所提供的经济和政治援助对于卡达尔政府巩固政权起到了重要作用。1957年1月，周恩来总理到访布达佩斯；同年9—10月间，卡达尔·亚诺什访问中国，表明了两国领导人对于双边关系的特别关注。这一时期最重要的外交事件是1959年4—5月，匈牙利总理明尼赫·费伦茨在中国签署了上文提到的《中匈友好合作条约》。同年，匈牙利国家主席道比·伊什特万在北京参加了中华人民共和国成立十周年的庆典活动。

七、停滞时期

然而不久，国际政治风云突变，中苏关系转冷。由于匈牙利属于苏联势力范围，中匈关系也陷于停滞，并随后恶化。低谷时期是在“文化大革命”（1966—1976）的前期，中国连续三年未向布达佩斯派遣大使（在此期间匈牙利大使一直在北京任职）。从1970年开始，情况有所缓和，双方在较低的层次上重新开始往来。

1978年中共十一届三中全会之后，中国开始了改革开放，中匈关系获得了新的发展动力。以邓小平为核心的新的领导集体对于匈牙利的改革表现出极大的兴趣，中国许多倡导改革的政治家、经济学家以及专家来到匈牙利实地调研考察。1984 年之后的双边关系建立在一系列新条约的基础之上：两国签署了经济、贸易、科技、科研、卫生、广播电视、旅游等协议。1987 年中共中央代理总书记、国务院总理赵紫阳访匈，匈社工党总书记卡达尔·亚诺什访问中国。1988 年 12 月，匈牙利外长瓦尔科尼·彼得在中国签署了两国互免签证的协定（这一协定于 1992 年解除），并在上海主持匈牙利总领事馆开馆仪式（1990 年后该领馆暂时闭馆）。

八、匈牙利制度变革后

匈牙利制度变革之后，尽管共同的意识形态已不复存在，两国关系依旧平稳发展。但在一段时期内，交往频度并没有增加。匈牙利需要应对自己面临的一些问题，外交政策优先考虑欧洲——大西洋一体化，加之很长一段时间里，匈牙利领导人并没有认识到中国的重要性。尽管如此，高层继续保持往来。1994 年，匈牙利共和国总统根茨·阿尔帕德访华；1995 年，中共中央总书记、国家主席江泽民访问匈牙利。两国在部长级以下层面保持着经常性的接触。

2003 年以后，两国关系进入了新的发展时期。匈牙利政府宣布优先发展对华关系。此后，匈牙利总理三次到访中国。2004 年，中共中央总书记、国家主席胡锦涛访问匈牙利。匈牙利驻上海总领事馆重新开馆，北京和布达佩斯之间开通了直航，在布达佩斯开办了匈中双语学校，匈方任命了总理特派员专门负责对华关系。2009 年，中国作为嘉宾国出席布达佩斯国际博览会。双方经济合作亦迅猛发展。如今，中国是匈牙利第十大、欧洲之外最大的进出口贸易伙伴国。在中东欧国家中，匈牙利是中国第二大贸易伙伴国。

文化往来进入新的繁荣时期：2006 年在布达佩斯成立了罗兰大学孔子学院；2007—2008 年，在中国多个城市举办了匈牙利年活动；2008 年，中国成为布达佩斯图书节嘉宾国。中国为越来越多的匈牙利学生提供了奖学金机会，也有越来越多的中国学生到匈牙利学习。这一切都有助于两国的共同利益，中匈关系有望在未来续写新的篇章。

（北京外国语大学欧洲语言文化学院　许衍艺　译）

朱光潜对维柯《新科学》的译介与二次阐释

文　铮

（北京外国语大学欧洲语言文化学院）

提　要：1980年春，朱光潜以83岁的高龄毅然开始翻译维柯的代表作《新科学》，力图以马克思唯物史观为方法论，以维柯的《新科学》为平台来整合其一生的美学思想，使其重心落入马克思主义的苑囿。然而，西方20世纪前期的美学与心理学成就在朱光潜思想中留下了太过深刻的印迹，使他在以马克思主义理论来解读《新科学》时总摆脱不掉克罗齐的影子。朱光潜的美学思想始于克罗齐，终止于维柯，一生与这两位意大利伟大思想家结下不解之缘，也使意大利元素成为中国当代美学体系中不可或缺的一部分，使维柯这位18世纪的伟大思想家和现代美学的奠基人穿越历史、地域与民族的界域，在中国获得了新的生命。

关键词：朱光潜；维柯；克罗齐；《新科学》；美学；马克思主义；美学

Zhu Guangqian's Translation and Reinterpretation of Vico's *The First New Science*

WEN Zheng

(School of European Languages & Cultures, Beijing Foreign Studies University)

Abstract: In the spring of 1980, Zhu Guangqian, at the age of 83, started his translation of Vico's masterpiece *The First New Science*, trying to use Marxist historical materialism as a way to interpret Vico's work. However, western aesthetics and psychology in the early twentieth century have left such a profound impression on Zhu Guangqian that Zhu was unable to break away from the influence of Croce when interpreting *The First New Science* from a Marxist perspective. Zhu's aesthetic thoughts began at Croce and ended at Vico, and his life became profoundly attached to these two Italian great thinkers. Italian elements have become an integral part of Chinese contemporary aesthetics, bringing Vico, a great thinker and founder of modern aesthetics in the eighteenth century back to life in China.

Keywords: Zhu Guangqian; Vico; Croce; *The First New Science*; Marxist; aesthetics

1980 年春，已 83 岁高龄的朱光潜，不顾年迈体衰，记忆力减退，在家人与朋友的鼓励和支持下①，毅然决然地开始翻译和研究西方启蒙运动先驱、意大利史学家维柯（Giambattista Vico）的代表作《新科学》（*Scienza Nuova*）。朱光潜惋惜自己不懂意大利文，所以只能根据英译本转译。② 他所依据的英译本是美国康奈尔大学出版社于 1968 年出版的，英文转译者是耶鲁大学的贝根（T. G. Bergin）和伊利诺斯大学的费希（M. H. Fisch），他们的翻译工作早在 1939 年就开始了，依据的原文是意大利学者尼柯里尼（FaustoNicolini）对意大利文第三版（那不勒斯，1744 年）做了编辑加工的版本［被收入 1928 年版《意大利文库》（*Scrittorid' Italia*）的 112—113 卷］，英文翻译工作还得到了尼柯里尼本人和克罗齐的帮助。但由于第二次世界大战的影响，这个英译本直到 1961 年才由 Anchor Books 出版社首次出版。朱光潜的翻译工作可谓艰苦，一位耄耋老人，面对这部文字艰涩，内容庞杂，涉及神话、宗教、西方古代史、罗马法学、哲学、语言学等众多学术领域的五卷本煌煌巨制，而且所依据的英译本语言“又不够流利简洁”，其工作强度可想而知。朱光潜坦言，在动手翻译时发现这是他一生中遇到的最难译的一部书，其难度远远超过 50 年前翻译的三卷黑格尔《美学》。③ 即便是这样，朱光潜还是于 1981

① 朱光潜夫人奚今吾与侄子朱式蓉协助翻译并整理文稿，客居美国的黄秀玑教授寄赠康奈尔大学出版社英文新版《新科学》，意大利汉学家 Mario Sabattini 教授寄赠意大利文版《新科学》和《维柯自传》，意大利语翻译家王天清教授将 Paolo Rossi 作序并注释的意大利原文版《新科学》借给朱光潜等。见《新科学——中译者译后记》，引自《朱光潜全集》第 19 卷，合肥：安徽教育出版社，1993 年版，第 267—268 页。

② 朱光潜：《略谈维柯对美学的影响》，引自《朱光潜全集》第 10 卷，第 717 页。

③ 同上。

年下半年初步完成了翻译工作，紧接着，他又开始了长达两年的校对和研究工作，并附带翻译了《维柯自传》。但是他对自己的译文“深感不满”，希望有“好学深思之士细加校改或索性改译”,① 由此可见他对译文质量是何等精益求精。在校对译稿的过程中，朱光潜尽量参照意大利文原著各版本对英译本加以订正，他在 1983 年 12 月 25 日写给意大利语翻译家王天清的信中说：“拙译维柯的《新科学》《自传》和中译者评介若干数篇已基本完工，春间即可付印。您手头 Paolo Rossi 的版本与老版有些不同，务请寄我一阅，夏间即可寄还不误。”② 如此看来，朱光潜翻译《新科学》并非即兴之举，而是酝酿已久的宿愿。1984 年，《新科学》译稿交人民出版社付梓，1986 年 5 月正式出版，但在此前两个月朱光潜先生已然与世长辞。《新科学》的翻译和研究成了这位美学老人一生中的最后一项系统工程。

朱光潜与维柯及《新科学》的渊源与克罗齐有着直接的关系。早在 20 世纪 20 年代留学欧洲时，朱光潜就从研究克罗齐进而注意到克罗齐的精神先师维柯及其闻名遐迩的代表作《新科学》。朱光潜曾说：“这件工作对我来说是很难的，而明知其艰难，为什么还要不量力地做下去呢？因为我的美学入门老师是意大利人克罗齐，而克罗齐是维柯的学生。克罗齐早已说过，美学的真正奠基人不是鲍姆嘉通（Alexander Gottliel Baumgarten），而是维柯。所以研究美学就不能不知道维柯。”20 世纪 60 年代初，朱光潜在编写《西方美学史》时，曾用上卷的最后一章专门介绍维柯的思想体系和美学观点，对维柯的历史发展观及其“诗性智慧”对美学发展的意义给予了高度评价。但 20 年之后，朱光潜说，对于这次介绍“很不满意，因而下定决心把维柯的《新科学》和《自传》据英译本全义转译过来。近两三年，我对维柯的认识比过去稍微全面一些了”。③

那么，朱光潜为何要在晚年竭尽全力翻译《新科学》并重新评价维柯？他对维柯的认识到底发生了哪些变化？20 多年来中国学术界对这些问题的讨论一直没有间断，观点也不尽相同。多数学者以朱光潜本人的解释作为问题的答案：“为了进一步了解克罗齐，我才涉猎到他的思想祖师维柯的《新科学》，在 60 年代编写《西方美学史》，曾用专章片面地介绍过维柯关于形象

① 朱光潜：《略谈维柯对美学的影响》，引自《朱光潜全集》第 10 卷，第 717 页。
② 同上，第 679 页。
③ 同上，第 666 页。

思维的一些精辟见解，垂暮之年翻阅旧作，深愧把维柯也看成和克罗齐一样是位唯心主义者，有负于《新科学》这样划时代的著作，因此下定决心把它译成中文。”① 但也有学者认为，朱光潜在晚年“认清维柯的历史观点与马克思主义尤其是其历史发展观的联系，使人们能更好地了解马克思主义，深刻理解马克思主义的科学性，把握它的精髓”。② 而朱光潜的孙子，同时也是朱光潜思想研究者的宛小平教授认为，除了克罗齐与维柯的师承关系以外，这也是朱光潜“晚年美学思想发展逻辑的必然结果”，其目的在于“纠正他早年受形式派美学影响而不太注意社会和历史的欠缺”，因此维柯作为西方“历史学派”的创始人和近代社会科学的奠基人，受到朱光潜的格外重视是顺理成章的。此外，由于当时中国美学受苏联影响甚大，人们把美学视为哲学认识论的附庸，使美学的视野变得狭窄，因此朱光潜希望借助《新科学》来扩大中国当代美学家们的学术视野，从而起到纠正学风的作用。③

上述观点都是合情合理的，却又不能让人完全服膺，即便是朱光潜自己的解释也不足以说明他为什么在感到自己来日无多的情况下，以巨大的勇气和毅力翻译《新科学》的深层原因。实际上，朱光潜在晚年，尤其是在经历了“文化大革命”的十年禁锢和浩劫之后，可做的事情很多，如果只是出于“愧疚”，想要纠正以往在学术上的错误以弥补损失的话，那么他似乎更应该译介叔本华和尼采的作品，正如他在《悲剧心理学》（原书以英文写成）中译本自序中说的那样：“为什么我从 1933 年回国后……就少谈叔本华和尼采呢？这是由于我有顾忌、胆怯，不诚实。读过拙著《西方美学史》的朋友们往往责怪我竟忘了叔本华和尼采这样两位影响深远的美学家，这种责怪是罪有应得的。”④ 在 20 世纪 60 年代的社会意识形态氛围中，朱光潜有所顾忌和感到胆怯是无可厚非的，因为叔本华和尼采的唯意志论美学是彻底的唯心主义，与马克思主义思想体系格格不入。85 岁的朱光潜在上述这篇序言中坦陈，与克罗齐相比，他受尼采的影响更大：“一般读者都认为我是克罗齐式的唯心主义信徒，现在我自己才认识到我实在是尼采式的唯心主义信徒。在我心灵里植根的倒不是克罗齐的《美学原理》中的直觉说，而是尼采的《悲剧

---

① 朱光潜：《略谈维柯对美学的影响》，引自《朱光潜全集》第 10 卷，第 717 页。

② 文洁华：《朱光潜与当代中国美学》，香港：香港中华书局，1998 年版，第 78 页。

③ 宛小平：《边缘整合：朱光潜和中西美学家的思想关系》，合肥：安徽教育出版社，2003 年版，第 133—134 页。

④ 朱光潜：《悲剧心理学》中译本自序，引自《朱光潜全集》第 2 卷，第 201 页。

的诞生》中的酒神精神和日神精神。”① 如此看来，如果论师承关系的话，朱光潜完全可以投入尼采门下，不必只认克罗齐和维柯；如果论“愧疚”的话，朱光潜更“对不起”的是叔本华和尼采，因为作为中国当代最具影响力的美学家，朱光潜不但没有译过他们的任何一部作品，也几乎没有写过几篇有分量的述评文章。

那么，朱光潜晚年译介《新科学》的真正意图到底是什么呢？如果我们想要洞悉这个问题，就应当把《新科学》与他一生思想发展的脉络联系在一起，重点分析这部作品对于晚年朱光潜美学观念形成的作用。只有这样，我们才能更加充分地理解朱光潜希望通过《新科学》来传达给我们的信息。

1949 年新中国的建立成为朱光潜文艺思想尤其是美学思想的分水岭。从此他告别了自由主义知识分子的身份，逐渐向马克思主义者和彻底的唯物主义者的阵营靠拢，虽然在 20 世纪 50 年代初的思想改造和后来旷日持久的美学大讨论中，他不断遭受批判和打击，但还是能不断取得“进步”，终于进入了马克思主义美学家的行列，1964 年《西方美学史》的诞生就是这一转变的最有分量的证据。朱光潜对维柯及其《新科学》第一次较为系统的评述正是出现在这部《西方美学史》中，虽然朱光潜高度评价维柯“替美学带来了历史发展的观点和史与论相结合的方法”，热情赞誉他“对形象思维的研究”的论断，但最终朱光潜还是严肃地指出“维柯的历史观还是唯心主义的”，“他的基本出发点是共同人性论”。②

1983 年 3 月，86 岁的朱光潜应香港中文大学新亚书院之邀，成为该年度“钱宾四先生学术文化讲座”的主讲人。这次香港之行是朱光潜晚年一次非常重要的国际学术活动，他对此次讲座格外重视，其一，因为朱光潜早年毕业于香港大学，他的英文和西学基础都是在香港培养的，可以说这里是他学术生涯的起点，暮年的回归自然具有一种象征意味；其二，“文化大革命”的十年间，作为“反动学术权威”和“牛鬼蛇神”的朱光潜连基本的生存权利都受到威胁，哪里还有从事学术的可能，而在“文革”后恢复美学研究的他渴望这样的机会，在更国际化的平台上发出自己的声音；其三，当时《新科学》的翻译工作基本完成，朱光潜对维柯的研究也已经初见成果，这不但是他在晚年最为珍视的学术工作，也是他校正以往学术偏差、确立自己美学

① 朱光潜：《悲剧心理学》中译本自序，引自《朱光潜全集》第 2 卷，第 210 页。

② 朱光潜：《西方美学史》上卷，北京：人民文学出版社，1987 年版，第 306—330 页。

理论体系的最后机会，因此他将这次讲座的题目拟定为《维柯的〈新科学〉及其对中西美学的影响》（以下简称《影响》），似乎是希望通过对维柯看法的修正来表明自己的美学立场。其实《影响》是他在此前一年经过一番深思熟虑后写就的一篇长文，在这次讲座之后，香港中文大学出版社出版了它的单行本。

仔细阅读《影响》一文，我们会发现，朱光潜在文中对维柯的评价与在《西方美学史》中有很多不同之处，其最大的、也是最根本的变化是，他后悔自己在《西方美学史》中把维柯“看成和克罗齐一样是位唯心主义者”。① 《西方美学史》认为维柯的哲学思想有自相矛盾成分，既有唯物主义的一面，也有唯心主义的一面。② 但在20年后的《影响》中，朱光潜却援引意大利马克思主义者安东尼·拉布里奥拉（Antonio Labriola）和马克思的女婿拉法格（Paul Lafargue）的观点，认为“维柯是历史唯物主义的先驱”，甚至在一些基本哲学观点上“维柯都是接近马克思主义的”。③ 就这样，朱光潜在《影响》一文中全面修正了《西方美学史》中关于维柯是唯心主义者的论断，从多个角度对维柯的观点和立场进行了“马克思主义化”的阐释：

1. 《西方美学史》指出维柯是“历史循环论者”，认为人类文明的发展要经过三个阶段：神的时代、英雄的时代和人的时代。这三个时代不断循环，周而复始。此时的朱光潜认为这是唯心主义的历史观，其基本出发点是共同人性论，即各民族的历史发展会体现共同人性的发展，尽管各民族的起源和处境不尽相同，但在历史发展上却必然表现出某些一致性的规律。④ 但是《影响》的第九节“维柯的‘复演’（或‘复归’）说”⑤ 中却指出：“维柯是深信历史是向前而且向上发展的，历史发展像一般物理运动一样，虽不免有波浪式的起伏，一治之后或有一乱，但是小乱往往是大治的推动力，把这种运动方式说成是循环，并不很妥。”在此，朱光潜否定了“历史循环论”的论断，而以“复演”（或“复归”）的说法取而代之，并强调“复演”最多只不过是“再证明一次历史发展规律的普遍一致性”，这样的结论体现出朱光潜对维柯的“接近马克思主义”的认识。此外，这一节最后的一段话也

---

① 《朱光潜全集》第10卷，第717页。
② 《西方美学史》，第327页。
③ 《朱光潜全集》第10卷，第718页。
④ 《西方美学史》，第327—328页。
⑤ 《朱光潜全集》第10卷，第694页。

明确透露出此时的朱光潜看待维柯的政治立场：

> 我们目前正处在共产主义和帝国主义两大阵营角斗的时代，从《新科学》的立场和观点来考虑问题，我们学术界对时局究竟得出什么看法和采取什么立场，倒是刻不容缓的紧急任务。[①]

2. 《西方美学史》认为，虽然维柯的人创造神的理论给予宗教一定的打击，但他还是把宗教视为历史发展的推动力，这种历史观“显然是错误的”。[②] 然而在《影响》一文中，朱光潜似乎有意淡化了《新科学》中非常明显的宗教观念，否定“维柯是在宣扬有神论”的说法，认为“从维柯对神的描写看，他绝不是一个有神论者”，而他所说的“神”和“天神意旨”实际上还是原始部落的酋长们凭借“以己度物的诗性智慧”对自然界可怕事物或现象的模仿，是一种“自然”，仍然是历史发展的产物，这正符合维柯的“人类世界是由人类自己创造出来的”历史唯物主义观点。对于维柯本人笃信宗教的问题，朱光潜也努力为他辩护，说：“宗教是一切典章制度的起源，这是推翻不了的客观历史事实……人类总得要有某种信仰作为在社会中生活和行动的指南。”[③]

3. 在《西方美学史》中，朱光潜认为“维柯对美学的最大贡献就在于初步运用历史发展观点和历史方法”，而“对形象思维的研究”则是维柯在美学问题上的“突出的贡献”[④]。而在《影响》一文中，朱光潜对维柯功绩的评价却上了一个台阶：

> 在翻译维柯过程中我才初次懂得笛卡儿（René Descartes）的“我思故我在”（Cogito ergo sum）所引起的维柯的“认识真理凭创造”以及“人类历史是由人类自己创造的”之类截然相反的论断在哲学思想发展史中是个翻天覆地的变革。……在一些基本哲学观点上（例如人性论，人道主义以及认识凭创造的实践活动观点，人类历史由人类自己创造出

① 《朱光潜全集》第10卷，第695页。

② 《西方美学史》，第331—332页。

③ 《朱光潜全集》第10卷，第690—691页。

④ 《西方美学史》，第332页。

来的观点等）维柯都是接近马克思主义的。[①]

朱光潜对维柯的认识绝不仅是“接近马克思主义”这样简单，他引用了马克思《资本论》等著作中对于维柯的评价，指出“马克思主义者一般都承认维柯是历史唯物主义的先驱”，同时认为“无论在德法英各国还是在意大利本身，维柯的最大功绩都在于建立了历史发展观点以及认识来自创造的实践观点。这在《新科学》对马克思主义者的影响中特别可以见出”[②]。

朱光潜晚年修正了自己20世纪60年代在《西方美学史》中对维柯的评价，将维柯视为历史唯物主义者和实践论的先驱。很明显，晚年的朱光潜是在努力“拔高”维柯的历史地位，特别是关于维柯“实践活动观点”的评价，例如1984年朱光潜发表过一篇题为《略谈维柯对美学界的影响》的文章，其中写道：

> 维柯反对笛卡儿“我思故我在”的观点和口号，提出“认识真理凭构造或创造”，你不创造你就得不出真理来，这就是后来说的美学的“实践观点”。“实践观点”是维柯提出的。马克思也是“实践观点”，马克思是很佩服维柯的。他写给拉萨尔（Ferdinand Lassalle）的一封信中说，你好像没有读过维柯，维柯对你的问题不一定有多么大的帮助，但维柯看问题的思想方法，对你会有帮助。今天，我谈这段话的意思就是要坚持马克思所强调的“实践观点”[③]。

正像一些学者指出的那样，朱光潜晚年对维柯的评价有明显的误读成分，因为“从维柯的整个思想体系来看，他的历史观并没有超出历史唯心主义的范围”，因为他最终还是把人性看作人类历史发生和发展的本源，不仅如此，他还将人类历史看作建构人性的过程，把人性看作衡量历史的尺度，这些观点都没有出离抽象人性论的窠臼。[④] 如此看来，朱光潜在20世纪60年代撰写《西方美学史》时对维柯的评价反而更符合维柯的本来面目。然而对于朱光潜本人而言，这种将维柯“过度马克思主义化”的误读是至关重要的，这关

---

① 《朱光潜全集》第10卷，第718页。

② 同上，第716页。

③ 同上，第671页。

④ 《朱光潜与当代中国美学》，第90页。

系到他一生美学思想的正确性和完整性的问题。

从20世纪50年代起，朱光潜针对人性论、人道主义以及形象思维在文学艺术中的作用等问题发表的意见就不断引发美学界的争议，按他自己的话讲，“这些意见和一般报章杂志中流行的议论原是唱反调”。① 因为在当时社会意识形态的作用下，“反映论”哲学和文艺理论占据了绝对的优势，认为哲学思想和文艺创作都应该“如实地反映客观世界”，绝对不能夹带个人的思想和主观情感，否则便是主观唯心主义的；而拥护主观唯心论的人在政治上必然属于反动、没落的阶级，其艺术必然倾向于非现实主义甚至是反现实主义——这就是典型的日丹诺夫（Andrej Aleksandrovič Ždanov）主义的核心理论，曾经成为中国文艺思想的一种范式。在美学上一贯主张“美是主客观统一”、强调人的主观能动性的朱光潜在这个范式下自然会被划入“唯心主义”的阵营。于是，朱光潜连同他介绍到中国的克罗齐一起遭到了猛烈的批判和围攻。时间进入80年代，中国人的思想得到了一定的解放，重新回到美学话语场中心位置的朱光潜迎来了1949年以后最为宽松的政治环境和相对自由的学术氛围，这就允许他对自己在政治压力下形成的学术观点和发表的作品进行反思和修正，对自己受到的不公正的批评进行辩驳，说一些自己想说的话。以下这段话就是朱光潜这种心境的真实写照：

> 人之将死，其言也善；鸟之将死，其鸣也哀。我想这两句话对我还是适用的，我用心是好的，我是希望我们的学术走上正轨，大家老老实实地下功夫，说真话，把过去的一切毛病能够改掉。②

纵观朱光潜一生的学术历程，克罗齐无疑占据着他美学思想的核心位置，但他在20世纪60年代对克罗齐态度的骤变以及完全政治化的审判，都偏离了学术的正轨。尽管他晚年从未直接检讨自己对克罗齐的政治审判，但却以实际行动真诚地修复着他与克罗齐的关系，这一行动就是用生命的最后时光译介了“克罗齐美学的源头”——维柯的《新科学》，并以此作为自己一生学术历程成败得失的总结。作为一位将毕生精力用于研究美学的人，朱光潜在暮年对其一生的学术之路进行总结和修正是天经地义的事，只有这样才可

① 《朱光潜全集》第10卷，第718页。

② 同上，第670页。

以满足他“重新建构自己美学思想体系的要求和愿望”,[①] 而翻译《新科学》、介绍维柯的思想正是他为达到这一目的而精心搭建的一座理想的平台。在这座平台上，朱光潜要做的最重要的一件事就是为自己一贯坚持的美的“主观和客观统一说”造势，并以“实践论”来反对在当时哲学和文艺理论界仍然流行的“反映论”，同时再次树起“共同人性论”和“人道主义”的旗帜。按他自己的话说就是：“自从在维柯的《新科学》和马克思主义经典著作两方面下了一点功夫，我比以前更坚信大吹被动的‘反映论’对哲学和文艺都没有多大好处。”朱光潜晚年美学思想的一个核心主题就是强调审美过程中人的重要地位和作用，反对美学中“见物不见人”的机械唯物论倾向，为中国当代美学研究指引了一个既符合审美客观规律又符合现代国际学术潮流的正确方向。但是，在中国当代马克思主义者的视野中，朱光潜为了充分强调维柯与马克思主义在“实践论”方面的一致性，从维柯“认识真理凭创造”的观点出发，提出了“认识即实践”的观点，打消了“认识”与“实践”的区别，违背了马克思主义理论中“实践是认识的来源，是认识的基础和衡量真伪的标准，可以检验认识是否正确”的观点。所以，朱光潜晚年的“实践论”泛化了“实践”的概念，偏离了马克思主义的美学思想。

朱光潜晚年对维柯的解读反映了他后期（1949 年以后）美学思想中一些无法避免的矛盾。一方面，他的美学理论和观点与 20 世纪西方的思潮有着密切的内在联系和相同点，甚至有些论述在语言上都非常相似；另一方面，他要坚持马克思主义的基本观点，站在历史唯物主义的角度来审视美学，并在很长一段时间承受着日丹诺夫主义的高压。因此，正如一位学者在论及朱光潜后期美学思想中的矛盾性时指出的那样：

> 朱光潜身上的这种两面性使他陷入了矛盾，但也正是这种矛盾使他的美学思想即使到晚年仍具有一种诱人的丰富性和开放性，呈现出跳荡的生命活力。这是那种看去似乎无懈可击、自圆其说的体系所不能及的。自圆其说、无懈可击，也许会让他的思想固定为一派而一家独尊，然而这种种矛盾倒把他的美学造就成一个永远向着未来开放的理论空间。[②]

① 《朱光潜与当代中国美学》，第 68—69 页。

② 蒯大申：《维柯研究：朱光潜晚年美学思想的一面镜子》，载《学术界》，1996 年第 6 期，第 61 页。

纵览朱光潜长达60年的美学生涯，大致可以分为1949年之前和之后两个时期。前期秉承唯心主义，以文艺心理学和克罗齐哲学作为美学研究的支撑；后期则转向马克思主义，以历史唯物主义和马克思主义实践论作为美学研究的指南。如果按照其美学思想的发展脉络和变化情况来划分，那么朱光潜的一生可以分为以下四个阶段：

1. 发轫阶段：20世纪30年代。也就是以接受克罗齐主义并综合西方其他美学家思想为特征的阶段。代表作有《悲剧心理学》《文艺心理学》等。

2. 自由发展阶段：20世纪40年代。在接受克罗齐主义的基础上，他从克罗齐主义学说的内部对"直觉说"提出质疑，这时的他开始意识到美不在"心"而在"心"与"物"的关系。代表作有《克罗齐哲学述评》等。

3. 转型阶段：20世纪50年代至60年代前期。在社会意识形态的重压下，他开始学习马克思主义，然后在美学大讨论中，逐步接受了马克思主义，并确立了"美的主客观统一"说和"实践观点"。代表作有《西方美学史》。

4. 整合与修复阶段：20世纪70年代末至80年代前期。重新获得写作与言论的自由，翻译《新科学》并以维柯的学说重新阐释马克思主义"实践观点"。代表作有《维柯的〈新科学〉及其对中西美学的影响》。

这段绵延了半个多世纪的曲折的美学生涯，使朱光潜成为中国当代美学体系的缔造者和美学研究的泰斗。

朱光潜的美学思想始于克罗齐，终止于维柯，一生与这两位意大利伟大思想家结下不解之缘，也使意大利元素成为中国当代美学体系中不可或缺的一部分。他晚年力图以马克思唯物史观为基点，以维柯的《新科学》为平台来整合其一生的美学思想，使其重心落入马克思主义的苑囿。然而，西方20世纪前期的美学与心理学成就在朱光潜思想中留下了太过深刻的印迹，使他在以马克思主义理论来解读《新科学》时总摆脱不掉克罗齐的影子，但朱光潜生前为我们留下的这最后一笔财富无疑为刚刚脱离思想禁锢期的中国美学注入了源头活水。就像18世纪后期德国的学者们重新发现维柯一样，通过朱光潜晚年对维柯《新科学》的翻译和二次阐释，这位200多年前的伟大思想家和现代美学的奠基人穿越历史、地域与民族的界域，在中国获得了新的生命。

利玛窦对中国文化的影响*

王苏娜
（北京语言大学）

提　要：利玛窦是中西文化交流史上举足轻重的人物。他被中国学者誉为“泰西儒士”，是学贯中西之第一人。他在华生活28载，儒冠儒服，结交儒士，并在他们的帮助下用中文写作了大量书籍，将西学传入中国，开西学东渐之先河。1610年5月11日，利氏在北京的驻院中去世，享年58岁。为表彰他在文化方面的卓越贡献，万历皇帝应利氏的会友庞迪我和众多熟悉利氏的官员朋友之请，亲赐了他一块墓地，这在中国历史上还属首次。

关键词：利玛窦；天主教；传教士

The Influence of Matteo Ricci on the Chinese Culture

WANG Su'na
(Beijing Language and Culture University)

Abstract: Matteo Ricci is a very important figure in the history of cultural exchange between East and West. He was considered by the Chinese scholars as "the Confucian from the West". He was the first person who knew well both Chinese and Italian cultures. He lived in China for 28 years, dressing himself like the Chinese scholars and making friends with them. With the help of the Chinese scholars, he wrote books in Chinese to introduce Western knowledge

* 本课题为北京语言大学院级科研项目（中央高校基本科研业务专项资金资助），项目编号为14YJ020018。

into China. He died in Beijing on May 11, 1610 at the age of 58. In recognition of his outstanding contribution, at the request of the friends of Ricci, Emperor Wanli offered a place to bury him, and this was the first time in the Chinese history.

Keywords: Matteo Ricci; Catholicism; missionary

利玛窦是中西文化交流史上举足轻重的人物，《钦定四库全书总目》对他有如下记载："利玛窦，西洋人，万历中航海至广东，是为西法入中国之始。利玛窦兼通中西之文，故凡所著书皆华字华语不烦译释。"① 利氏被中国学者誉为"泰西儒士"，是学贯中西之第一人：一方面，他是西方历史上第一位汉学家，精通汉语，熟读《四书》《五经》等中国典籍，并通过用西文撰写的《耶稣会远征中国史》、从中国寄往欧洲的大量信件以及《四书》的拉丁文翻译，向欧洲系统地介绍了明末中国的概况，使欧洲人对中国有了全新的认识，在欧洲掀起了汉学热；另一方面，他在欧洲接受过良好的天主教人文主义教育，精通神学，具有深厚的西方古典文化功底，并在名师指导下学习过西方近代科学。他在华生活 28 载，儒冠儒服，结交儒士，并在他们的帮助下用中文写作了大量书籍，将西学传入中国，开西学东渐之先河。

1582 年，利玛窦第一次踏上中国的土地。他遵照耶稣会远东视察员范礼安"成为中国人"的指示，潜心学习汉语和中国文化。很快，这位在充满浓郁人文主义色彩的耶稣会学校教育下成长起来的年轻会士便凭借他对于人类优秀文化的敏感和热爱，深深地体悟到中华文明的辉煌与绚烂。② 在《耶稣会远征中国史》中，利氏曾多次提到书籍对于中国传教事业的重要性："……在这个国度，文字非常繁荣，很少有人不读书。他们的各个教派都是通过书籍传播教理的，而并非通过向百姓们口头布道。这一点也有助于我们传播天主教教义。例如教徒们可以通过阅读《天主教要》记住教义，同时他们

① 《钦定四库全书总目》，卷一百六。

② "对西方人来说，南非的发现是一种地理上的发现。南美北美的发现也是同样。但是中国的发现则迥然不同。因为不仅是地理上的发现，而是一种文明的发现。"（平川祐弘著，刘岸伟、徐一平译：《利玛窦传》，北京：光明日报出版社，1999 年版。）

也可以将书推荐给亲友，要知道在这些人中有不少人识字。"[①] "通过书籍，……天主教教义可以在成千上万对于该教义闻所未闻、见所未见的中国百姓间更快更长久地传播，书籍还可以到达神父们的足迹无法到达的地方。在这个国度里，文字十分发达，因此通过文字传教的效果远胜于口头布道。"[②] 或许正是基于这一认识，利氏确立了"学术传教"的策略，并将其后半生在华传教的重点放在了用中文著书立说上。到1610年去世前，利氏写作的中文作品已多达十余部，其范围也从宗教扩展到天文、地理、数学、机械、伦理哲学、记忆法、音乐、字典等多个领域。虽然，利氏去世时中国天主教徒人数不过3000，皈化成绩不尽如人意，然而他以及后来的传教士们用中文撰写的众多作品却成就了"西学东渐"的千古伟业。梁启超在《中国近三百年学术史》中对这些"文化使者"给予了高度评价："我们只要肯把当时那班人的注译书目一翻，便可以想见他们对于新知识之传播如何的努力。只要肯把那个时代的代表作品——如《几何原本》之类择一两部细读一过，便可以知道他们对于学问如何的忠实。"[③]

本文将主要从自然科学和人文科学两方面，以利玛窦的中文作品为主线回顾并分析利氏对中国文化产生的深远影响。

一、利玛窦将近代西方自然科学引入中国

利玛窦在耶稣会罗马公学院学习期间（1572—1577年）曾师从当时欧洲最著名的数学家丁先生（Cristoforo Clavio）学习数学、天文学、地理学、制图学等自然科学以及制作星盘、四分仪、六分仪、地球仪、浑仪、日晷、机

① 请参见德礼贤（D'Elia）编《利玛窦神父的文献资料》（*Fonti Ricciane*），第二卷，第283页：D'Elia P. M.，ed.，*Storia dell'introduzione del Cristianesimo in Cina*，in *Fonti Ricciane*：*documenti originali concernenti Matteo Ricci e la storia delle prime relazioni tra l'Europa e la Cina*（1579—1615），edite e commentate da Pasquale M. D'Elia，sotto il patrocinio della Reale Accademia d'Italia（Edizione nazionale delle opere edite e inedited di Matteo Ricci）3 voll.；I：*Storia dell'introduzione del Cristianesimo in Cina*：*da Macao a Nanciam*（1582—1597），libri 1－3；II：*Storia dell'introduzione del Cristianesimo in Cina*：*da Nanciam a Pechino*（1597—1611），libri 4－5；III：*Appendici e indici*，la libreria dello Stato，Roma 1942—1949。

② 请参见德礼贤（D'Elia）编《利玛窦神父的文献资料》（*Fonti Ricciane*），第一卷，第198页。

③ 梁启超：《中国近三百年学术史》，北京：团结出版社，2006年版，第8—9页。

械钟表等科学仪器的技巧，并将严谨的数学逻辑和推演方法以及近代机械制造技术带到了中国，开拓了中国文人学士的眼界，促进了东西方在科学和技术层面的交流。

（一）世界地图

最早引起中国文人注意和欣赏的便是利玛窦绘制的世界地图。它彻底颠覆了中国人几千年来“天圆地方”和“中国即代表世界”的传统观念。1584年，应肇庆知府王泮之请，利玛窦绘制了《舆地山海全图》。为了迎合“天朝上国”子民“中国中心论”的心理，利玛窦将在欧版地图中原本被置于右侧远东位置上的中国移至地图的中心，并在该版地图中首次向中国人介绍了西方地理知识，译介了诸如地球、南北极、赤道、罗马等地理术语。王泮对这幅地图赞赏有加，甚至命人在刻印地图的雕版上刻上了自己的名字。当时中国的名士应天巡抚赵可怀也对利氏的《舆地山海全图》推崇备至，他命人将地图刻在苏州城的一块石碑上，并将从石碑上拓印的副本赠送给时任南京礼部尚书的王忠铭。① 1600年，利玛窦又应南京显宦吴左海之请，对16年前肇庆版世界地图进行了校对和增补，并由官府出资将第二版世界地图《山海舆地全图》付梓。1602年，利玛窦与明末大儒李之藻合作刊行了第三版世界地图《坤舆万国全图》。不久后，该版地图传入宫中，被宦官呈献给万历皇帝。出乎预料的是，皇帝并没有因为看到自己的帝国仅占世界的一小部分而龙颜不悦，相反他命人在宫中刻制了与这版地图一模一样的雕版，在丝绸上印制了12幅地图，并将其镶嵌在屏风上用以赏赐皇亲国戚。万历皇帝也因此成为中国历史上第一位有幸放眼世界的帝王。

（二）数学

利玛窦入华后不久便获得了“世界上最伟大数学家”的称号，他在《札记》②

---

① 请参见菲利普·米尼尼（Filippo Mignini）：《利玛窦——凤凰阁》，第十六章；Mignini F.，*Matteo Ricci. Il chiosco delle fenici*，Istituto Matteo Ricci，Macerata 2004。

② 《札记》即《利玛窦中国札记》或《耶稣会远征中国史》。中文译本请参见利玛窦、金尼阁著，何高济、王遵仲、李申译，何兆武校：《利玛窦中国札记》，广西师范大学出版社，2001年版。意大利原文版本请参见由克拉蒂尼（Corradini）主编，并于2000年在马切拉塔（Macerata）出版的《耶稣会远征中国史》：Ricci Matteo，*Della Entrata della Compagnia di Giesù e Christianità nella Cina*，realizzata sotto la direzione di P. Corradini，a cura di M. Del Gatto，prefazione di F. Mignini，Quodlibet，Macerata 2000。

和《信札》[1] 中都提到过此事，并不无自嘲地写道："如果中国即是全世界，那么'最伟大数学家和自然哲学家'的称号我当之无愧，因为中国人对这个领域所知不多，他们在这方面的许多说法可笑至极，几乎所有的学者都致力于道德哲学的研究……"[2] 事实上，在利氏看来，在被其称作"整个东方智慧代表"的中国儒士中，具备数学才能的人寥寥无几。[3] 尽管如此，还是有相当一部分有识之士意识到利氏传入之西学的重要性，并称其中"有中国儒先累世发明未晰者"[4]。瞿太素、徐光启、李之藻等人也先后师从利氏学习过数学。王肯堂、李心斋、冯应京等社会名流也纷纷派门徒向利氏学习数学。1607 年，在历时一年的翻译工作后，利玛窦与徐光启合作，以 1574 年丁先生评注的《15 卷欧几里得几何原本，附第 16 卷有关规则的对比》[5] 为蓝本翻译的《几何原本》前六卷在京刊行，该书第一次将欧几里得几何学知识传入中国，同时首次将"点、线、直线、平面、对角、直角、三角形、四边形"等几何术语译成中文。《几何原本》一经出版便受到学界追捧，中国学者不得不承认尽管译者文辞优美、逻辑严谨，他们却依然看不懂这部书，但一致认为这是一部惊世骇俗的巨著。万历首辅叶向高对《几何原本》推崇备至，并认为仅凭此书即可破例赐予利玛窦一块墓地，他称："从古来宾，其道德学问，有一如利子者乎？姑无论其他，即其所译《几何原本》一书，即宜钦赐葬地矣。"[6] 此后，利玛窦与李之藻又以前者口述后者笔录的方式写作了《同文算指》和《圆容较义》，这两部作品与《几何原本》及利氏与徐光启合作出版的另一部数学著作《测量法义》一并被收入《四库全书》，成为明末中西数学科学交流的重要文献。

（三）天文历法

利玛窦传入中国的是亚里士多德 - 托勒密理论中最先进的天文学知识。

---

① 《信札》即《利玛窦书信集》。请参见由克拉蒂尼（Corradini）主编，并于 2001 年在马切拉塔（Macerata）出版的《利玛窦书信集》：Ricci Matteo，*Lettere*（1580—1609），sotto la direzione di P. Corradini，a cura di F. D'Arelli，Prefazione di F. Mignini，con un saggio di S. Bozzola，Quodlibet，Macerata 2001，下文将以《利玛窦书信集》指代该意文版本。

② 《利玛窦书信集》，第 316 页。

③ 在杨廷筠为《同文算指通编》所作的序言中就曾提到："公叹曰：自吾抵上国，所见聪明了达，惟李振之徐子先二先生耳。"

④ 朱维铮主编：《利玛窦中文著译集》，上海：复旦大学出版社，2007 年版，第 501 页。

⑤ 参见《利玛窦——凤凰阁》，第三章注解 33。

⑥ 艾儒略：《大西西泰利先生行迹》，中国科学院自然科学史研究所藏本。

利氏的天文学知识主要来源于由丁先生评注的乔瓦尼·达·萨克罗博斯科（Giovanni da Sacrobosco）的《论球体》[1]、弗朗切斯科·玛屋洛力克（Francesco Maurolico）的《论球体》和亚历山大·皮科洛米尼（Alessandro Piccolomini）的《论世界是球体》三部天文学著作。[2] 利玛窦口授，李之藻笔录的《浑盖通宪图说》节译自丁先生评注的《论星盘》（*Astrolabio*），此外其与李之藻合著的“由420个7音部诗句构成的诗体作品”[3]《经天该》以及利玛窦编译的《乾坤体义》也是明末传入中国的欧洲天文学代表作，均被收入《四库全书》中。

利玛窦也是提议用“西法修历”的第一人。他在华生活28载，深知历法在中国政治文化中的重要性，并相信“修历”是提高传教士声望，使传教事业在中国得到认可的捷径。1596年，利氏驻留南昌时就曾准确地预测过日食，并因此声名鹊起。此后，他还曾以修历为名跟随南京礼部尚书王忠铭北上京城，并最终于1601年定居北京。尽管利玛窦本人没有亲自参加过明朝官方历法《大统历》的修订工作，但是1629年他的学生徐光启奉帝命主持了著名的《崇祯历书》的编写工作，参与者还有李之藻和在华耶稣会士龙华民、邓玉函、汤若望和罗雅谷等人。

（四）自然哲学

利玛窦编译的《乾坤体义》中有一章名为《四元行论》，这篇自然哲学论文首次向中国人介绍了起源于古希腊、由亚里士多德继承并发扬光大的四元学说，即物质是由土、气、水、火构成的。可以想象《四元行论》对于中国传统的物质是由金、木、水、火、土构成的“五行”论产生了何等强烈的冲击。

（五）记忆法

利玛窦居留南昌时，在名医王继楼举行的宴会上展示了自己超人的记忆力。他让人随意写下四五百个毫无逻辑关系的汉字，并当众浏览一遍后倒背如流，在座的儒生们无不为之惊叹，纷纷请求拜其为师学习记忆法。利玛窦的《西国记法》起源于西莫尼季斯（Simonide）的定位记忆法。在耶稣会罗马公学院学习期间，利玛窦就曾研读过亚里士多德、昆体良（Marco Fabio

---

① 这是一部被当时欧洲各大学广泛使用的天文学教科书。

② 参见《利玛窦——凤凰阁》，第三章。

③ 同上，第二十四章。

Quintiliano）和西塞罗有关记忆术的论著，并深得其精髓。他还曾为耶稣会罗马公学院的同学莱利奥·巴修内伊（Lelio Passionei）写作过一本有关记忆法的小册子。根据后来学者的研究可知，利玛窦在华期间撰写的《西国记法》与现藏于马切拉塔（Macerata）图书馆的一部由巴尼卡罗拉（F. Panigarola）撰写的有关定位记忆法的书有着千丝万缕的联系，二者间在内容和举例方面都有着众多相似之处。1595 年，利玛窦应江西巡抚陆万垓之请，结合他对汉字的理解，为巡抚的三位即将参加科举考试的公子写作了《西国记法》，将在欧洲流传已久的"记忆法"传入中国。

（六）钟表机械

利玛窦入华时，中国人还在使用"漏壶""沙漏""日晷"等传统计时器计时，尚未掌握制作机械钟表的技术。在他从欧洲带来的众多稀罕物中，最吸引眼球的要数"用来测量时间的机器"——"自鸣钟"。自罗明坚和利玛窦入华以来，"自鸣钟"一直是神父们用来馈赠达官显贵的礼物之一，并被后者视为稀世珍宝。就连万历皇帝也被利氏于 1600 年呈递的礼物清单中提到的"报时自鸣钟二架"① 深深吸引，急招利玛窦等人入京献礼。献礼后，利玛窦又被召入宫中，花了三天三夜的时间教钦天监的太监调试钟表。他们将两座钟表反复拆装，将各个部件一一画下，并翻译成中文，用中文写作了第一部有关机械钟表的手册，利玛窦也由此被中国钟表行奉为祖师爷。②

尽管利玛窦等耶稣会士为西方科学的输入作出了卓越的贡献，《几何原本》《圜容较义》《浑盖通宪图说》等作品的翻译也得到了中国近当代学者们的一致好评，然而 20 世纪后半叶以来，一些学者对利玛窦等人传入中国的是否是真正的西方近代科学提出了质疑。他们认为，利玛窦传入中国的主要是在欧洲已经过时的西方古典科学而并非哥白尼的日心说和近代实验科学之父伽利略的学说。这样的批评似乎有些道理，然而笔者以为利玛窦传入中国的的确是当时在西方占主流地位的科学理论，其本人也绝不可能向中国学者"刻意隐瞒"什么。首先，他的老师丁先生是当时欧洲最著名的科学家，"与伽利略、开普勒齐名"③，由他评注的乔瓦尼·达·萨克罗博斯科的《论球体》和欧几里得的《几何原本》在欧洲学术界取得了巨大的成功，同时他还

① 《利玛窦中文著译集》，第 232 页。

② 参见《利玛窦——凤凰阁》，第十九章。

③ 同上，第三章。

参与了《格里高利历》的编写工作。尽管利玛窦支持地心说，不认同哥白尼的日心说，却依然赞其为“天文学的复兴者”[①]，他也曾师从丁先生学习过哥白尼的星盘。其次，尽管哥白尼于1543年就发表了《天体运行论》，然而这一理论并未得到欧洲学术界的广泛认可，事实上，“16世纪末，伽利略在帕多瓦大学执教的时候，也依旧教授托勒密的天文学体系及地球不动说”[②]。而当伽利略分别于1610年和1632年发表其天文学代表作《星际信使》和《关于托勒密和哥白尼两大世界体系的对话》时利玛窦已经去世，又如何能将其理论传入中国？再次，利玛窦之后的耶稣会士汤若望等人最终还是通过他们的中文译著，将哥白尼的《天体运行论》和伽利略、开普勒等人的天文学新理论传入了中国。因此，利玛窦及其后入华的耶稣会士们在中西科学交流领域中作出的贡献是毋庸置疑的。

二、利玛窦将西方古典哲学、文学及神学传入中国

耶稣会创始人依纳爵·罗耀拉（Ignazio Loyola，1491—1556）深受人文主义思想的影响，他在耶稣会创办之初就主张兴办教育，“认为自然与人文科学之光永远不会与‘神’旨相悖”[③]。利玛窦从小在耶稣会学校里接受了良好的人文主义教育，学习过托马斯·阿奎那的经院哲学，阅读过荷马、德摩斯梯尼、修昔底德、赫希俄德、苏格拉底、柏拉图、亚里士多德、欧几里得、西塞罗、塞内加、爱比克泰德、贺拉斯、奥维德等古希腊、古罗马著名作家的作品，具有极高的古典文化素养。在以往的学术研究中，中国学者将主要精力放在了利玛窦的科学作品上，对他的哲学、神学作品重视不够。事实上，除了大量科学作品外，利玛窦还留下了很多精彩的哲学、神学作品。这里以利玛窦在哲学、神学方面的代表作《天主实义》《交友论》《二十五言》《畸人十篇》为例，分析他在人文科学方面对中国文化的影响。

（一）《天主实义》

《天主实义》是利玛窦最重要的一部阐释天主教教义的神学、哲学作品，

---

① 参见《利玛窦——凤凰阁》，第三章。

② 同上。

③ 引自王苏娜的论文《利玛窦对西方古典作家作品的使用及其人文主义思想渊源——以〈畸人十篇〉为例》，载《世界哲学》，2010年第三期，第5—13页。

于1603年在京梓行。全书共八章，采用对话体，以“中士”和“西士”之间一问一答的方式，阐释了有关“创世纪”“一神论”“灵魂不灭”“天堂地狱”等天主教教义中最基本的观点，并对佛教和道教展开了猛烈的抨击。利玛窦来华时正值受佛教和外来宗教影响的王阳明的心学盛行之际，传统的儒学派和新兴学派的支持者之间展开了旷日持久的争论，而利玛窦在其哲学、神学作品中明确表示支持中国的古典儒学，反对佛教和道教，这无疑对中国思想界的这场论战起到了推波助澜的作用。当时翰林院翰林、虔诚的佛教徒黄辉曾经批阅过包括《天主实义》手稿在内的利玛窦的多部中文作品，利玛窦也在后来刊行的《天主实义》中专门针对黄辉提出的质疑进行了强有力的申辩。利玛窦是第一位对中国佛教和道教进行深入研究的西方人，并通过他的作品与佛教和道教的支持者展开辩论，促成了历史上天主教与中国佛教、道教的第一次接触和交锋。

（二）《交友论》

《交友论》是利玛窦独立完成的第一部中文作品。1595年，利玛窦居于南昌期间受到南昌学界的欢迎，与当地士绅、学者们建立了友谊，并与建安王结交，成为王爷府中的常客。利氏应建安王之请，在几天时间内，凭借记忆和手边的几部参考书写作了《交友论》，书中收集了西方学者有关友谊的76条[①]箴言。据后来学者们的考证，《交友论》主要是根据安德烈亚什·埃博兰西斯（Andreas Eborensis）所编写的西方哲人格言手册中有关友谊的格言翻译、改写而成的，其中包括亚里士多德、西塞罗、塞内加等众多西方著名哲人有关友谊的论述。[②]“朋友关系”是五伦之一，也是中国文化的重要组成部分。他的《交友论》无疑迎合了中国学者的审美品位，引起了他们对欧洲哲学思想的兴趣。

（三）《二十五言》

《二十五言》是继《交友论》之后利玛窦的又一部纯道德伦理译著，作于1599年2月至1600年5月间，并于1605年在京梓行。这篇作品中的大部分内容源自古希腊哲学家斯多葛派代表人物爱比克泰德（Epitteto，公元50—115）的作品《手册》（*Manuale*）。显然，利玛窦已经注意到儒学与斯多葛派

① 后增补至100条。

② 参见菲利普·米尼尼主编：《交友论》序言，马切拉塔（Macerata）：Quodlibet出版社，2005年版。

学说在道德训诫方面的诸多相似之处，并试图借斯多葛派哲人的思想赢得儒士的尊敬，促成天主教在华的传播。

（四）《畸人十篇》

1608 年初，利玛窦的最后一部道德伦理著作《畸人十篇》在京刊行。此时，利玛窦入华已 20 余载，无论中文水平还是对儒学的理解都已达到很高的境界，因此“十篇”是利玛窦中文道德伦理著作中最成熟的一部。该书记录了他与七位明代士大夫和一位儒士朋友之间的对话，对话围绕着“时光易逝、死亡、生命的意义、善恶之报、希言、财富”等论题展开。利玛窦在“十篇”中大量引用了斯多葛派哲学家爱比克泰德、塞内加和西塞罗的思想。他还通过“十篇”第一次将《伊索寓言》和菲德洛寓言中的几则故事引入中国。此外，他还向中国读者介绍了第欧根尼·拉尔修的作品《哲人言行录》中收录的几则有关芝诺和苏格拉底的故事，拉丁诗人贺拉斯的《讽刺诗集》和《歌集》中的诗句，以及希腊神话故事等。①

事实上，利玛窦的哲学、神学作品在明末中国社会中产生的影响丝毫不亚于他的科学著作。他巧妙地将以“人”为本的西方人文主义思想与以“仁”为本的东方儒学结合起来，促成了古典西方文明和古老的东方文明在近代史上的第一次亲密接触。

三、结语

除了上面提到的诸种自然科学和人文科学方面的作品外，利玛窦还同会友罗明坚合作编写过一本《葡华字典》，是为以拉丁文为汉字注音之始；与郭居静、钟鸣仁合作编写了一套字词表，首次为汉字标注五声；1606 年，他又写作了《西字奇迹》，用拉丁文为几则用中文撰写的《圣经》小故事注音。这些工作不仅为西方人学习中文提供了便利，而且对于汉语的拼音化也具有重要意义。利玛窦还从欧洲带来了大西洋琴、油画、绘有西方建筑的图片，首次将西方宗教音乐、绘画中的透视技法及建筑理论传入中国。利玛窦及其后的耶稣会士们，除了用中文译介了许多西方科学、哲学理论，还从欧洲带来了上万册书籍，建立了徐家汇藏书楼、耶稣会北堂档案馆等多座图书馆，

① 参见王苏娜的论文《利玛窦对西方古典作家作品的使用及其人文主义思想渊源——以〈畸人十篇〉为例》，载《世界哲学》，2010 年第三期，第 5—13 页。

这些藏书在西学东渐的进程中起到了举足轻重的作用。此外，他还将基督教“平等、博爱”的思想带到了中国，明清之际的启蒙思想、太平天国运动乃至五四运动都受到了西学、西教的影响。

16 世纪，位于西方的欧洲处于地理大发现和资本主义蓬勃发展时期，西方列强急于向海外扩张以攫取更多的财富，从而支持本国资本主义迅速发展，殖民主义应运而生。与西方的开放扩张、欣欣向荣相比，此时位于东方的古老帝国却依旧自恃天朝上国，因循守旧、固步自封，早已失掉了明初郑和下西洋时的魄力。此时，宗教改革运动和反宗教改革运动在西欧各国激烈交锋，罗马天主教会面临着史无前例的挑战，迫切需要到海外开辟新的阵地，以弥补在欧洲的损失。就是在这样的历史背景下，被天主教会派往远东传教的利玛窦等耶稣会士乘坐葡萄牙和西班牙殖民者的商船抵达澳门，成为促成近代史上中西文明深层交流的文化使者，而利玛窦也当之无愧地成为“人类历史上第一位集欧洲文艺复兴时期的诸种学艺和中国四书五经等古典学问于一身的巨人”。①

① 平川祐弘著，刘岸伟、徐一平译：《利玛窦传》，北京：光明日报出版社，1999 年版。

13 至 18 世纪末的波中交流史

——新角度、新思考

[波] 约瑟夫 · 弗沃达尔斯基
（波兰格但斯克大学）

13 至 18 世纪末的波中交流可以追溯到公元 1000 年前后，以 10 世纪波兰国家的建立为时间起点，以 18 世纪末——1795 年波兰丧失主权之日为终点。在这段漫长的历史中，既有中华文明对波兰的间接影响，也有两国在军事、外交和经济上的直接交流。1795 年，波兰被三大强邻——俄国、普鲁士和奥地利瓜分，从欧洲版图上消失，而这一年恰与乾隆皇帝去世的年份相近。这段历史时期无论对于欧洲或中国都举足轻重，当时，巨大的改变正在这两片土地上拉开序幕。

13 至 18 世纪，阻碍波兰人探寻中国文明的主要原因有两个。首先，是两国之间遥远的距离。按直线距离计算，大约有 6300 公里，但实际情况是，我们必须考虑到路途上的各种天然障碍，那么即使把实际路程视为直线距离的两倍也是不为过的，这样一来，两国之间的距离就约有 12000 公里了。在火车出现之前，要穿越如此长的一段路程，如果只用一种交通工具肯定不够，因为沿路的地理情况多变，人们必须用马、牛和骆驼来交替代步。长长的“丝绸之路”穿越草原、沙漠，翻过海拔 5000 米以上的高山，最终到达地中海和黑海海岸，一路上需经过好几个不同的温度带。从顿河河口的亚速到元大都——汉八里（北京）需要足足九个月，而从克拉科夫到亚速也要花上几个月的时间，也就是说全程需要将近一年。而在这条路上经过的人都来自不同的民族，其中不仅有军人，还有从中国运送商品的商人。这条路的一端是被一些游牧民族——特别是土耳其人称为“契丹”的中国北部地区。这就是丝绸曾被称为“kitajka”① 的原因了。在 16 世纪，从波兰到中国最短和最安全的路线，就是穿过罗斯国家——其中最主要的是莫斯科公国和鞑靼地区（各游牧民族的聚居地，也被称为“大草原”），然后到达长城脚下，再远一些还能到达阿穆尔河（黑龙江）的中下游。第二种方法是“走水路”，先从罗马到葡萄牙的大西洋港口——通常是里斯本，再从里斯本绕过非洲好望角到达澳门——那里有基督教传教使团的驻地，同时也是中国南部重要的通商口岸。Chiny（波兰文：中国）一词从德语而来，指的就是这一片区域。水路的距离大于 20000 海里，如果顺风顺水的话，总共要花六到七个月时间。

波兰人之所以对中国文化知之甚少，其原因除了有以上所提出的空间距离之外，最主要的问题，还是因为波兰人对中国文明的理解只是间接地来自于中国的产品。中国政府和中国商人当然不会主动尝试与“野蛮人”——来自欧洲的外国人交流。中国文明是伟大的，却也是封闭的。然而怀着雄心壮志的欧洲人——其中有葡萄牙人、荷兰人、英国人，16 世纪时已经不满足于在印度的成功，开始了对远东更遥远地域的探索。那些航海家、商人、探险者和军人把中国文明介绍给欧洲，但直到 18 世纪，中国文明对于欧洲人来说还是比较陌生，甚至大部分受过良好教育的人也未能将古代作家笔下的那些有关中国的刻板印象与当时真实的中国区分开来。中国瓷器、印有中国装饰元素的布料直到 17 世纪下半叶才开始成为风尚，并且只是在少数有钱人和艺术家的圈子内流行。

与来自中国的产品相遇不见得是件令人愉悦或者无关痛痒的事——因为这种相遇有时也会带来巨大的损失。蒙古人在 1241 年入侵波兰的高潮是同年 4 月 9 日的莱格尼察战役——波兰军大败，波兰大公虔诚者亨利二世在战役中失去了生命。这是波兰骑兵第一次如此大规模地接触中国的发明。蒙古军使用了能更好驾驭马匹的马镫、反曲弓、瞄得更准速度更快的箭，还使用了非常先进的火器——能够利用燃气喷射出可燃混合粉末的火炮。可燃物中的硫使得波兰军队呼吸困难，而这种全新的火器也在心理上给了敌人极大的威慑。也许蒙古人自己都没有意识到，是他们把中国的发明介绍给了中东欧。

1241 年 4 月 9 日以良田（地名）为战场的莱格尼察战役在波兰和德国的历史学界评价不尽相同。这毫无疑问是固守西式战斗方式的波兰骑兵（其中

① 译注：波兰语中“Kitaj”是“契丹”的意思，由“Kitaj”一词造出了“kitajka”，意为“远东的丝绸”。若未特别说明，本文此后脚注均为译注。

包括西方联军）与使用远东战术的蒙古军之间第一次、也是最大的一次武装冲突。比较亨利二世所领导的骑兵和斡儿答所领导的蒙古军，两者在战术上有着天壤之别，蒙古军的战术体现出了绝对的优势。波兰军和西方联军都被蒙古军的战术①所震惊了［这些战术包括：（1）蒙古军的第一方阵佯装撤退；（2）打乱亨利二世所领导的军队队形，导致充当右翼的西里西亚军暴露，蒙古军趁机向其发起进攻；（3）派蒙古军里的俄罗斯骑兵混入波兰军队内，干扰他们作战，并劝说他们撤退］。当发现蒙古骑兵与敌人相持不下时，斡儿答对前线进行了重新部署，观察到有利的风向，使出了遥遥领先于欧洲一个世纪的武器——麻痹毒气。

这是另一项中国的发明，在斡儿答的“技术支持部”工作的中国人②了解它的配方和使用方法。蒙古人还在莱格尼察战役中使用了风筝以及一种形似龙的工具来发射毒气弹③。波兰编年史作家杨·德乌格什是这样描述这场战役的：

> ……在他们（蒙古人）的队伍里有一面巨大的旗帜……旗杆顶端有一个面貌丑陋、长着可怕胡子的人的头颅，这时鞑靼人向后方撤退了一波里④，举着这面旗的军官开始使出全力摇旗，突然，旗杆顶端的头颅爆炸了，浓烟、灰尘和刺鼻的气味滚滚而出，这种致命的气体向波兰军飘来，士兵们闻到后纷纷倒下，大多数人变得奄奄一息，无力再战斗了……

为何波兰编年史作家没有提及中国人的存在？很可能是因为波兰骑兵们无法在激烈的战斗中去仔细辨认中国人与蒙古人外貌上的区别。浓雾使得波兰军晕头转向，为蒙古骑兵随后包围和进攻波兰军创造了条件。最后波兰骑

① 根据后文，此处应指“后退—合围”战术：双方军队在交战后，蒙古骑兵迅速后撤，欧洲重骑兵就会排成密集的队形向蒙古士兵冲击。撤退的蒙古人利用欧洲重骑兵机动性不强的特点，迅速从侧翼和后方向欧洲重骑兵发起进攻。

② 此处应指汉人。

③ 波兰火药史学家盖斯勒躲在战场附近的一座修道院内，偷偷描绘了蒙古士兵使用的火箭样式。根据盖斯勒的描绘，蒙古人从一种木筒中成束地发射火箭。因为在木筒上绘有龙头，所以被波兰人称作“中国喷火龙”。

④ 一波里约等于 134 米。

兵只得撤退，蒙古人占领了“良田”。

1241 年，中国与波兰第一次有了交集。

虔诚者亨利二世在与斡儿答的交锋中付出了生命，这绝对是波兰军队在莱格尼察一役中遭受的巨大损失。波兰在 1241 年的战争中折损极大，战死或被俘的有将近 22000 人，其中 5000—6000 人来自地主阶级，其他的为农民。

莱格尼察战役之前，蒙古人还在波兰境内打过其他战争，比如 1241 年 2 月发生在小波兰省北部城市突尔斯科附近的一场战役。波兰军队由克拉科夫省长弗沃基米日领导。战役分为两个阶段，波兰骑兵在第一阶段使用突袭战术，给了蒙古军重重一击，可惜没有把优势坚持到第二阶段。弗沃基米日对蒙古军战术的不了解是波兰方面失败的主要原因：蒙古轻骑兵先是撤出了波兰军的攻击范围，重新排兵布阵后，再次向克拉科夫骑兵团发起进攻。这场战役同样令蒙古方面蒙受了很大损失，战役的惨烈程度也很惊人，甚至在遥远的中国也引起了反响，史料中曾有过这样的记载：“突尔斯科这场战役非常艰难。”《鞑靼历史》① 中记载了蒙古军的惨重损失，里面还写道，波兰人的失败在于“缺乏掠夺的渴望，同时过度自信，并且缺乏统一的思想和行动”。突尔斯科战役结束后，蒙古人退回到了波多里亚（现乌克兰境内）。

突尔斯科战役的影响还可以从蒙古军千人团（mingan）的将领上呈的日志里找到。日志的一部分记载在元朝的史书中。

元朝的编年体史书里最早的一个关于波兰的词语出现在 13 世纪（据说是出自当时在波兰驻扎的蒙古军千人团首领写的日志，也可能出自在波兰南部领导掩护活动的斡儿答的亲信所写的日志）。这个词是“孛烈儿”，就是“波兰”的意思。

13 世纪，欧洲派出自己最强大的军队对抗蒙古人，见识了独特的战略和战术，亲眼目睹了远东的战争技术是多么发达，因此他们对中国的兴趣也前所未有地高涨起来。他们觉得有必要了解当时世界上最大帝国的领导者是怎样执政的。欧洲人迫切地想得到确实的信息，因此纷纷开始了前往远东的旅行，而旅行的目的既是为了学习和认识未知的地域，也是为了现实的利益。传教士总能获得最详尽的信息，其中一位传教士是由教皇诺森四世派出的方

① 作者为 C. de Bridia，波兰人，是与本尼迪克特一起前往蒙古帝国的一位方济会修士。

济会修士柏朗嘉宾（于1245年秋天出发）。他在弗罗茨瓦夫短暂停留，波兰著名的方济会修士本尼迪克特就是在那时加入了旅行，两人在1246年7月22日到达了蒙古的哈拉和林。本尼迪克特就是第一个来到中国边境的波兰人。十年之后，另一位方济会修士卢布鲁克①奉法国国王路易九世之命来到哈拉和林，虽然蒙古国没有同意他作为传教士留下，但他的旅行记录直到今天还被视作同时代最有价值的史料。

坦白地讲，这些由经验丰富的旅人和受过教育的神职人员所开展的外交访问都具有探听情报的目的，因为罗马教廷与土耳其常年争夺着在地中海和北非的优势地位，于是想要拉拢蒙古人一致对抗伊斯兰人。当然蒙古人和中国人在元朝时就想到了这一点，所以他们也拉拢了富庶的威尼斯共和国（马可·波罗），其目的就是为了获取西欧和罗马的消息。

1250年，加利奇王公丹尼尔前来表示臣服，蒙古帝国（史上最大的帝国）的第二次西征最终止步于布格河②畔，那时的波兰正处于中央政权瘫痪、四分五裂之时。

1558年，耶稣会传教士皮特·卡尼修斯神父③在波兰写信给罗马的耶稣会总会："我非常希望在这里开展团体的活动（作者注：这里指耶稣会）……通过这扇大门（波兰王国），我们能把福音传播给它的邻国的人们。"他看到了耶稣会的发展前景，即"从莫斯科和广袤的鞑靼人聚居区直至中国的边境……这样，团体就能效仿其在印度所开展过的活动，在北方做出成果"。上文中，他把所有居住在西伯利亚的人都称作鞑靼人并不奇怪，因为关于在那片区域生活的人的民族属性问题，直到今天还没有确切的答案。八年之后，另一位耶稣会传教士也来到波兰，他写信给罗马总会，希望能在维尔诺——"立陶宛最大的城市"建立神学院，因为"要想开辟一条经过莫斯科和鞑靼地区通往中国的道路，就必须先打通沿路的国家。这相比海路来说是更快也更安全的方法"。

罗马总会积极回应了建立神学院的想法，但对于从波兰到达中国的计划是否能实现，他们还抱着将信将疑的态度。耶稣会总会长更希望制定出一条可靠的通往中国之路，因为他曾回信说，从立陶宛大公国到中国"还非常遥

① 著有《卢布鲁克东游记》。

② 乌克兰、白俄罗斯与波兰的界河，经波兰东部低地，在华沙西北38公里处注入维斯瓦河。全长831公里。流域面积7.3万平方公里，大部在波兰境内。

③ Piotr Kanizy（Peter Kanijs），神学家。

远”。几年后，在波俄战争期间（1579—1583），从波兰和莫斯科去往中国的想法又再次被提及。这次提出建议的人是罗马教皇的外交官安东尼奥·波塞维诺①，他从罗马被派到波兰和莫斯科，目的是促使两国缔结停战条约。在进行这项工作的过程中，他加深了对莫斯科的了解，不仅与沙皇伊凡四世进行了交谈，还和那些曾到访过这里的意大利商人有过交流，并且从欧洲其他国家的商人那儿打听到了许多事情。然而，当时沙皇是严厉禁止他与居住在当地的外国人或本地人交流的。尽管如此，他还是打听到了确切的消息：在莫斯科有一个叫做“中国城”的地方，这证明了俄国和中国之间是有联系和交流的。

在17世纪时与俄国进行谈判的波兰政府代表回忆道，俄国沙皇也曾为传教士去往中国提供了支持。1666年，波兰使团的一位成员在停战协议中加上了一项条款：“让我们的传教士可以通过他们的土地（莫斯科）去往中国，以使异教徒皈依。”波兰提出的另一项相似的条款出现在1686年的停战协议中。然而，这些都没起到多大的作用，没有一个波兰或法国的耶稣会成员穿越西伯利亚来到北京。他们仍然选择走水路，或者走经过波斯的那条路。与此同时，通往北京的路已经被俄国人知晓，那时俄国的使节就已经见过了中国皇帝。据说，在1618年中国的文官就回应过莫斯科使节伊万·裴特林②：“我们的皇帝不会派使节去你们那儿，因为你们有的东西我们都有了。”1637年，俄国的第二次邀请也同样没有结果。

在15至18世纪末的波中交流中，最有趣的要数扬三世·索别斯基（1673—1696）尝试与康熙皇帝（1662—1702）建立联系的事。

扬三世领导波兰军在1683年与土耳其的维也纳之战中大获全胜，这次胜利为他在欧洲赢得了不小的声誉。需要知道的是，这位国王很希望自己能声名远播。为了这个愿望，他曾向各国散发自己的画像，其中就有一张画像被寄给了北京的康熙帝。这份礼物被中国皇帝接受了，他还给波兰国王写了回信，可惜的是这封书信没能保存下来。为什么扬三世会想到要给中国皇帝寄画像呢？我们不得而知。有可能是耶稣会的成员向他提议的，他们一直想着要去中国开展活动，因为当时中国朝廷是很重视这些传教士的。另一位重要

---

① Antonio Possevino，作为罗马教皇的外交官被派到德国、匈牙利、葡萄牙、俄国等地工作，晚年从事文学和神学研究，其中最重要的成果就是百科全书式的《历史、科学、救世研讨丛书选编》，书中发表了西方汉学家罗坚明的一部分汉学研究成果。

② Иван Петлин，英译名 Ivan Petlin，明朝时访问中国的俄国使臣。

的人物是皇家图书馆馆长亚当·科汉斯基①神父，他是王子的老师，同时也是享誉欧洲的数学家。正是他联系到了身在北京的天文学家、汤若望的继任者——南怀仁。南怀仁出生在西里西亚，因此他比较愿意与波兰人打交道。扬三世对中国的许多事都很好奇。他最感兴趣的要数“中国－鞑靼”皇帝——康熙的军队编制规模。我们应该记得，在黑龙江流域曾经发生过中俄战争，1689 年的中俄边境战争以双方签订《尼布楚条约》结束，从此中国把俄国挡在长城以外近 200 年。这场战争之所以受到波兰国王的关注，是因为俄国将加入欧洲对抗土耳其的同盟，莫斯科在远东投入的力量和资金会影响到它在对抗土耳其时的参与力度。

扬三世也读过一些汉学著作，他的私人图书馆中就收藏有阿塔纳修斯·基歇尔②的书。他知道欧洲人对中国艺术很感兴趣。他本人不仅收藏了许多中国艺术品，还对中国的风俗和朝廷的组织形式十分关心。他想向南怀仁请教这些问题，渴望得到第一手的资料。于是这位国王于 1688 年 11 月 16 日给南怀仁写了一封亲笔信，可惜并没有收到回信，因为南怀仁那时已经去世了。这封信后来回到欧洲并被保存在罗马的耶稣会档案馆内，成为波兰尝试与中国建交的证明。波兰国王没有直接给中国皇帝写信，但他希望先把自己的意向传达给一位能在康熙面前说得上话的人，以便以后推动两国交流和互派使臣。天意弄人，这次尝试也以失败告终了，但却值得被记录下来——一位国王若不是因为极其特殊的原因，是不会写信给一位天文学家的。扬三世的书信证明波兰在清朝早期就有了与伟大的、国富民强的中国建交的愿望。

众所周知，扬三世努力想与中国建立联系，那么很自然地会生出这样的疑问：他收藏过哪些中国的艺术品呢？在波兰国王的夏宫——维拉努夫宫的南翼有一间存放中国瓷器的中式房间，里面的藏品有可能是康熙送的礼物。虽然关于这些礼物的来源还有待考证，但能确定的是，当时在波兰的皇家宫廷里已经出现了中国的艺术品，然而并非只有维拉努夫宫才有——在波兰东南部边境的若夫克瓦——索别斯基家族的居所里发现了一个展示有瓷器的大柜子，据记载里面的瓷器曾经“被打碎过”。

瓷器，特别是中国的瓷器一定最受收藏者珍视，不然它们也不会被重新

---

① Adam Adamandy Kochański，波兰人，耶稣会士。

② 17 世纪欧洲著名学者，于 1667 年出版《中国图说》。

"粘好"后保存下来。这种现象我们还可以在有钱的画家家中或是王宫里见到。这些瓷器主要有碗、盘等，而且不仅有青花瓷，还有彩瓷。可见，在扬三世的时代波兰王宫里已经有了中国瓷器，并且极受珍视，也曾经因为侍从或者使用者的不小心而遭到损坏。

瓷器不单出现在王宫中，在商人或中等有钱的地主家也可以寻找到它们的踪迹。因为当时要从东方运送瓷器到欧洲，无论是走陆路还是水路，都可能在波兰北部城市中转——其中就包括格但斯克。1706 年，在格但斯克一位富有的女士玛格达莲娜·舒曼诺娃家中，发现了她的财产清单，其中就有"瓷器和荷兰的器皿"。因为成为中转地的原因，格但斯克也获得了不小的关注，因为当时欧洲没有任何一家生产商懂得制造瓷器的秘密，所以格但斯克的瓷器一定都是真正的远东真品，因此格但斯克人也更懂得如何鉴别瓷器的真伪。

虽然耶稣会的传教士们没能从西伯利亚去往中国，但不代表通往中国的路就对波兰人完全封闭了。波兰人曾经在 17 世纪到过黑龙江流域，但并不是以自由人的身份，而是作为俄国战俘被流放到那里。远东的概念在 1917 年的十月革命之后才被提出，之前并没人使用过这一概念。我想借用以下定义来明确西伯利亚的范围："西伯利亚是指亚洲的整个北部地区，东西跨 8000 俄里（1 俄里≈1.067 公里），西起乌拉尔山，东到太平洋，南北跨 4000 俄里，北至北冰洋，南至中国边境。"这是 20 世纪初对西伯利亚的定义，而早在 17 世纪就有波兰人到过那片区域了。那些到过伊尔库茨克、尼布楚或是雅库茨克的人，很有可能就接触到了中国文明，只是这一点很少有人关注到。

可惜大部分被流放到西伯利亚的波兰战俘都没有兴趣把自己的经历记录下来——除了亚当·卡明斯基·杜日克。① 他在 1660—1663 年间被流放至黑龙江河流域，旅途中他将自己的经历记录了下来。1667—1674 年间驻守阿尔巴津城堡的将领尼奇弗尔·柴尔尼霍夫斯基②在黑龙江流域的活动也有所流传。关于他有许多传说。波兰人说他有波兰血统，甚至认为这座城堡最早被命名为雅克萨，就是源于他的纹章。这件事情并没有确切的定论。值得一提的是，并非所有波兰人都从西伯利亚回到了祖国，他们中的有些人"忍受着

① Adam Kamieński Dłużyk，著有波兰第一部有关西伯利亚的文字记录。

② Nikifor Czernichowski，波兰贵族。

巨大的穷困和饥饿”留在托博尔斯克工作。但杜日克没有接受那份工作，他后来被派往莫斯科，又从那里回到了波兰。

还有一件有趣的事，波兰人扬·别沃布沃茨基①是一位被俄罗斯化了的波兰知识分子，1689年曾跟随费岳多②参加了尼布楚谈判。谈判用拉丁语进行，俄方的翻译就是别沃布沃茨基，而中方的翻译是盖尔比里奥普③和托马斯·佩雷拉④。在和平条约签署后，双方照例要释放战俘，但其中很多波兰战俘选择了留在西伯利亚，有的人甚至去了中国的北部边境。18世纪末到19世纪，波兰人在中国北部的活动产生了一定影响。

耶稣会传教士到访中国的游记都写得十分详细，其中有一部非常值得一提，那就是由来自波德拉谢的托马斯·伊格纳茨⑤手写的一本书，书中介绍了中国1580—1707年间的历史和宗教情况，被保存在耶稣会档案馆中。这些史料编写于他1689—1712年旅居罗马期间，是根据各国传教士的游历记录编写而成的。

早在16世纪，葡萄牙人就探索出了从波兰的格但斯克到中国的海路，但直到18世纪末才派出了去往中国的第一艘商船。在这之前都是靠荷兰人把中国的货物运送到波兰市场的。

在18世纪通过海路来到中国的人中，最有名的要数莫利斯·贝纽夫斯基爵士⑥。1771年，本来要被流放到堪察加半岛的贝纽夫斯基和其他犯人一起强占了“圣彼得和保罗”号轮船，成功逃脱。在这趟疯狂的旅途中他们路过了日本，然后来到位于中国南方的沿海城市澳门。贝纽夫斯基在福建泉州受到了热情的招待，那里就是在马可·波罗到访中国的时候被欧洲称作“刺桐市”的港口。贝纽夫斯基的事震惊了全欧洲。1772年1月22日，这群逃犯结束了逃亡，也成功完成了从中国驾船回到波兰的旅程。

我的讲话主要从政治和经济以及文明和文化的角度谈了波中两国的交流，耶稣会和方济会向中国派传教士的话题相对已经被讨论得很多了，所以我的

---

① Jan Białobłocki.

② 费奥多尔·阿列克谢耶维奇·戈洛温伯爵（俄语名 Фёдор Александрович Головин，1650—1706），中文名费岳多，俄国外交家。

③ Gerbiliob.

④ Tomasz Pereira.

⑤ Tomasz Ignacy，波兰人，耶稣会士。

⑥ Benyovszky Móric，英译名 Maurice August Benyowsky，波兰裔匈牙利贵族，伯爵。

重点不在他们身上。近年来，在研究中国历史的领域，学者们探究了中国与波兰在新千年第一个世纪之中的交流。但其实早在中世纪，中国文明的产物和中国人就已经在波兰的土地上留下过痕迹了。

（北京外国语大学欧洲语言文化学院　赵玮婷　译/赵刚　审订）

汉语在克罗地亚传播的历史与现状

杨 琳

（北京外国语大学欧洲语言文化学院）

提 要： 1992 年 5 月 13 日，中国和克罗地亚正式建立外交关系。克罗地亚是巴尔干地区拥有重要政治、经济、地缘地位的国家，我国始终重视与克罗地亚发展友好邦交关系，一直以来都借助汉语在克罗地亚的推广和教育来传播中国文化，促进民间交流。本文追溯汉语在克罗地亚传播的历史，关注汉语在克罗地亚传播的现状，分析汉语在克罗地亚传播所面临的机遇、挑战和问题，期望对克罗地亚的案例研究，也会对历史、地缘相近的地区内相关国家汉语的传播和推广提供借鉴经验。

关键词： 克罗地亚；汉语传播；历史；现状

The Spread of Chinese Language in Croatia

YANG Lin

(School of European Languages & Cultures, Beijing Foreign Studies University)

Abstract: On May 13, 1992, China established official diplomatic relations with Croatia. As Croatia has important political, economic and geopolitical influence in the Balkans, China always attaches great importance to the friendly relations with Croatia, and the promotion of people-to-people exchanges through the introduction of Chinese language and culture. Against such a historical background, this article traces the history of the Chinese language in Croatia and analyzes the opportunities, challenges and problems with the hope to provide insights for the spread of Chinese language in countries that are related to Croatia historically and geographically.

Keywords：Croatia；spread of Chinese language；history；present

引言

克罗地亚位于欧洲中南部、巴尔干半岛的西北部。西北和北部分别与斯洛文尼亚和匈牙利接壤，东部和东南部与塞尔维亚、波斯尼亚和黑塞哥维那、黑山为邻，南濒亚得里亚海，岛屿众多，海岸线曲折，长 1777.7 公里。克罗地亚人口数 4284889 人（2011 年），主要民族是克罗地亚族（89.63%），其他为塞尔维亚族、波什尼亚克族、意大利族、匈牙利族、阿尔巴尼亚族、捷克族等。官方语言为克罗地亚语。主要宗教是天主教。克罗地亚原属南斯拉夫社会主义联邦共和国，1991 年宣布脱离南斯拉夫社会主义联邦共和国独立，1992 年加入联合国。1992 年 5 月 13 日，中国和克罗地亚正式建立外交关系，建交以来，双方始终坚持相互尊重、平等相待的原则，携手并肩，积极推动双边关系稳步发展。两国领导人交往频繁，政治互信不断深化，双方建立了全面合作伙伴关系。2009 年，胡锦涛主席对克罗地亚进行历史性访问，为中克关系的发展注入强劲动力。两国经贸合作快速发展，文化、科教、旅游等领域交流与合作方兴未艾。中克友好深入人心，两国互利合作前景广阔。

基于中克两国良好的政治和经济关系，伴随着“汉语热”的升温，克罗地亚国民学习汉语的热情也不断高涨。2012 年 5 月，在中克建交 20 周年之际，孔子学院在克罗地亚正式落地，从而为汉语在克罗地亚的推广提供了更加广阔的平台。

本文拟追溯汉语在克罗地亚传播的历史，关注汉语在克罗地亚传播的现状，分析汉语在克罗地亚传播所面临的机遇、挑战和问题，提出建议，以期待汉语在克罗地亚的传播有美好的未来和光明的前景。相信对克罗地亚的案例研究，也将对历史、地缘相近的地区内相关国家汉语的传播和推广提供借鉴经验。

一、汉语在克罗地亚传播的历史

克罗地亚原属于南斯拉夫社会主义联邦共和国。汉语在克罗地亚的传播历史，或者说克罗地亚人对中国文化和汉语的接受历史，在 20 世纪 90 年代以前，通常是置于南联邦的语境中讨论的。前南各国人民早期对中国和汉语的认识，主要通过以下几个途径。

首先要提到的是军人的文章。塞尔维亚（前南共和国）军人前往萨罗尼加参加战斗，取道西伯利亚至中国，而后通过海上到达萨罗尼加。后来他们撰写文章介绍自己对中国的印象。J. D. 米兰诺维奇（J. D. Milanković）写的《西伯利亚的回忆 1918—1919》，于 1926 年在贝尔格莱德出版，该书介绍了中国哈尔滨以及当时中国北方人的生活。1932 年出版了斯拉武科 · S. 迪克里奇博士（Dr. Slavko S. Diklić）撰写的《旅行者的笔记》，书中介绍了中国的哈尔滨和满洲里。

随后我们要提到的是威利米若维奇（Velimirović）家族成员。米卢丁 · 威利米若维奇博士（Dr. Milutin Velimirović）曾于 1922 年到过中国，他的游记先后发表于《政治报》和《思想报》上。1930 年他的著作《通过中国》在贝尔格莱德出版，书中介绍了北京、天津、南京、上海、广东、香港等地的风土人情。另一位家族成员叶来娜 · 威利米若维奇［Jelena（Ljalja）Velimirović］小姐于 1932 年在《时间》期刊上发表了自己的游记，她小时候长期住在中国，她的文章《远方的一位塞尔维亚女人》和《在最美丽的中国海滩青岛》，以女性的视角描绘了当时的中国。

最后要提到的是塞尔维亚知识分子。20 世纪初，他们以学者的视角撰写了一些关于中国文化、文学的文章。帕亚 · 拉多斯拉维奇博士（Dr. Paja Radosavljević）撰写的《中国文化和文明的精神》，于 1923 年发表于贝尔格莱德《思想》期刊第 5 年第 85/86 期。日瓦科 · D. 派特科维奇（Živko D. Petković）教授，于 1937 年在贝尔格莱德出版《中国》一书，内容涉及中国北方和南方的地理和历史特点，另外还介绍了中国语言、科学发明、中国人及其生活和各民族特点。

20 世纪上半叶，《水浒传》《中国民间神话》《中国古代故事》《金瓶梅》《远方之问题 1840—1940》等图书在前南译介出版，但数量很少，且通常转译自德语、俄语、英语等语言。

20 世纪下半叶，伴随着两国国内形势的稳定和双边关系的发展，前南地区各国、各族先后开始关注中国文化，《中国古代诗歌选》《白话聊斋》《中国哲学史》《中国小说史略》等 20 余本译著先后问世，这一时期，译介作品的题材较先前更加广泛，并逐渐从之前由欧洲语言转译发展到由中文直译。同时，更多学者开始关注和研究汉语、汉学，相关专著相继出版。这一时期出版的作品，内容涉及中国民俗文化、古典文学、科学、宗教等方面。随着中国文学作品在前南的译介和传播以及相关文化交流活动的开展，前南各族人民对汉语和中国文化的求知需要日益显现，几位著名的汉学家开始了汉语在前南各地区的教育教学工作。德扬·热泽奇（Dejan Razić）1972 年在贝尔格莱德大学开始进行汉语课程教学。这是在前南地区第一次正式开展汉语课程教学。德扬·热泽奇（1935—1986）是塞尔维亚著名的汉学家，精通汉语和日语，曾在奥地利大学任教。1971 年，德扬·热泽奇回到塞尔维亚，开始教授汉、日两门语言。1982 年在贝尔格莱德大学语言学院获得博士学位。德扬·热泽奇博士著述颇丰，关于汉语和日语的研究在前南地区获得学界的广泛认可与钦佩。1983 年，“教科书出版社”在贝尔格莱德出版德扬·热泽奇编写的《汉语》，这是第一本在该地区出版的汉语语法书，也是到目前为止唯一一本用塞尔维亚语编写的汉语语法书。该书的编写对整个前南地区的汉语教学意义重大。这本书原本是为贝尔格莱德大学语言学院的汉语专业学生编写的，作为汉语专业教材的一部分。该书对汉语文字的特点做了分析，其中第三章介绍了汉语词汇学的基本概念，第四章和第五章介绍了汉语语法基本知识，即形态学和句法学。另外，在该书的序中作者简单介绍了当代中文的发展历史——从文言到白话和普通话，以及八种方言。

克罗地亚萨格勒布大学也于 1979 年开始汉语教学，自此，中国每两年派出一位教师到该校任教（争取独立的 1991 年和 1992 年没有汉语教师）。1979 年萨格勒布大学成立了第一届汉语班，当时，汉语尚未列入正式专业，也不是公共必修课程。汉语课作为一门向社会公开招收学生的免费课程，任何对汉语有兴趣的人都可以在每年 10 月份到萨格勒布大学哲学院申请报名参加课程学习。生源不稳定，年龄跨度大，业余学习的性质，以及没有建立有效的认证机制，语言差异造成的学习困难等原因综合导致了在 1979—2004 年期间，汉语教学体系没有在克罗地亚建立。

中国政府和教育部一直非常重视和关注国外的汉语教学情况。1995 年起，中克双方便开始对在克罗地亚萨格勒布大学建立中文专业（或称汉语专业）进行磋商。当时克方代表希望建立汉学专业①，但中方考虑到成立汉学专业对克方师资力量的要求以及克当时的师资水平，建议克方首先成立中文

① 汉学专业不同于汉语专业（或称中文专业），以汉语研究为主，要求精通中国文化的中国学者和对象国学者多角度地进行汉学研究。

系，以语言教学为主，参照哲学院内其他语种的办学方式，聘请中方汉语教师一名，克方两名。由于双方在建系问题上最终未能达成一致，在萨格勒布大学哲学院建立中文系一事没有被提上日程，直至2004年10月。

1979—2004年10月这段时期，中国每年都向萨格勒布大学派遣具有较高教学水平和汉语教学经验丰富的教师，培训的学员已达数百人，部分坚持学习汉语并取得较大进步的学员也得到了赴中国留学的机会；但总体来讲，克罗地亚的汉语教学在这一阶段的成果并不显著。

2002年底，时任中国副总理的李岚清出访克罗地亚，就加强汉语方面的教学向克方提出了建议。2003年，中克双方就建立中文系一事进行了系统的磋商。经双方研究决定，2004年秋克方将在萨格勒布大学哲学院建立汉语专业，学制为三年，由中方派遣两名汉语教师，主要负责语言教学，文化教学则聘请斯洛文尼亚卢比雅娜大学的教授任教，分别开设中国历史、中国哲学和中国文学等课程。2004年11月1日，中文系正式在克罗地亚萨格勒布大学人文与社会科学学院（原名哲学院）建立，隶属于印度学与远东学系，学制为三年，汉语专业并不作为单独专业招生，而是作为第二专业（辅修专业）开设。

伴随其他私立学校、培训学校、中心、企业的汉语教学，汉语在克罗地亚的传播进入良好的发展时期，2012年孔子学院在克罗地亚的成立，更成为汉语在克罗地亚传播的里程碑事件。

二、汉语在克罗地亚传播的现状

（一）语言环境和社会基础分析

前文提到，克罗地亚总人口数为4284889人（2011年），主要民族是克罗地亚族（89.63%），其他为塞尔维亚族、波什尼亚克族、意大利族、匈牙利族、阿尔巴尼亚族、捷克族等。主要宗教是天主教。官方语言为克罗地亚语。据克罗地亚国家统计局2011年的统计报告，在克罗地亚按使用人数排位前十一的语言是克罗地亚语、塞尔维亚语、阿尔巴尼亚语、波斯尼亚语、保加利亚语、黑山语、捷克语、匈牙利语、马其顿语、德语、波兰语。

据克罗地亚国家统计局2011年的统计报告，在4284889人的总人口中，中国移民数为492人，数量很少。据报道，目前在克罗地亚的中国人总数约为2000人。向克罗地亚输入移民从20世纪80年代就已经开始，2005—2009

年间，人数增长较快。据克罗地亚人口统计办公室的数据，这些人多为25—39岁的劳动力人口，老年人口很少。教育水平集中在中等教育或中等职业教育阶段，整体受教育水平较低。

综上，克罗地亚是多民族国家，在克罗地亚，主要使用的还是南斯拉夫地区以及中东欧国家，尤其是巴尔干地区的语言。整体看，中国移民数量较少，从年龄和受教育水平分析，移民学习汉语的需求并不旺盛。

克罗地亚语属印欧语系斯拉夫语族南部斯拉夫语支。英语和克罗地亚语虽同属印欧语系，但因属于不同语支，英语仍是克罗地亚人需要学习的一门外语。从地缘上看，克罗地亚人接触较多的是欧洲语言，比如德语、法语、西班牙语等，接触汉语的机会很少，其主要途径是媒体、当地华人和相关教育机构。许多欧洲人都认为“汉语是世界上最难的一门语言”，在语音体系、语法结构、文字符号、风俗文化等方面的巨大差异，使得对于汉语的学习没有其他欧洲语言那么得心应手。

但是近年来，随着全球范围内“汉语热”升温，以及中克双边关系的良好发展，尤其是经贸关系的发展，在克罗地亚，越来越多的人愿意学习中文，亲近中国文化。引用克罗地亚驻中国大使安特·西莫尼奇先生在北外的一段讲话——“如今的中国拥有世界上质量最好、价格最贵的公路，有最快的火车，是最大的汽车生产国，拥有世界上最多的外汇储备，去年一年的经济增长占世界经济增长的50%。她还是能源大国，联合国的常任理事国，拥有超过3亿的互联网用户，世界第二大经济强国。与中国在多方面多领域进行合作不仅仅是必然的趋势，而且必须上升到战略的高度。”在克罗地亚的一个海港城市里耶卡，每天都有来自中国的大宗货船入港停靠。克罗地亚更加重视中国市场。克罗地亚在中国的公司规模不断扩大，数量逐渐增加。到目前为止，有近百家克罗地亚公司与中国开展进口贸易，其中M - San公司和Magma公司是与中国开展合作最著名的两家公司。中克贸易，主要集中在商业和旅游业两个领域。经济往来的不断深入，需要更多通晓汉语和克罗地亚语的相关人才，这点已在克罗地亚形成共识。同时，我们可以预见，学习汉语的人数的逐渐增加，也必将推动中克贸易向更深、更广的领域发展。

中国一贯重视发展同克罗地亚的友好关系，在推广汉语和汉语教学方面为克罗地亚提供了相应的支持。克罗地亚也按照双边协议的各项规定，积极推动汉语在克罗地亚的传播、推广。这些，都为汉语在克罗地亚的传播提供了良好的外部环境和社会基础。

以上语言环境和社会基础的分析，将成为我们制定克罗地亚汉语推广和传播策略的有效依据。

（二）办学机构

1. 公立、私立学校

上文介绍过，萨格勒布大学自1979年开始教授汉语，是克罗地亚开设汉语课程最早的机构，也是汉语教学的主力军。2004年起，汉语专业正式招生，作为学生的第二专业或称作辅修专业，学制三年，考试合格者可获得学士学位。

萨格勒布经济学院以政治、财会、金融为特色，在中克经贸关系不断发展的21世纪，中国经济在世界经济中的地位不断提升，2005年该学院开设了汉语课程，作为选修课，学制一年。

创新学校是一所私立学校，提供从幼儿园到中学的一体化教育。该校的创办者对中国有较深的认识和较高的评价。该校开设五种语言课程，汉语是其中之一。学生从小学开始学习汉语，直至高中毕业。创新学校也是克罗地亚唯一一所将汉语纳入中小学授课体系的学校。目前，汉语课程只针对本校学生，外校中小学生还没有机会通过这个途径学习汉语。

2. 语言学校和各类中心

在克罗地亚有上百所语言学校，其中，SPUTNIK于2006年、JEZICI于2007年先后开设了汉语课程。主要是周末或者晚上时间上课，教授内容以口语为主。学生来自社会相关行业，他们希望通过汉语学习提高自己的社会竞争力。另外，在首都萨格勒布，学生中心①和“道”中心②等多所民办私营语言学校也先后开设汉语课程。开设汉语课程的语言学校在不断增加。但是，这些培训机构没有为中小学生开设独立的培训课程。

3. 企业

驻华企业也开设了相关汉语培训，培训对象为在国外入职的外籍员工。这种汉语培训主要针对实际工作需要展开，学生学习时间有限。

（三）汉语在克罗地亚的传播特点

语言政策是对语言和政治关系的研究。“语言政策的形成必须考虑到语言

① 克罗地亚萨格勒布学生中心是萨格勒布学生综合活动场所，有学生食堂、学生就业兼职手续办理、学生活动汇总等各项学生服务。

② “道”中心是克罗地亚第一所以汉语为主要办学科目的机构，于2010年底在克罗地亚首都萨格勒布市成立。

对个体、族群、民族、社会及国家的意义，其中也涉及认同的概念。”[①] 如何处理传播语言和接受语言之间的关系，这绝不是语言学本身能够解决的。政治、经济、民族、国家关系等多方面都应成为语言传播政策研究的内容。“全面观察语言传播现象，深入探讨语言传播规律，按照语言规律做好语言传播规划，已成为国家发展不容忽视、不敢懈怠的社会课题。”[②]

如前文所述，中克双边关系发展良好，经济往来日益频繁，这些都成为语言传播的良好基础和外部环境。克罗地亚是多民族国家，由于地缘关系，人们更多地接触欧洲语言，对中文接触较少；语言本体和文化的差异也造成了学习者习得汉语时有一定难度，影响了学生来源以及学生学习的持久和深入。

综观教学的各种因素，从学习者的学习目的看，除了对遥远中国的向往以外，多数学生选择汉语是在欧洲经济危机的大背景下，看到中克双边关系尤其是经贸关系的发展以及中国经济的良好状况，希望通过汉语学习，找到适合自己的相关工作。从教材看，阅读和听力课程多使用杨继洲编写的《汉语教程》（旧版）。另有吴中伟编写的《当代中文（克罗地亚语版）》，现作为综合教材使用。从师资看，各教学机构均有中国汉语教师，以汉语教学传统悠久的萨格勒布大学为例，每年有两名汉语教师任教，任期两年，两名汉语教师不是同时赴任，同时回国，而是交叉进行。克方汉语师资力量薄弱，多数没有投入一线教学当中去。针对以上情况，我们需要结合克罗地亚的外语教学传统，综合分析汉语在克罗地亚的传播策略。

（四）对克罗地亚汉语传播的策略研究和建议

1. 化解汉语难学的问题

在“汉语热”的背景下，世界上越来越多的人想学习汉语。但是汉语声调复杂，书写特殊，对于欧洲人来说，学习汉语，可能比学习另外的欧洲语言要多花出一倍甚至几倍的时间，很多人觉得汉语难学。其实，汉语并不是世界上最难学的语言。语言学家赵元任先生说：“中国语言在世界上，对于没有学过任何语言的孩子，可以说是中等，也就是不特别难，也不特别容易。”

---

① 张西平：《走向世界的汉语所面临的若干战略问题思考》，载《北华大学学报》（社会科学版），2011年第12卷第2期。

② 张西平：《走向世界的汉语所面临的若干战略问题思考》，载《北华大学学报》（社会科学版），2011年第12卷第2期。

“至于说到中国文字方面，在世界上比起来就相当难了。”① 这就是说，汉语口语并不难，汉字偏难一些。需要注意的是：对于克罗地亚人来说，汉语的语音体系和克罗地亚语的语音体系有较大差异，发音位置和发音方法都有不同，克语当中没有声调，克语的语法结构也与汉语不同。因此，我们更需要结合克罗地亚人学习外语的传统，转变教学观念，把汉字教学和认知理论有机结合，突破汉字教学和学习的瓶颈。发展口语，使音义通达，激发学习者对学习汉字的兴趣。同时，针对各类学习者不同的学习目的、学习时间和学习环境，设置相应的教学大纲，并首先针对诸如商务目的、低年龄学生等学习人群探讨“先语后文”的汉语教学模式，进而论证推广。逐渐转变“汉语难学”的观念，提升学习者的学习兴趣和信心，稳定学习人群，同时也为世界上对中国文化感兴趣的广大人群提供更多的学习可能。

2. 传播中国文化

邢福义先生说，语言是一种制度文化。语言是文化的重要组成部分，语言是人类进化、进步的过程中创造的精神财富。汉语的国际传播，无疑是提高中国软实力的有效途径。然而，具体怎样执行以保证途径畅通，则是需要在实践中摸索和总结的课题。“任何一种语言的推广，其意义都不仅局限于语言，更是文化的推广和传播。站在国家的角度，汉语国际推广的目的不仅仅是教授汉语，其根本是促进中国文化走向世界，扩大中国影响，确立中国文化在世界上应有的地位，从而推进世界文化多元化发展，最终实现中国的和平崛起。”② 并且对于中国文化的传播，也会促进汉语的推广。

文化传播的地域性特点突出。有研究表明，欧美人比较容易接受物质文化，比如中国菜、茶叶、长城等；而精神文化，比如儒家文化等，就不那么容易被接受。因此，文化的传播，不能一厢情愿，要了解当地社会风俗、传统，并基于此做因地制宜的研究，制定相应方案，不仅有效传播自己的文化，也要实现文化间的互动交流。

在克罗地亚的外语教学传统中，文化是核心，克罗地亚汉语学习者希望开设以文化为核心的汉语课程。这一点已经在地缘、文化相近的塞尔维亚得到了印证——塞尔维亚的孔子学院历史相对悠久，近些年，开设了诸如烹饪、

---

① 赵元任：《语言问题》，北京：商务印书馆，2003 年版，第 221 页。

② 张西平：《走向世界的汉语所面临的若干战略问题思考》，载《北华大学学报》（社会科学版），2011 年第 12 卷第 2 期。

书法等文化课程，广受欢迎。然而，文化传播远不是开设两门课程那么简单，需要因地制宜地制定指导大纲，目前国家汉办指导编写了《国际汉语教学通用课程大纲》，对相关文化部分都有较为详细的描述。我们应该根据克罗地亚的国情、民情，以及不同授课机构的具体情况，在上述《大纲》的指导下，配套细化适合克罗地亚、适合各类教学机构、符合各自教学目标的“文化课大纲”。在纲领的统一指导下，如何实现对克罗地亚汉语教学的系统化、科学化建设，如何在教材、教师、教学模式等方面达到大纲要求，便成为我们下一个需要探讨的问题。

（五）教材、教师与课程

1. 教材本土化

针对克罗地亚本土化的汉语教材是指适合克罗地亚汉语学习者的特点，从他们的实际需要出发，以满足其学习需要为目标而设计、编写和制作的、以汉语作为外语的汉语教材。克罗地亚本土化汉语教材应包含三个要素。一是教材容量本土化。要根据克罗地亚具体的汉语教学体制，比如周学时、选修课、必修课以及该学习是否参加考核等指标，设置相应的容量。比如萨格勒布大学汉语专业创建伊始使用的《汉语教程》，因为该校课程设置为周均六课时，学生通过三年学习只能完成教材的第二册上，2008 年执行新的管理制度后，可以学完第二册下，这类通用教材的水土不服问题因此凸显。二是语言本土化。因克语和汉语存在很大差异，对于生词、语法、重点、难点的注解要使用克语，使学习者尤其是初级水平学习者更好地了解两种语言的异同。三是话题本土化。教材中除去中国元素的话题之外，还要适当编入学生喜闻乐见的本土话题，通过汉语学习，了解中国文化，并学习对于本民族文化的表达，使汉语真正成为两个国家、民族文化交流的桥梁。

目前，克罗地亚使用的汉语教材主要有《汉语教程》（旧版），其课文内容和词汇已经明显落后于时代，很难提起学生的兴趣。另外还有《当代中文（克罗地亚语版）》《汉语图解词典（克罗地亚语版）》《快乐汉语（克罗地亚语版）》等。从书名可以看出，这些教材都是汉语通用教材的克语编译版，相对于英语编译版，已经是不小的进步，但是可以说，真正称得上克罗地亚本土化的教材基本没有。因此，联合熟悉中文和克罗地亚语两种语言、文化的相关教师编写符合克罗地亚国情、适应不同类型汉语教学的克罗地亚本土化的汉语教材，是摆在我们面前的紧迫课题。国家应加大这方面的投入力度，通过教研教改项目、出版基金等资助形式，开展中外合作，整合中克双方优势资源，促进克罗地亚汉语本土化教材的编写。并在此基础上完成教材系统化、科学化建设，避免目前出现的教材难度跨度大、各门课程不能很好衔接的状况。

另外，汉语教材的版权问题也相当普遍，相对于克罗地亚的人均生活水平，现在出版的克罗地亚语编译版的汉语教材价格偏高，学生复印教材的情况比较普遍，这不利于整个教研体系的健康发展，中克双方在教材出版时应考虑这个因素。

2. 教师队伍建设

由于历史原因，前南汉语教学的力量主要集中在塞尔维亚的贝尔格莱德大学，克方没有储备自己的汉语教学师资。师资问题是克罗地亚汉语教学需要突破的瓶颈之一。随着中克交流的深入，克方也积极着手解决师资问题，作为汉语主要教学阵地的萨格勒布大学聘请了斯洛文尼亚的汉语教师讲授中国文化、中国历史、中国文学、中国哲学等课程，语言课主要依靠中国派出的汉语教师。2007 年和 2008 年先后有三位克罗地亚教师与学校签约，分别讲授中国哲学、中国历史、中国文学等课程，结束了该校没有自己专门的汉语师资的历史。但是三位教师留校后一直未从事汉语语言教学工作，所以，该校仍没有本土化的汉语语言教师。

中国和克罗地亚自 1993 年起，在教育、科技领域共签署了四个双边协议和一个议定书。中国教育部和克罗地亚教育、科技和体育部于 2008 年 1 月 18 日签署了教育双边合作协议。协议中指出：中克两国每年为对方提供最多八个为期一年的奖学金名额，其中至少两个分配给学习克罗地亚语语言文学（汉语语言文学）的学生。其中，本科生、硕士研究生、博士研究生根据接待国具体学制要求确定奖学金时间，对访问学者一般提供为期 3—12 个月的奖学金。根据需要，接待国将对获得奖学金的学生进行语言培训，该培训不计入奖学金时限。每年，克罗地亚向北京外国语大学派出一名克语教师，中方向克罗地亚萨格勒布大学派出两名汉语教师。

随着时代的发展和克罗地亚对汉语师资需求的增加，中方可以在相关协议的基础上，增加汉语语言文学专业奖学金名额的比例，特别是增加长期留学人数的比例，比如汉语硕士、博士教育等。对于这些到中国学习汉语的克罗地亚留学生，在学习中国语言文学的同时，可以设置相关的其他文化实践课程和实习，鼓励他们在读书期间积极参与与专业和本国相关的各类科研项目，奠定良好的科研基础，为回国后建设汉语学科、保持该学科在克罗地亚的生命力和竞争力创造先决条件。同时，跨专业、跨学科，横向联系其他院校、研究所，为克罗地亚汉语留学生的成长提供切实帮助，比如可以与中国克罗地亚语唯一教学点——北京外国语大学克罗地亚语专业联合培养对外汉语教学硕士研究生，并为他们提供到克罗地亚实习的机会。让他们在教学或者科研的一线实践中，更深刻地了解克罗地亚语与汉语的不同，同时，培养其跨语言、跨文化交流的习惯和素养。

对已有的克罗地亚汉语师资，中方应集合国家优势，对他们提供国别化、个性化和更有针对性的师资培训。可以利用三个月的短期访学机会提供相关培训，并通过鼓励其参加中方相关课题的国际会议提升科研水平。同时，鼓励克方教师参与中国克罗地亚语的研究项目，如可以参与汉克字典的审校工作，发挥优势，互通有无。

中方派出汉语教师方面，应当重视对其自身中国文化素养的考量，对当代中国国情文化和交际文化要有清晰的了解，还要具备传统的文化才艺表演能力和操作能力，一专多能，适应克罗地亚汉语教学的需求。同时，可以考虑与北京外国语大学联合培养、派出的模式，例如：从克罗地亚语本科生中选拔有志从事汉语教学的人才，到对外汉语专业进行硕士阶段的学习，并通过机制鼓励其学成后到克罗地亚从事汉语教学，发挥专长。这样，一定程度上可以改变克方教师单纯教授文化，中方外教只讲授语言的单一局面，更加科学地配备师资。

3. 教学模式

针对前文提到的不同办学类型提出以下相关建议：

对于萨格勒布大学，要根据外语教学传统，进一步确定“以文化为中心”的汉语教学模式，结合自身情况制定汉语教学大纲，对学时、课型、考核体系、教学目标等有详细的规定。建立激励机制，鼓励辅修汉语的学生毕业后继续进修中文，或者获得奖学金前往中国接受更高学历层次的中文教育。

对于萨格勒布经济学院，可以针对其学习人群开设专门的商务口语课程，编写教材、教辅用书和课件，并配套建设汉克 - 克汉商务词典。

对于创新学校，要充分考虑学生的年龄段特点，尊重儿童、少年二语输入、输出的机制与成人的差异，开设相关课程，编写配套教材，注重趣味性。应尤其注重懂得克罗地亚语的中国教师的教学，充分利用学生母语——克罗地亚语，坚持语言对比的原则，让克罗地亚低龄、初级学习者在语言发展的敏感期体会纯正的中文语言语调，感受中文之美，在这个过程中对中国文化产生兴趣。

（六）孔子学院

孔子学院是在借鉴国外有关机构推广本民族语言的基础上，在海外设立的以教授汉语和传播中国文化为宗旨的非营利的公益机构。“立足语言、侧重文化、通过语言传播文化”，这是孔子学院重要的工作方针。要针对克罗地亚孔子学院的具体情况，制定师资培养计划和其他工作计划。克罗地亚孔子学院刚刚成立，来学习的人数还不是很多。我们可以借鉴邻国，如塞尔维亚的成功经验，开设中国电影欣赏、中国歌曲教学、中国茶艺、中国棋类、中国画、中国乒乓球的培训班，吸引更多的克罗地亚人到孔子学院感受中国文化。同时，可以借助孔子学院的品牌，向克罗地亚进行中国研究、教学、学习的人提供相应的资助，从而使他们从心理上与中国更亲近。

孔子学院还可以为旅游人群开设旅游汉语。中国是克罗地亚人新的旅游热点目的地，孔子学院可以通过短训班的形式，以旅游为主题，开展口语训练，介绍相关城市的历史、风俗等。

（七）信息化建设

针对克罗地亚汉语师资有限以及师资培养周期性的特点，建议开展汉语教学的信息化建设。在这里，主要是说汉语的网络化教学。中方可以录制汉语精品课，由汉语方面的专家主讲；北京外国语大学或国际广播电台克语专业的教师、编审可以依托自身优势参与中国文化课程的制作和讲授。教师在网上定期辅导、批改作业，学生不仅获得了学习上的便利，一定程度上也克服了二语学习过程中的情感障碍。

三、结语

克罗地亚已正式加入欧盟，中国经济地位不断提高，中克关系稳步良好发展，在克罗地亚将迎来越来越多的汉语学习者，汉语在克罗地亚的传播进入黄金时期。如前文所述，在借鉴周边国家汉语推广经验的基础上，认清汉语传播的本身属性和经济价值，建立可持续的发展规划和机制，关注汉语推广中文化传播的地域性和特殊性，在教材、教师、课程体系等方面探索本土化的途径和方法，加强中外师资培训，完善汉语在克罗地亚的教学体系，才能保证汉语在克罗地亚实现健康、长久、旺盛的传播和推广！

中国与瑞典文学的互译

阿日娜

（北京外国语大学欧洲语言文化学院）

提　要：中国与瑞典两国已有数百年的交往历史，翻译作为两国文化交流传播的媒介一直发挥着重要作用。无论是从事汉译瑞工作的瑞典汉学家，还是从事瑞译汉工作的中国学者，都为两国的文化传播做出了不可磨灭的贡献。但时至今日，两国翻译工作的发展却都陷入了瓶颈，人才少，作品不精等问题一直困扰着大家。本文全面地介绍了中国和瑞典两国文学互译的历史发展过程与现状，并剖析了目前翻译工作中存在的各种问题。相信随着我国“中国文化走出去”的倡导，中国和瑞典两国今后可以建立更多的文化交流平台，通过合作为两国的翻译事业注入新鲜血液与活力，共同开创新的未来。

关键词：文学翻译；汉译瑞；瑞译汉

Literary Translation Between Chinese and Swedish

Arina

(School of European Languages & Cultures, Beijing Foreign Studies University)

Abstract: China and Sweden have a long history of contact. Translations between Chinese and Swedish have taken a very important role in culture exchange. Translators of both countries have contributed much to culture communication, especially in the field of literary translation. But today there are many problems related to translation such as limited number of professional translators and unsatisfactory translation quality. This paper introduces the past and present development of literary translation between Chinese and Swedish, and discusses related challenges. With the Chinese culture becoming more popular over the world, China and Sweden could cooperate more in the future to promote translation and culture exchange between the two countries.

Keywords: literary translation; Chinese-Swedish translation; Swedish-Chinese translation

2012 年，中国作家莫言获得了诺贝尔文学奖。在大家欢庆的同时，很多人也将注意力投向了文学翻译这一领域。一时间，“中国文学作品如何走出国门”成为众人热议的话题。无论是将中文翻译成英语还是瑞典语，由于文化、历史等各方面的差异，中国文学走入西方读者群都曾经历了一个漫长而曲折的发展过程；而在另一方面，国人接触的西方文学作品虽然不在少数，但大多集中在英美文学，对瑞典文学的了解仍然处在起始阶段，这个“诺贝尔故乡”仍然显得十分神秘。从整体观察，高校外语教师一直在文学翻译领域发挥着至关重要的作用，甚至引领某一时期的文化导向。

一、汉译瑞的历史与发展

17 世纪，一股强劲的“中国风”席卷整个欧洲。瑞典虽然没有像葡萄牙、西班牙、荷兰等国那样直接派遣传教士或商船与中国往来，但一直对中国充满向往。1654 年，一位名叫尼尔斯·马森·席欧平（Nils Matsson Kiöping）的瑞典人跟随荷兰商船来到中国沿海地区，回国后他将自己在中国的见闻写成了一份旅行报告并发表，在当时的瑞典引起了不小的轰动。这迈出了瑞典与中国交往的第一步。瑞典渴望了解中国，但由于各种条件所限，在瑞典所能接触到的各种中国文献多是拉丁语、法语甚至德语的译著。直到 200 多年后瑞典传教士爱立克·福克（Erik Folke）将《庄子》（1924）和《老子》（1927）翻译为瑞典语，从而开启了汉译瑞翻译史的第一幕。爱立克·福克曾于 1887 年至 1920 年间多次到中国传教，其间他学习掌握了中文，并阅读了大量中国古籍，是一个中国通，也可以视为瑞典汉学家的鼻祖。之后，由汉学家翻译中国文献成为汉译瑞发展的一个模式。

20 世纪初，瑞典开始了真正意义上的有关中国的学术研究，代表人物即高本汉（Klas Bernhard Johannes Karlgren，1889—1978）。高本汉一生致力于中国语言学和文史学研究，同时也翻译和注释了许多中国古代文学经典；但令人遗憾的是，在他漫长的学术生涯中只把很少的中国文学作品译成瑞典语，其中包括中国明朝的短篇小说集《今古奇观》，几篇陶渊明和欧阳修的散文诗以及庄子的格言摘抄（见参考文献2）。出于学术研究范围的考虑，高本汉将多数作品都译成了英文，因而不能列为汉译瑞的范畴。

高本汉仅有的几篇用于讲学的汉译瑞文学翻译作品对自己的学生却产生了极大的影响。马悦然（Nils Göran David Malmqvist，1924—）承接了高本汉的衣钵。1965年他受聘斯德哥尔摩大学中文系教授，将越来越多的工作重点投入中国文学的翻译之中，出现了汉译瑞翻译史的一个高峰期。马悦然的第一部翻译作品是《桃花源记》（1948），之后便一发不可收。在他的翻译作品中既包括《水浒传》和《西游记》这样的中国古典文学名著，也包括老舍和沈从文的多部小说。另外，马悦然对诗歌尤为喜爱，不仅翻译过《毛泽东诗词》，还翻译过闻一多、郭沫若和艾青的诗歌。北岛和顾城的诗也曾经被马悦然翻译介绍到了瑞典。马悦然有着扎实的中文基础以及深厚的瑞典语言文学功底，因而其翻译作品集文学性和艺术性于一身，可谓部部经典。他同时也是瑞典文学院院士，曾不遗余力地推选多位中国作家参与评选诺贝尔文学奖，为中国文化走入瑞典、走向世界作出了不可磨灭的贡献。

罗多弼（Torbjörn Lodén，1947—）接任斯德哥尔摩大学中文系教授之后，比较关注中国思想理论的研究，文学翻译不再成为重点。现阶段活跃在文学翻译界的领军人物当属陈安娜（Anna Gustafsson Chen，1965—）。她曾师从马悦然，一直担任图书馆管理员，从20世纪90年代初开始翻译作品至今，几乎年年都有一部译著问世，比较具有影响力的包括莫言的《红高粱家族》《生死疲劳》，余华的《活着》《许三观卖血记》，苏童的《妻妾成群》，等等。值得一提的是，陈安娜翻译的多部莫言作品在瑞典国内获得了一致好评，因而也被称为莫言获得诺贝尔文学奖的幕后功臣。最近，陈安娜女士将贾平凹的《高兴》译为瑞典语并出版，得到了马悦然的高度肯定（见参考文献3）。

二、瑞译汉的历史与发展

中国接触并翻译瑞典文献的时间相对较晚。1940年，中国著名语言学家赵元任、李方桂和罗常培三人合作将高本汉的《中国音韵学研究》通过法文译为中文，这部书也成为最早被翻译为中文的瑞典著作。在此之后，高本汉的很多其他作品都被译成中文出版，但由于缺乏语言人才，直至20世纪80年代，中国见到的几乎所有瑞典文献特别是文学作品，都是通过英文或法文翻译成中文的。

我国于20世纪60年代在大学（北外）开设了瑞典语专业，培养了大批掌握瑞典语的人才，但真正从事翻译事业的人并不多，其中石琴娥和李之义是两位代表人物。

石琴娥（1936—）曾任北京外国语大学瑞典语专业的教员，后担任中国社会科学院外国文学研究所研究员，是北欧文学领域的专家。她翻译的作品涉及北欧多个语种，其中包括冰岛的《埃达》和《萨迦》，瑞典的《尼尔斯骑鹅旅行记》以及丹麦的《安徒生童话与故事全集》。其中《埃达》和《萨迦》曾被评为最值得国人阅读的百部外文经典译著。石琴娥在北欧文学翻译领域所做的大多都是开山之作，很多地方都值得后人学习与借鉴。

李之义（1940—）毕业于北京外国语大学瑞典语专业，曾任人民画报社副总编辑，一直从事翻译事业，译著包括《瑞典文学史》《诺贝尔文学奖内幕》《汉字王国》《历届诺贝尔文学奖获得者散文全库》（北欧部分）、《外国民间故事精选》《林格伦全集》（14卷）以及《斯特林堡文选》（5卷）等。值得一提的是，李之义因为其翻译的《斯特林堡文选》获得了由瑞典国王古斯塔夫十六世颁发的“北极星一级骑士勋章”①，创造了瑞译汉翻译领域的一个高峰。

两位翻译家的作品主要出版于20世纪80年代，而进入21世纪以后，市面上就鲜有从瑞典语直译为中文的文学作品了。直到2011年左右情况才有所转变。2011年瑞典作家托马斯·特朗斯特罗姆（Tomas Tranströn）获得诺贝尔文学奖，带动了瑞典文学作品引入中国的一个小高潮，马悦然和李笠都曾将《特朗斯特罗姆诗集》译成中文。在其他文学作品方面，陈安娜的丈夫、作家陈迈平（1952—，笔名万之）也在这一时期将瑞典作家哈瑞·马丁松（Harry Martinsson）的科幻长诗《阿尼阿拉号》（*Aniala*，1956）以及谢尔·埃斯普马克（Kjell Espmark）的七卷长篇小说《失忆》（*Glömskan*，1987）翻译为中文并出版。高校瑞典语专业教师也在此时翻译了大量瑞典文学作品，如北京外国语大学赵清老师翻译的《催眠师》（Lars Kepler，*Hypnotisören*，

① “北极星勋章”是瑞典的最高荣誉勋章，旨在颁发给对社会做出特殊贡献的人，分不同等级，每年由国王亲自颁发。获奖人去世后，王室会收回勋章。

2009）、《骗局的辉煌落幕》（Kerstin Ekman，*Grand final i skojarbranschen*，2011），徐昕老师翻译的《逃出窗外并消失的百岁老人》（Jonas Jonasson，*Hundraåringen som klev ut genom fönstret och försvann*，2009），上海外国语大学王梦达老师翻译的《罗兹挽歌》（Steve Sem – Sandberg，*De fattiga i Lodz*，2009）。这些作品都是近年来在瑞典大受欢迎的畅销书，引入中国后也受到了一定的关注，其中《骗局的辉煌落幕》获得2014年鲁迅文学奖翻译类作品提名，《罗兹挽歌》被评为2010年影响中国的百部译著之一。

三、瑞汉互译发展过程中的问题

首先，中国文学作品翻译成瑞典语的工作主要依靠汉学家来完成。相较中国人的翻译作品，这些瑞典汉学家的译文更加流畅，更容易被本国读者接受。这也是所有中翻外作品普遍存在的问题。但毕竟既精通中文又有一定文学造诣的汉学家只是少数，中国的文学作品从被汉学家们选中、阅读再到翻译、出版会经历比较漫长的过程。马悦然曾经坦言，最令他失望的一事便是沈从文未能获得诺贝尔文学奖。马悦然认真翻译过多部沈从文的作品，直至1988年瑞典文学院才有意将诺贝尔文学奖颁发给沈从文，但就在颁奖前几个月沈从文去世了，因而与诺奖擦肩而过。随着近年来汉语热在世界范围内的持续升温，相信会有越来越多喜爱中国文化、精通中文的瑞典学者加入翻译中国文学作品的队伍中来，这种状况将有所改观。

其次，在瑞典文学作品翻译成中文方面，出版社具有绝对的权力。无论是作品的选择还是译者的待遇，完全由出版社单方面决定。现在的出版社多是在追求最大的经济利益，近些年出版发行的瑞典译作，主要是儿童文学作品以及探险悬疑小说，且多是2000年以后的作品，而很多瑞典经典的文学著作却无人问津。另外，瑞译汉每千字六七十元的稿酬，让译者的境遇十分难堪，这也是我国有很多掌握瑞典语的人才，却没人专门从事文学翻译工作的一个重要原因。

再次，现在的翻译工作者有很多便利的条件与翻译辅助工具，但却缺乏前人治学严谨的精神。网络的盛行以及工具书的普及似乎使得翻译工作变得越来越容易，但出于各方面的原因，如今的翻译工作更像是一种流水线上的生产作业。李之义当年在斯德哥尔摩大学求学期间，整整研究了三年斯特林堡，为他之后翻译《斯特林堡文选》打下了坚实的基础。石琴娥也是在外国文学研究所潜心研究了多年北欧文学后，才开始动笔作翻译创作。相较而言，现在的瑞典文学翻译总让人觉得缺了一种意境与底蕴。

最后，高校作为培养翻译人才以及翻译实践的阵地目前面临着各种问题。我国的瑞典语专业创设于20世纪60年代，虽然创设的时间早，但由于长期师资匮乏，到现在为止仍没有形成符合时代要求的现代化教学体系，教材、字典尚不完善，使得翻译课程很难深入进行。再加上非通用语种就业压力大，毕业后转行的学生占80%以上，其中不乏很多成绩优异的学生，人才的大量流失是摆在瑞典语翻译行业面前的不争事实。作为教师，进行翻译工作不能够得到更多的认可，翻译一部文学作品少则几个月，多则若干年，但翻译作品在高校职称评定中却一直不受重视。

四、结语

翻译作为中瑞两国文化交流的媒介有着优良的传统，但目前无论是汉译瑞还是瑞译汉的工作都陷入了瓶颈。

20世纪90年代中期，一位抱有热情的瑞典汉学家在斯德哥尔摩创建了一家名为“鹤”的出版社，希望专门出版中国文学，介绍给瑞典读者。陈安娜翻译的多部莫言小说都是由这家出版社出版发行的。可惜当时书籍的销路并不理想，这位汉学家负债累累，不得不将出版社转让。因为有了前车之鉴，新接手的出版商即使拿到译稿也不敢发行，因而很多瑞典翻译工作者都是在没有分文报酬的情况下继续着自己的文学翻译工作。直至莫言获奖的消息传出，书店到处找寻瑞典语版的中国文学作品，出版社也纷纷开始向汉学家们约稿（见参考文献4）。但由于人才匮乏，现在中国大量优秀作家以及优秀的文学作品在瑞典仍然不为人所知。

在瑞译汉方面，有人干脆提出放弃，建议将瑞典文学作品的英文译本转译成中文。对此很多前辈与专家都十分反对，因为任何翻译都会或多或少折损原文的精髓，经过第三种语言的转译可能会对原文造成极大的破坏。另一方面高校作为培养翻译人才、进行翻译实践的阵地有着举足轻重的地位。回顾历史，往往是高校引领着不同时期的翻译潮流。作为我国高校瑞典语教员，最重要的是要构建完整而完善的教学体系。就翻译课程而言，可以从低年级起就有意识地培养学生的翻译习惯，进入高年级后可借鉴通用语种的翻译课程，将翻译作比较细致的分类，如文学翻译、非文学翻译等，对于喜好文学及文学翻译的同学可以做单独的辅导，鼓励他们投身翻译创作。同时，教员也要不断提高自身的修养与能力，为进行翻译创作打下坚实的基础。与此同时，社会应对译者有基本的尊重，提高译者各方面的待遇。

莫言获得诺贝尔文学奖很好地带动了“中国文化走出去”，为中国文学走进瑞典、走向西方开启了一个新的契机。我们应该感谢那位创建专门出版中国书籍的出版社的瑞典汉学家，以及陈安娜这样的翻译工作者，他们曾在最困难的时期将莫言、将中国文学引入瑞典。这种精神正是目前我们所缺乏的。中国和瑞典两国的文化工作者，特别是高校的教师以及学生，希望通过加强合作，建立更多的文化交流平台，让越来越多的掌握中文的瑞典人和掌握瑞典语的中国人投入文学翻译工作中。如此一来，瑞典将不会仅有一个陈安娜，中国人也会直接接触到更多更优秀的瑞典文学作品。令人欣慰的是，如今无论在中国还是在瑞典都有着一批对文学和翻译有着饱满热情与激情的年轻人，他们是未来的希望。

参考文献

1. 张西平：《西方汉学十六讲》，北京：外语教学与研究出版社，2011 年版。

2. 马悦然著，李之义译：《我的老师高本汉：一位学者的肖像》，长春：吉林出版集团有限责任公司，2009 年版。

3. Jia Pingwa. Lyckan, bokförlaget Wan Zhi, 2014.

4. 《新世纪周刊》，2012 年第 40 期。